企业新型学徒制汽车维修与诊断教程

主　编　陈志军　姚晶晶　周　均
副主编　刘红玉　马良琳　唐清科　武　警

重庆大学出版社

内容提要

本书依照汽车维修工国家职业技能等级标准编写,在学习训练完本教程中的技能后,通过技能鉴定模拟训练,可申请汽车维修工(中级)技能鉴定,合格可获得汽车维修工(中级)职业技能等级证书。本书围绕汽车维护、发动机检修、汽车底盘检修和汽车电器检修四大职业功能,结合各职业功能工作内容分解出若干任务,根据每个任务的技能要求提炼出 55 个技能点进行编写。本书旨在为汽车企业从业人员的技术技能提升、专业技能培养提供实践训练技能,在配套的理论教材基础上提供一定的实践经验,可直接应用于实车或部件的维修实践。

本书可用于企业在职人员、准员工,社会从业人员等自学、工作实践及技能培训。

图书在版编目(CIP)数据

企业新型学徒制汽车维修与诊断教程 / 陈志军,姚晶晶,
周均主编. -- 重庆:重庆大学出版社,2022.3
ISBN 978-7-5689-2353-8

Ⅰ.①企… Ⅱ.①陈… ②姚… ③周… Ⅲ.①汽车—车辆修
理—职业培训—教材 Ⅳ.①U472.4

中国版本图书馆 CIP 数据核字(2020)第 175118 号

企业新型学徒制汽车维修与诊断教程

主 编 陈志军 姚晶晶 周 均
副主编 刘红玉 马良琳 唐清科 武 警
责任编辑:范 琪   版式设计:范 琪
责任校对:刘志刚   责任印制:张 策

*

重庆大学出版社出版发行
出版人:饶帮华
社址:重庆市沙坪坝区大学城西路 21 号
邮编:401331
电话:(023)88617190 88617185(中小学)
传真:(023)88617186 88617166
网址:http://www.cqup.com.cn
邮箱:fxk@ cqup.com.cn(营销中心)
全国新华书店经销
重庆正文印务有限公司印刷

*

开本:787mm×1092mm 1/16 印张:18.5 字数:450 千
2022 年 3 月第 1 版 2022 年 3 月第 1 次印刷
ISBN 978-7-5689-2353-8 定价:54.00 元

前　言

　　企业新型学徒制旨在引导企业建立技能人才工作新机制,通过在企业推行以"招工即招生、入企即入校、企校双师联合培养"为主要内容的企业新型学徒制,组织企业新招用人员和新转岗人员参加新型学徒培训,可建立长期、稳固的企校合作模式,探索企业职工培训新方式,完善培训政策措施和培训服务体系,加快企业青年技能人才的培养。

　　为满足企业新型学徒制人才培养需求,结合汽车维修工(中级)国家职业技能标准,编写企业新型学徒制汽车维修工(中级)技能培训教程,同时配套企业新型学徒制汽车维修工(中级)理论教程。本书依据汽车维修工(中级)国家职业技能标准,围绕汽车维护、发动机检修、汽车底盘检修、汽车电器检修四大职业功能,结合各职业功能工作内容分解出若干任务,根据每个任务的技能要求提炼出总计55个技能点进行编写。学习者通过对这55个技能点的学习和训练,能基本达到汽车维修工(中级)技能标准。

　　职业功能1(汽车维护),主要介绍发动机和底盘二级维护作业,培养学习者汽车维护与保养能力;职业功能2(发动机检修),主要介绍发动机主要技术参数检测和两大机构五大系统的检修作业,培养学习者发动机性能检测与部件维修能力;职业功能3(汽车底盘检修),主要介绍传动、行驶、转向、制动四个系统的检修,培养学习者汽车底盘的检修能力;职业功能4(汽车电器检修),主要介绍汽车传统电器系统检查维修,培养学习者的电器结构及系统的检修能力。

　　为了使学习者更好掌握相关技能,编者实地录制了相关技能的实作视频,并添加在相关技能点,扫一扫便如身临其境实地操作。本书在培养和训练使用者专业技能的同时,也注重将职业素养、家国情怀、民族自信心和自豪感、创新精神等思政元素融入其中,使学习者实现知识、技能、内在素养的全面提升。

　　本书由重庆城市职业学院陈志军,重庆电子工程职业学院周均、姚晶晶、刘红玉、马良琳,重庆市育才职业教育中心唐清科、王崇伦负责教材相关职业技能的编写,重庆长安汽车股份有限公司武警负责教材中企业产品及技术的引用、数据校验等。

　　由于水平有限,书中难免有缺点和不妥之处,恳请读者批评指正。

编　者

2021 年 10 月

目　录

职业功能 *1*

汽车维护

本部分为汽车维修工(中级)国家职业技能标准中的职业功能一,主要涉及汽车发动机的维护和底盘维护两大部分内容,9个技能点。

工作内容

任务1.1　发动机维护

任务1.2　底盘维护

任务 1.1　发动机维护

驾驶员在驾驶车辆过程中,要对汽车的整体性能予以把握,那么日常维护是最佳的了解汽车整体状况的方式,本任务将详细介绍汽车发动机的日常维护作业。

1.1.1　空气滤清器

发动机保持良好的燃烧效果,必须有一个清洁、畅通的进气系统,而空气滤清器的定期更换则是重要保障,空气滤清器是对空气进行净化的装置,它由壳体和滤芯组成,滤芯(图1.1)布置在壳体内。

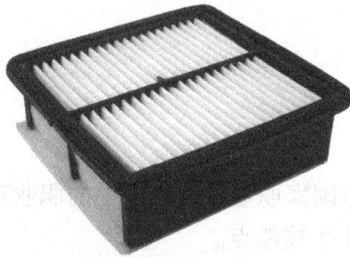

图1.1　空气滤芯

1.1.2　燃油滤清器

燃油滤清器起到过滤燃油杂质的作用,当其长时间使用后会出现脏堵现象,如果不及时更换,将会影响发动机的正常工作状况。

有的燃油滤清器与燃油泵总成一起安装在燃油箱内,以在更换燃油滤清器时必须先拆卸燃油泵总成,然后进行更换,有的则是外置在外面。

1.1.3　皮带

1)传动皮带

传动皮带一般位于发动机前端。利用传动皮带,可把发动机曲轴与发电机、水泵、空气压缩机、转向助力泵等发动机部件联系在一起,以驱动这些部件运转。

传动皮带必须进行适度张力和磨损方面的检查,并按规定时间间隔更换。传动皮带更换的工作程序因皮带张紧力调节方法的不同而不同。取下传动皮带时,需要放松张紧力;而安装了传动皮带后,需要对张紧力进行调节。若张紧力不当,皮带会滑脱或产生异常噪声。

2)正时皮带

正时皮带通常用于凸轮轴顶置发动机中。正时皮带很结实而且很安静。

正时皮带在曲轴正时齿轮和凸轮轴正时齿轮之间工作,还可以驱动其他的组成元件。在旧式发动机上,它经常用于驱动连接分电器的副轴。在双顶置式凸轮轴(DOHC)的 V6 发动机上,一条单独的正时皮带可能被用于驱动四个凸轮轴和导轮。正时皮带也经常用于带有平衡轴的发动机。正时皮带不需要润滑油,事实上,过早破坏的一个原因就是润滑油或冷却液泄漏到正时皮带上。

1.1.4　排气系统

排气系统是指收集并且排放废气的系统,包括排气歧管、排气管、消声器、尾管等。废气排放控制系统使用三元催化转化器将三种污染物:碳氢化合物(HC)、一氧化碳(CO)和氮氧化物(NO_x)转换为无害物质。

技能训练1　空气滤清器的维护

一、设备及工具准备

(1)设备准备:车辆或发动机台架。

(2)工具准备:举升机、吹气枪、手电筒、抹布等。

二、操作方法

1.发动机空气滤清器的清洁与更换

(1)打开发动机舱。

(2)打开空气滤清器壳体的两个卡扣。

(3)打开空气滤清器壳体,取出空气滤清器滤芯,如图1.2(a)所示。

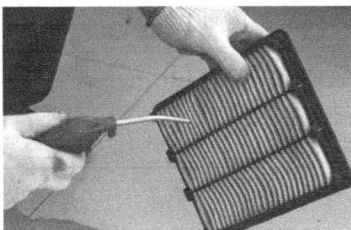

(4)使用吹气枪清洁空气滤清器滤芯,如图1.2(b)所示。

(5)用干净抹布擦拭空气滤清器壳体内的污物。

(6)将新的或已清洁的空气滤清器滤芯安装进滤清器壳体。

(7)扣上空气滤清器壳体卡扣。

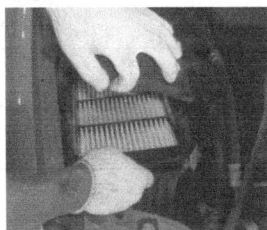

(a)取出空气滤清器滤芯　　　　(b)从滤芯内侧清洁

图1.2　空气滤清器的清洁

2.清洁节气门体

(1)拔掉电路插头,松开进气软管上的两个大弹簧卡箍及小管卡箍,拆除进气软管,露出节气门。

(2)启动发动机,保持转速3 000~3 500 r/min,然后用化油器清洗剂往节气门里喷,将其表面清洗干净,再用干净的抹布将其擦干(注意:每次喷的量不能过大,否则会导致发动机熄火)。

(3)清洁完节气门体后,应用干净的抹布将进气软管内部油污擦拭干净,检查其有无裂纹、损伤。安装时,必须将其安装到位并夹紧,保持其良好的密封性。

三、注意事项

（1）对于丰田车系的技术要求，发动机空气滤清器滤芯一般每4万km需要更换，对于其他车系，请参照该车型的用户手册。

（2）在操作时，要注意将污物往外侧吹，不要往进气管道方向吹，以防止污物进入发动机内。

（3）安装时，要注意方向，不能装反。

（4）在紧固扣子之前，要确保空气滤清器壳体上下罩已经配合好，才可以进行。

四、技能训练记录

请结合检测过程记录相关检测结果及数据，并对检测结果进行分析判断。

车型			发动机型号	
车架号			排量	
项次	检查内容说明		状况	措施
1	检查发动机空气滤清器			
2	能够正确拆卸空气滤清器滤芯			
3	能够正确判断空气滤清器滤芯是否需要更换			
4	检查节气门体			
5	能够正确清洗节气门体			
6	能够正确判断节气门体是否需要更换			
结论及分析				

五、考核要点与评分标准

序号	评分项	得分条件	配分/分	评分要求	得分/分	测评结果
1	安全/6S/态度	□1.能进行工位6S操作 □2.能进行设备和工具安全检查 □3.能进行车辆/设备安全防护 □4.能进行工具清洁、校准、存放操作 □5.能进行"三不落地"操作	15	未完成1项扣3分，扣分不超过15分		□合格 □不合格

续表

序号	评分项	得分条件	配分/分	评分要求	得分/分	测评结果
2	专业技术能力	□1. 能正确取出空气滤清器滤芯 □2. 能正确清洁空气滤清器滤芯 □3. 能正确更换空气滤清器滤芯 □4. 能正确拆除进气软管 □5. 能正确清洁节气门 □6. 能正确将清洁后的节气门安装	35	未完成1项扣5分,扣分不超过35分		□合格 □不合格
3	工具及设备使用能力	□1. 能正确使用维修工具 □2. 能正确使用吹气枪 □3. 能正确使用拆装工具	15	未完成1项扣5分,扣分不超过15分		□合格 □不合格
4	资料、信息查询能力	□1. 能正确使用维修手册查询资料 □2. 能正确填写车辆相关信息 □3. 能在规定时间内查询所需资料 □4. 能正确记录检测结果及数据	20	未完成1项扣5分,扣分不超过20分		□合格 □不合格
5	数据判读和分析能力	□1. 能正确对空气供给系统进行维护 □2. 能得出正确的维修结论	10	未完成1项扣5分,扣分不得超过10分		□合格 □不合格
6	表单填写与报告撰写能力	□1. 字迹清晰 □2. 语句通顺 □3. 无错别字 □4. 无涂改 □5. 无抄袭	5	未完成1项扣1分,扣分不得超过5分		□合格 □不合格
7		如出现安全事故,则本技能不合格				
8		总评				

技能训练2　燃油滤清器的维护

一、设备及工具准备

(1)设备准备:车辆或发动机台架。

(2)工具准备:扳手、螺丝刀等。

二、操作方法

1.燃油滤清器更换

(1)准备工作。

①拆卸后坐垫。

②开启维护盖A,如图1.3所示。

③分离燃油箱油泵连接器 A,如图 1.4 所示。

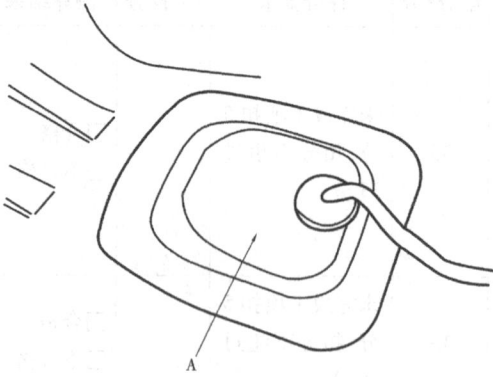

图 1.3　维护盖

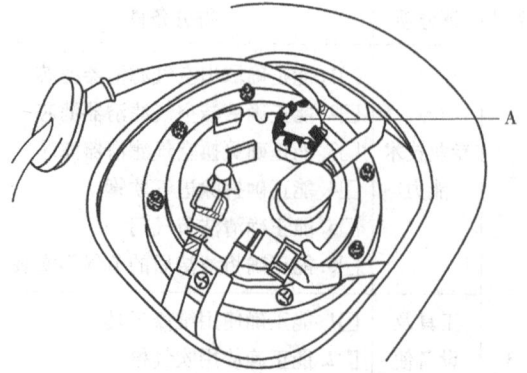

图 1.4　燃油泵连接器

④启动发动机,等燃油管路内的燃油耗尽。

⑤发动机失速以后,点火开关关至"OFF"位,分离蓄电池负极端子。

(2)拆卸燃油泵。

①分离燃油供油管快速连接器 A、蒸汽软管 B 和蒸汽管快速连接器 C,如图 1.5 所示。

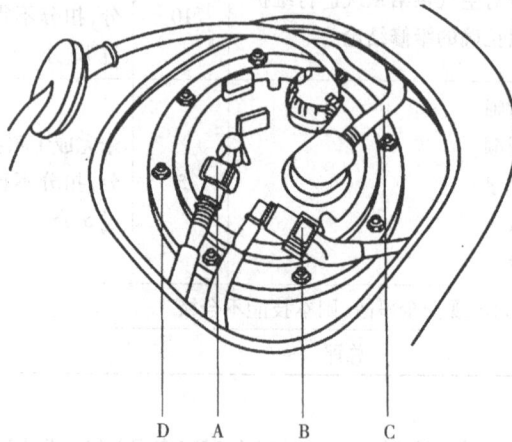

D　A　　B　　C

图 1.5　分离软管及连接器

②拆卸燃油泵安装螺母 D 并拆卸燃油泵总成,如图 1.6 所示。

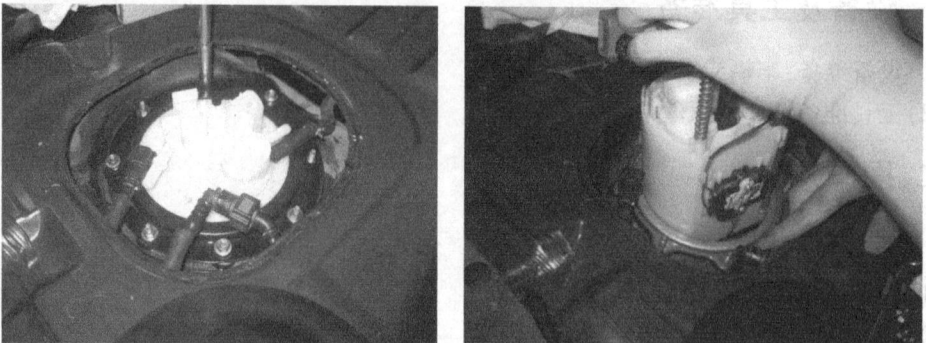

图 1.6　燃油泵总成拆卸

（3）更换燃油滤清器。

①分离电动泵导线连接器 A 和燃油传感部件导线连接器 B，如图 1.7 所示。

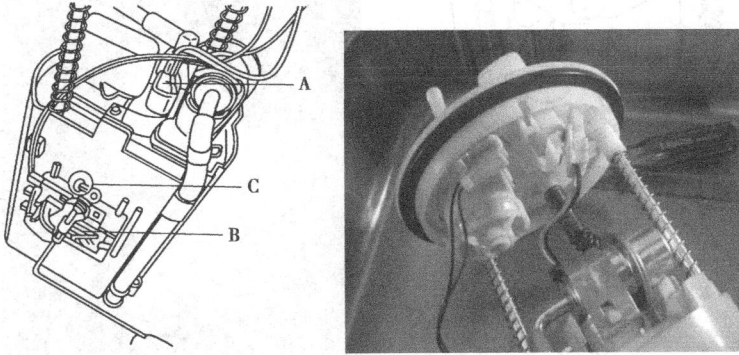

图 1.7   燃油泵导线连接器

②从电动泵上分离电动泵导线连接器 A，并检查燃油泵线束接头，释放锁 C 向后下滑动燃油传感部件 B 以拆卸燃油传感部件 B，如图 1.8 所示。

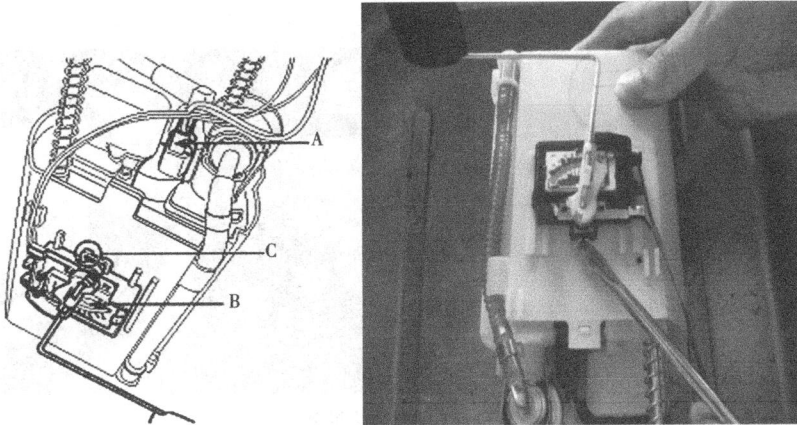

图 1.8   燃油泵导线连接器

③释放盖 B 后拆卸燃油压力调节器和软管总成 A，如图 1.9 所示。

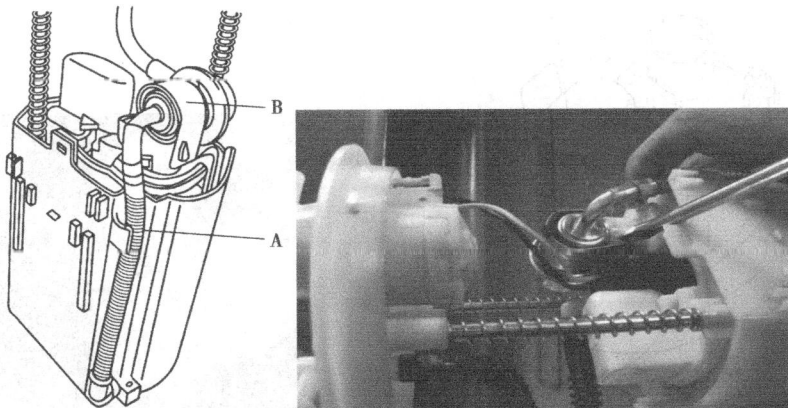

图 1.9   燃油压力调节器及软管总成

④释放三个固定挂钩 B 后拆卸储液罐盖 A，如图 1.10 所示。

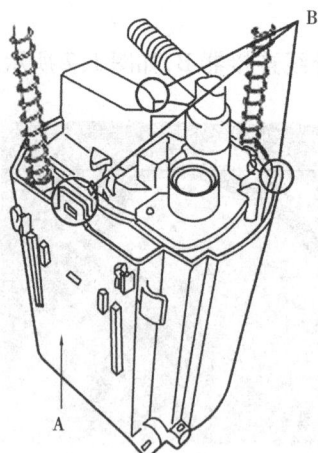

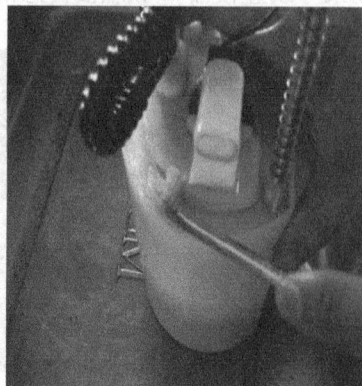

图 1.10　储液罐盖

⑤释放两个固定挂钩后从燃油滤清器上拆卸燃油供油管 A,如图 1.11 所示。

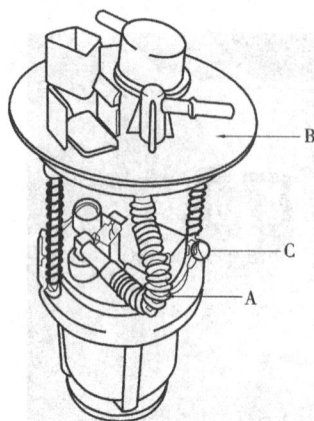

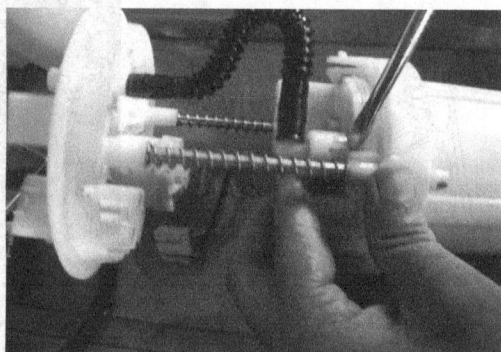

图 1.11　燃油供油管

⑥拆卸缓冲管固定夹 C 后拆卸板总成 B,然后释放两个固定挂钩 B 后上提抽出燃油滤清器 A,如图 1.12 所示。

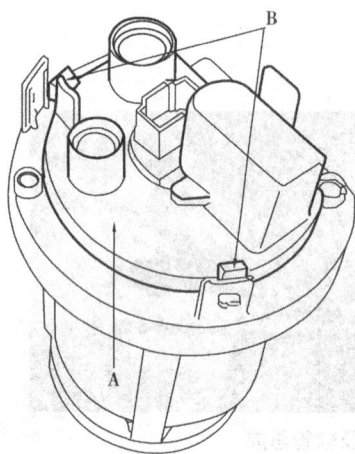

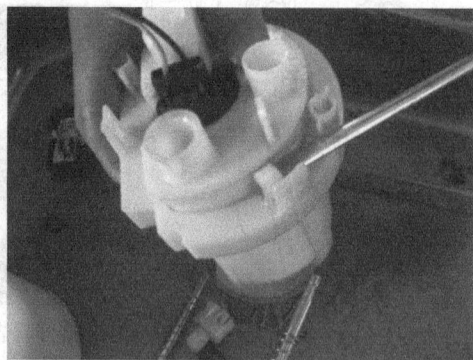

图 1.12　燃油滤清器

⑦更换燃油滤清器、滤网和密封圈,如图 1.13 所示,注意各个更换配件的安装位置。

图 1.13　燃油泵总成更换配件

⑧安装燃油滤清器及燃油泵,其步骤按照拆卸的相反顺序安装。

2. 燃油管路及燃油箱检查

(1)燃油管路检查。

①目视检查软管、钢管、连接部的漏油损伤情况。

②目视检查连接部、限位器的松动。

③目视检查钢管、软管是否有接触车体或其他部分的情形。

(2)燃油箱外观检查。

①检查燃油箱是否存在变形、裂纹、锈蚀、漏油等损伤。

②检查燃油箱装配螺栓和螺母,如果发现螺栓和螺母有松动,要按规定扭矩上紧。

三、注意事项

(1)安装燃油泵模块时,小心不要缠住密封环。

(2)为防止残留汽油滴漏,将毛巾垫在旧燃油滤清器下。

(3)在更换燃油滤清器时,使火焰或火花远离工作区域。

四、技能训练记录

请结合检测过程记录相关检测结果及数据,并对检测结果进行分析判断。

车型		发动机型号	
车架号		排量	
项次	检查内容说明	状况	措施
1	能正确分离燃油箱油泵连接器		
2	能正确拆卸燃油泵		
3	能正确更换燃油滤清器		
4	能正确检查燃油管路		
5	检查燃油箱外观		
结论及分析			

五、考核要点与评分标准

序号	评分项	得分条件	配分/分	评分要求	得分/分	测评结果
1	安全/6S/态度	□1.能进行工位 6S 操作 □2.能进行设备和工具安全检查 □3.能进行车辆/设备安全防护 □4.能进行工具清洁、校准、存放操作 □5.能进行"三不落地"操作	15	未完成 1 项扣 3分,扣分不超过15 分		□合格 □不合格
2	专业技术能力	□1.是否将车辆换挡杆置入 P 挡位置 □2.能正确分离燃油箱油泵连接器 □3.能正确拆卸燃油泵 □4.能正确更换燃油滤清器 □5.能正确检查燃油管路 □6.检查燃油箱外观	35	未完成 1 项扣 5分,扣分不超过35 分		□合格 □不合格
3	工具及设备使用能力	□1.能正确使用维修工具 □2.能正确使用拆装工具	15	未完成 1 项扣 5分,扣分不超过15 分		□合格 □不合格
4	资料、信息查询能力	□1.能正确使用维修手册查询资料 □2.能正确填写车辆相关信息 □3.能在规定时间内查询所需资料 □4.能正确记录检测结果及数据	20	未完成 1 项扣 5分,扣分不超过20 分		□合格 □不合格
5	数据判读和分析能力	□1.能正确对燃油滤清器进行维护 □2.能得出正确的维修结论	10	未完成 1 项扣 5分,扣分不得超过 10 分		□合格 □不合格
6	表单填写与报告撰写能力	□1.字迹清晰 □2.语句通顺 □3.无错别字 □4.无涂改 □5.无抄袭	5	未完成 1 项扣 1分,扣分不得超过 5 分		□合格 □不合格
7	如出现安全事故本技能不合格					
8	总评					

技能训练 3　皮带的维护

一、设备及工具准备

(1)设备准备:车辆或发动机台架。

(2)工具准备:精密直规、直尺、皮带张力计、螺栓等。

二、操作方法

1. 检查传动皮带张紧力

（1）用手指压传动皮带以检查皮带变形情况。将精密直规倚放在发电机和曲轴皮带轮之间的皮带上。用 98 N 的力推压皮带的中心靠后部。用直尺测量变形量，与维修手册标准值进行比较。

（2）用皮带张紧力计检查皮带变形情况。

①旋转重置杠杆以重置针阀。

②夹紧皮带上的把手、手柄和卡钩，确认皮带牢固地系在卡钩上，确认测量表与皮带垂直。

③当把手松开后，卡钩用收缩性弹簧力拉动皮带，弹簧力使指针指示张紧力的大小。根据发动机的不同，测量值也不同。

2. 检查皮带损伤、安装状况

检查传动皮带的整个外围是否有磨损、裂纹、层离以及有无任何油迹、油脂或冷却剂浸湿的痕迹。如果出现上述任何一种现象，都应该更换皮带，而且还应查明产生上述问题的根本原因，并排除。检查皮带，确保其正确地安装在皮带轮槽内。

3. 发动机正时皮带的拆卸

（1）拆下气门室盖上的螺钉与垫片，取下气门室盖。

（2）拆下正时皮带上罩。

（3）转动曲轴对一缸上止点记号，如图 1.14 所示，将皮带轮槽口对准 1 号正时皮带罩上的正时标记"0"。

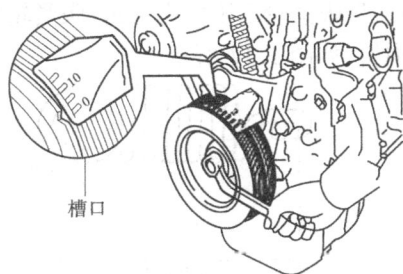

图 1.14　检查曲轴对一缸压缩上止点标记

（4）如图 1.15 所示，检查排气凸轮轴正时齿轮"K"标记与第一道承盖上的正时标记是否对准，否则转动曲轴一周（360°）。

（5）拆下正时皮带中罩（2 号皮带罩）。

（6）使用 SST 拆下曲轴皮带轮。

（7）拆下正时皮带轮正时皮带下罩（1 号皮带罩）。

（8）旋松正时皮带张紧轮安装螺栓，拆下张紧弹簧。

（9）拆下正时皮带，如果重复使用正时皮带，在皮带上画一个方向箭头（按发动机旋转的方向），在皮带轮和皮带上做出定位标记。

11

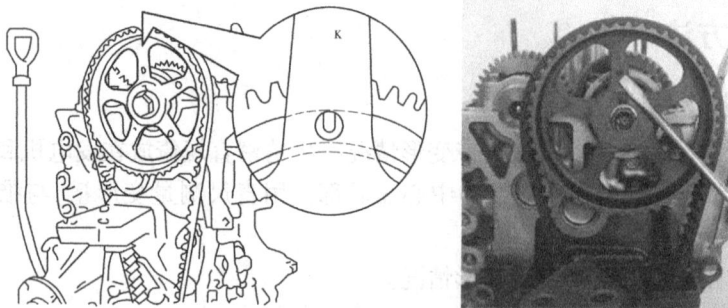

图1.15 检查排气凸轮轴正时皮带轮的"K"标记与轴承盖的正时标记是否对准

4.发动机正时皮带的安装

（1）如图1.16所示，用曲轴皮带轮螺栓，转动曲轴并对准曲轴正时皮带轮和机油泵体的正时标记，将1号缸压缩至上止点。转动凸轮轴的六角部分，将凸轮轴正时皮带轮的"K"标记与轴承盖的正时标记对正。

图1.16 对准1号缸压缩上止点

（2）安装张紧轮之前应对张紧轮转动做检查，且张紧轮上不能有油污；张紧轮的弹簧自由长度检查：自由长度36.9 mm如果不符则更换弹簧，如图1.17所示。

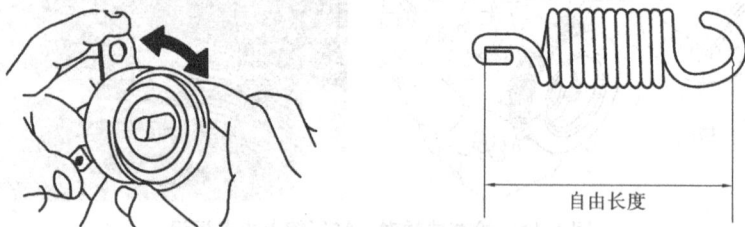

图1.17 张紧轮的检查

（3）安装正时皮带张紧轮与弹簧，安装正时皮带，这时先将张紧轮尽量向左边做暂时固定；如果重新使用正时皮带，对准拆下时作的标记，并且将箭头方向指向发动机旋转方向。

（4）如图1.18所示，检查配气正时，转动曲轴两圈之后再重新检查各处正时记号是否对齐；如果没对准正时标记，拆下正时皮带重新安装。紧固正时皮带张紧轮，扭矩为37 N·m。

（5）如图1.19所示的位置检查正时皮带挠度。皮带挠度5~6 mm时如果挠度不合适，调节惰轮。

（6）如图1.20所示，安装正时皮带导轮。安装导轮，面朝内安装。

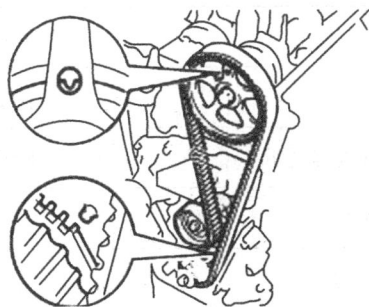

图 1.18　正时记号的检查

图 1.19　检查正时皮带挠度

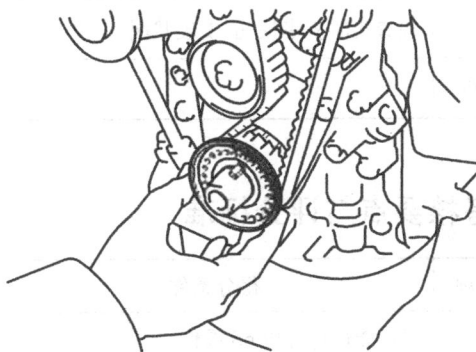

图 1.20　安装正时皮带导轮

（7）用 3 个螺栓安装正时皮带下罩，扭矩为 9.3 N·m。

（8）使用专用工具安装正时皮带轮，注意对准正时轮定位键和皮带轮键槽，扭矩为 127 N·m。

（9）用 3 个螺栓安装正时皮带中罩，扭矩为 9.3 N·m。

（10）安装 2 号正时皮带罩，扭矩为 9.3 N·m。

（11）更换火花塞密封圈。

（12）安装气门罩室盖。

三、注意事项

（1）正时皮带更换必须在该车型维修手册里程规定范围内进行，一般为 6 万 ~ 8 万 km，张紧轮和正时皮带同时更换。

（2）正时皮带的维护应加在定期维护的程序中，如果没有定期检查、及时更换有故障的正时皮带，可能导致严重的后果。

（3）检查时，如果看到的不是保养良好、张紧适度的皮带，应及时更换；正时皮带破裂时，如果皮带被咬住，那么气门停在打开状态，同时发动机停止运转；破裂时如果发动机是空转，就意味着在行程顶部的活塞与张开的气门之间有空隙。这两种情况下的破裂，损坏的只是正时皮带本身。

四、技能训练记录

请结合检测过程记录相关检测结果及数据，并对检测结果进行分析判断。

车型		发动机型号	
车架号		排量	
项次	检查内容说明	状况	措施
1	检查传动皮带张紧力		
2	检查正时皮带张紧力		
3	检查传动皮带损伤、安装状况		
4	检查正时皮带损伤、安装状况		
结论及分析			

五、考核要点与评分标准

序号	评分项	得分条件	配分/分	评分要求	得分/分	测评结果
1	安全/6S/态度	□1.能进行工位6S操作 □2.能进行设备和工具安全检查 □3.能进行车辆/设备安全防护 □4.能进行工具清洁、校准、存放操作 □5.能进行"三不落地"操作	15	未完成1项扣3分,扣分不超过15分		□合格 □不合格
2	专业技术能力	□1.能正确检查传动皮带张紧力 □2.能正确检查正时皮带张紧力 □3.能正确检查传动皮带损伤、安装状况 □4.能正确检查正时皮带损伤、安装状况 □5.能正确拆卸正时皮带 □6.能正确安装正时皮带	35	未完成1项扣5分,扣分不超过35分		□合格 □不合格
3	工具及设备使用能力	□1.能正确使用维修工具 □2.能正确使用检测工具 □3.能正确使用拆装工具	15	未完成1项扣5分,扣分不超过15分		□合格 □不合格
4	资料、信息查询能力	□1.能正确使用维修手册查询资料 □2.能正确填写车辆相关信息 □3.能在规定时间内查询所需资料 □4.能正确记录检测结果及数据	20	未完成1项扣5分,扣分不超过20分		□合格 □不合格
5	数据判读和分析能力	□1.能正确对皮带进行维护 □2.能得出正确的维修结论	10	未完成1项扣5分,扣分不得超过10分		□合格 □不合格

续表

序号	评分项	得分条件	配分	评分要求	得分	测评结果
6	表单填写与报告撰写能力	□1. 字迹清晰 □2. 语句通顺 □3. 无错别字 □4. 无涂改 □5. 无抄袭	5	未完成 1 项扣1 分,扣分不得超过 5 分		□合格 □不合格
7		如出现安全事故本技能不合格				
8		总评				

技能训练 4　排气系统的维护

一、设备及工具准备

(1)设备准备:车辆或发动机台架。
(2)工具准备:举升机、数字式温度计、直尺、扳手等。

二、操作方法

1. 三元催化器的检查

(1)外观检查。

观察催化转化器表面是否有凹陷,如有明显的凹痕和刮擦,则说明催化转化器的载体可能受到损伤。

观察催化转化器外壳上是否有严重的褪色斑点或略有呈青色或紫色的痕迹,在催化转化器防护罩的中央是否有非常明显的暗灰斑点,如有则说明催化转化器曾处于过热工作状态,需做进一步的检查。

(2)三元催化器前后温度的检查。

催化转化器在正常工作状态下,由于氧化反应产生了大量的反应热,因此可通过温差对比来判断催化转化器性能的好坏。启动发动机,预热至正常工作温度,将发动机转速维持在2 500 r/min 左右,将车辆举升,用数字式温度计测量催化转化器进口和出口的温度,需尽量靠近催化转化器 50 mm 内。催化转化器出口的温度应至少高丁进口温度 10% ~15%。

2. 排气管的检查

(1)损坏和安装状况。

①检查排气管是否损坏。
②检查消声器是否损坏。
③检查排气管支架上的 O 形圈是否损坏或者脱离。
④检查垫片是否损坏。

（2）排气管渗漏。

通过观察接头周围是否存在任何炭黑,检查排气管连接部分是否渗漏废气。

（3）松动检查（HDC 1.6L）。

①前消声器 A 如图 1.21 所示。拧紧力矩:39.2 ~ 58.8 N·m。

②中央消声器 A 如图 1.22 所示。拧紧力矩:39.2 ~ 58.8 N·m。

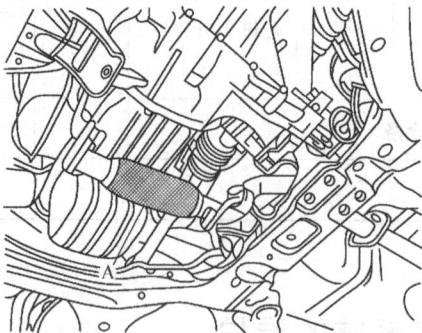

图 1.21　前消声器

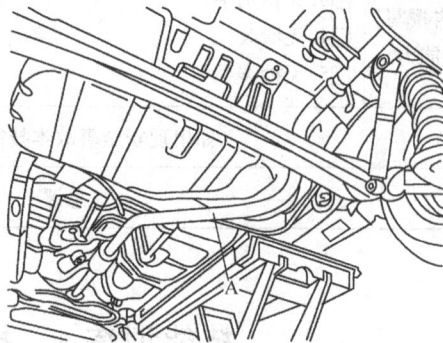

图 1.22　中央消声器

③主消声器 A 如图 1.23 所示。拧紧力矩:39.2 ~ 58.8 N·m。

④在中间消声器和主消声器之间安装卡箍。拧紧力矩:21.1 ~ 22.1 N·m.

a. 如图 1.24 所示,对正中间消声器和主消声器上的标记。

b. 卡箍安装位置 A 必须高于两标记实际标记的高度线。

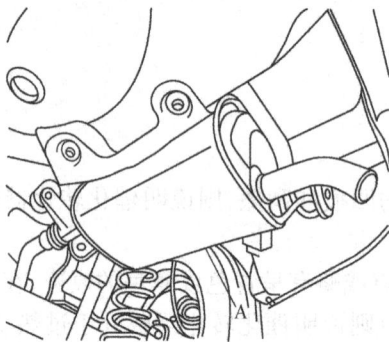

图 1.23　主消声器

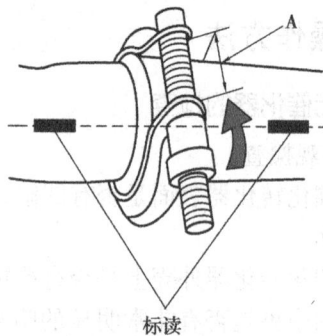

标读

图 1.24　消声器对正标记

三、注意事项

（1）不要重复使用卡箍。

（2）发动机刚刚熄火或正在工作,排气管的温度都非常高,一定要注意防止被烫伤。

（3）拆卸排气管时,应从发动机端开始逐节拆下;安装时,要从主消声器端装起逐节装回。
这样可以保护排气歧管附近的装饰件不被损坏,同时也避免了排气管的异常弯曲。

四、技能训练记录

请结合检测过程记录相关检测结果及数据,并对检测结果进行分析判断。

车型		发动机型号	
车架号		排量	
项次	检查内容说明	状况	措施
1	检查三元催化器外观		
2	检查三元催化器前后温度		
3	检查排气管		
4	检查消声器		
5	检查排气管支架上的 O 形圈		
6	检查垫片		
结论及分析			

五、考核要点与评分标准

序号	评分项	得分条件	配分/分	评分要求	得分/分	测评结果
1	安全/6S/态度	□1. 能进行工位 6S 操作 □2. 能进行设备和工具安全检查 □3. 能进行车辆/设备安全防护 □4. 能进行工具清洁、校准、存放操作 □5. 能进行"三不落地"操作	15	未完成 1 项扣 3 分,扣分不超过 15 分		□合格 □不合格
2	专业技术能力	□1. 能正确检查三元催化器外观 □2. 能正确检查三元催化器前后温度 □3. 能正确检查排气管 □4. 能正确检查消声器 □5. 能正确检查排气管支架上的 O 形圈 □6. 能正确检查垫片	35	未完成 1 项扣 5 分,扣分不超过 35 分		□合格 □不合格
3	工具及设备使用能力	□1. 能正确使用维修工具 □2. 能正确使用数字式温度计 □3. 能正确使用拆装工具	15	未完成 1 项扣 5 分,扣分不超过 15 分		□合格 □不合格
4	资料、信息查询能力	□1. 能正确使用维修手册查询资料 □2. 能正确填写车辆相关信息 □3. 能在规定时间内查询所需资料 □4. 能正确记录检测结果及数据	20	未完成 1 项扣 5 分,扣分不超过 20 分		□合格 □不合格
5	数据判读和分析能力	□1. 能正确对排气系统进行维护 □2. 能得出正确的维修结论	10	未完成 1 项扣 5 分,扣分不得超过 10 分		□合格 □不合格

续表

序号	评分项	得分条件	配分/分	评分要求	得分/分	测评结果
6	表单填写与报告撰写能力	□1. 字迹清晰 □2. 语句通顺 □3. 无错别字 □4. 无涂改 □5. 无抄袭	5	未完成1项扣1分,扣分不得超过5分		□合格 □不合格
7		如出现安全事故本技能不合格				
8		总评				

任务 1.2　底盘维护

底盘系统作为汽车重要的组成结构,与发动机、变速器并列为汽车核心"三大件",其重要性是不言而喻的。汽车底盘系统不光承载着车身和动力机构也为汽车其他重要系统提供了有机组合的空间和条件,它涉及汽车的结构性、承载性、安全性、稳定性、运动特性和舒适性等因素。

1.2.1　悬架

悬架是汽车的车架(或承载式车身)与车桥(或车轮)之间的一切传力连接装置的总称,其作用是传递作用在车轮和车架之间的力和力扭,并且缓冲由不平路面传给车架或车身的冲击力,并减少由此引起的振动,以保证汽车能平顺地行驶。

1.2.2　离合器踏板

对于装备手动变速器的车辆,应该对离合器进行定期检查。离合器是汽车传动系统的零部件之一。其主要功用有保证汽车平稳起步,保证换挡平顺,防止传动系统过载等。离合器踏板是离合器操纵部分的部件。

1)离合器踏板自由行程的作用

离合器踏板自由行程主要用于防止从动盘磨损变薄后分离杠杆外端不能后移而导致离合器打滑。

2)离合器踏板自由行程的危害

离合器踏板自由行程过大易导致离合器分离不彻底,无自由行程则易导致离合器打滑。

1.2.3　制动踏板

汽车制动系是汽车底盘的重要组成部分,由制动踏板、制动器、制动力调节装置等部件组成。其功用是根据需要使汽车减速或在最短的距离内停车,在下坡时保持车速稳定,以保证行车的安全。

制动踏板的自由行程是指制动踏板从初始位上部运动到最下部的距离,是自由行程与工作行程之和。

1.2.4 传动轴

传动轴是一个高转速、少支承的旋转体,因此它的动平衡是至关重要的。传动轴是由轴管、伸缩套和万向节组成。伸缩套能自动调节变速器与驱动桥之间距离的变化。万向节是保证变速器输出轴与驱动桥输入轴两轴线夹角的变化,并实现两轴的等角速传动。

一般万向节由十字轴、十字轴承和凸缘叉等组成。万向节是汽车传动轴上的关键部件。在前置发动机后轮驱动的车辆上,万向节传动轴安装在变速器输出轴与驱动桥主减速器输入轴之间;而前置发动机前轮驱动的车辆省略了传动轴,万向节安装在既负责驱动又负责转向的前桥半轴与车轮之间。

1.2.5 制动器与制动片

车轮制动器中的旋转元件,有制动盘与制动鼓两种,制动盘多用于后轮制动器。制动盘安装在轮毂或支撑短轴上,随车轮一起转动。制动时,制动片夹紧制动盘,产生摩擦作用,使制动盘及车轮旋转速度下降或停转,实现汽车的减速或停车。

技能训练1 变速器的维护

一、设备及工具准备

(1)设备准备:车辆。
(2)工具准备:直尺、扳手、螺丝刀、举升机、抹布等。

二、操作方法

1.检查自动变速器液位

(1)汽车停放在水平路面上并拉紧驻车制动器,使发动机怠速运转。踩下制动踏板,将自动变速器的换挡杆在各挡位轮换停留短暂时间,自动变速器处于热状态(温度为 70 ~ 80 ℃),使油液充满液力变矩器和所有执行元件,然后将发动机熄火,将选挡操作手柄拨至停车挡(P)位置。

(2)举升汽车到一定高度后,在汽车底盘找到变速器,进行清洁后卸下变速器油位,检查螺塞。通过注油孔/油位塞孔检查油位。

①卸下油位检查螺塞时,若发现油从油孔流出或油位已达油位孔,说明油位正常。

②若发现油量不足应加注相同型号的变速器油,让油位升至油位孔。

③检查完毕后,按规定扭矩拧紧油位螺塞。

2.检查自动变速器油质量

正常的自动变速器液略带红色、清澈半透明,且无异味。油液品质的检查,可在专修厂家使用专用的检测仪进行检查。若无检测设备时,可从外观进行概略判断,如用手指捻一捻油液,感觉一下黏度,闻一闻有无特殊的气味。若发现油液变质,应及时更换新油。

3.检查换挡控制杆

检查换挡控制杆是否灵活,有无不正常的噪声。若操作不灵,用底盘防水润滑脂润滑换挡控制杆支座和轴衬套。

4.检查自动变速器外表

(1)检查自动变速器通气螺塞,清洁、疏通通气孔。

(2)检查自动变速器的放油螺塞、油底壳密封垫有无漏油。

(3)紧固自动变速器的放油螺塞、油底壳密封垫各螺栓。

三、注意事项

(1)如果检查发现油位低于规定要求,则应从加油螺栓处添加油液。

(2)应采用规定的变速器油。

四、技能训练记录

请结合检测过程记录相关检测结果及数据,并对检测结果进行分析判断。

车型		发动机型号	
车架号		排量	
项次	检查内容说明	状况	措施
1	检查自动变速器液位		
2	检查自动变速器油质量		
3	检查换挡控制杆		
4	检查自动变速器的放油螺塞		
5	检查油底壳密封垫		
结论及分析			

五、考核要点与评分标准

序号	评分项	得分条件	配分/分	评分要求	得分/分	测评结果
1	安全/6S/态度	□1.能进行工位6S操作 □2.能进行设备和工具安全检查 □3.能进行车辆/设备安全防护 □4.能进行工具清洁、校准、存放操作 □5.能进行"三不落地"操作	15	未完成1项扣3分,扣分不超过15分		□合格 □不合格
2	专业技术能力	□1.能正确检查自动变速器液位 □2.能正确检查自动变速器油质量 □3.能正确检查换挡控制杆 □4.能正确检查自动变速器的放油螺塞 □5.能正确检查油底壳密封垫	35	未完成1项扣5分,扣分不超过35分		□合格 □不合格

续表

序号	评分项	得分条件	配分/分	评分要求	得分/分	测评结果
3	工具及设备使用能力	□1. 能正确使用维修工具 □2. 能正确使用举升机 □3. 能正确使用拆装工具	15	未完成1项扣5分,扣分不超过15分		□合格 □不合格
4	资料、信息查询能力	□1. 能正确使用维修手册查询资料 □2. 能正确填写车辆相关信息 □3. 能在规定时间内查询所需资料 □4. 能正确记录检测结果及数据	20	未完成1项扣5分,扣分不超过20分		□合格 □不合格
5	数据判读和分析能力	□1. 能正确对传动系统进行维护 □2. 能得出正确的维修结论	10	未完成1项扣5分,扣分不得超过10分		□合格 □不合格
6	表单填写与报告撰写能力	□1. 字迹清晰 □2. 语句通顺 □3. 无错别字 □4. 无涂改 □5. 无抄袭	5	未完成1项扣1分,扣分不得超过5分		□合格 □不合格
7		如出现安全事故本技能不合格				
8		总评				

技能训练2 悬架装置与轮胎的维护

一、设备及工具准备

(1)设备准备:车辆。
(2)工具准备:扳手、螺丝刀、举升机、抹布等。

二、操作方法

1.检查悬架装置工作性能

分别按压汽车前后四个边角车身,从前后车身平衡度观察判断悬架装置减振器和各部件的工作情况,凭经验判断是否需要更换或修理减振器和其他部件。

2.检查悬架装置部件

(1)从外部检查悬架装置的弹簧是否有裂纹,弹簧和导向装置的连接螺栓是否松动。
(2)检查减振器有无漏油,上部连接支套无凸起、开裂,紧固可靠。
(3)检查悬架螺栓与螺母是否拧紧,必要时,应重新拧紧,如有损伤部件应维修或更换。

3.检查轮胎位置

(1)拆卸轮胎。
①用扭力扳手依次对角拆车轮螺栓,分两至三次拆卸,如图1.25所示。

全车车轮互换

车轮与轮胎
的拆装

（a）用气动工具拆卸车轮螺母　　　　　（b）取下车轮

图1.25　拆卸轮胎的操作步骤

②螺母松开后，一只手取出螺母（不要全卸下来，至少留两颗螺母在螺栓上），另一只手扶住车轮，防止掉落。

③用举升机提升车辆到一定高度，取下剩下的轮胎螺母，然后小心地用双手将轮胎取下来放在轮胎架上，准备检查。

（2）检查轮胎表面。清除轮胎结合面的污迹后，检查轮胎侧面有无划伤，胎冠面有无裂纹，钢圈是否变形或损坏，轮胎表面是否有异常损坏或有异物嵌入。

（3）检查轮胎气压。打开轮胎气嘴防尘帽，用轮胎气压表测量每个轮胎的气压，应符合规定标准。气压不足，应进行补充，气压过高，应放出部分气体。

（4）检查轮胎是否漏气。用毛笔蘸肥皂水涂抹在气门芯周围检查是否漏气，下面用抹布托着防止水滴落在地面，检查时应注意清洁。

（5）检查车轮轮盘。检查车轮轮盘有无压痕、变形和裂纹，若轮盘严重损坏必须更换。

（6）检查轮胎螺丝。检查螺丝是否损坏。

（7）安装轮胎。

（8）检查车轮轴承。

（9）车轮换位。

（10）选用轮胎。

三、注意事项

（1）取轮胎时，不要伤及轮胎螺栓的螺纹。

（2）轮胎气压通常标注在轮胎的侧壁上，或在油箱盖内侧显示。

（3）轮胎装车时，注意翻新胎或有外伤的轮胎不能作为转向轮，后轮双胎安装时，气嘴应相错180°，以便平衡和补气。

四、技能训练记录

请结合检测过程记录相关检测结果及数据，并对检测结果进行分析判断。

车型		发动机型号	
车架号		排量	
项次	检查内容说明	状况	措施
1	检查悬架装置工作性能		
2	检查悬架装置的弹簧和连接螺栓		
3	检查减振器		
4	检查轮胎位置		
结论及分析			

五、考核要点与评分标准

序号	评分项	得分条件	配分/分	评分要求	得分/分	测评结果
1	安全/6S/态度	□1. 能进行工位6S操作 □2. 能进行设备和工具安全检查 □3. 能进行车辆/设备安全防护 □4. 能进行工具清洁、校准、存放操作 □5. 能进行"三不落地"操作	15	未完成1项扣3分,扣分不超过15分		□合格 □不合格
2	专业技术能力	□1. 能正确检查悬架装置工作性能 □2. 能正确检查悬架装置的弹簧和连接螺栓 □3. 能正确检查减振器 □4. 能正确检查轮胎位置	35	未完成1项扣5分,扣分不超过35分		□合格 □不合格
3	工具及设备使用能力	□1. 能正确使用维修工具 □2. 能正确使用检测工具 □3. 能正确使用拆装工具	15	未完成1项扣5分,扣分不超过15分		□合格 □不合格
4	资料、信息查询能力	□1. 能正确使用维修手册查询资料 □2. 能正确填写车辆相关信息 □3. 能在规定时间内查询所需资料 □4. 能正确记录检测结果及数据	20	未完成1项扣5分,扣分不超过20分		□合格 □不合格
5	数据判读和分析能力	□1. 能正确对行驶系统进行维护 □2. 能得出正确的维修结论	10	未完成1项扣5分,扣分不得超过10分		□合格 □不合格
6	表单填写与报告撰写能力	□1. 字迹清晰 □2. 语句通顺 □3. 无错别字 □4. 无涂改 □5. 无抄袭	5	未完成1项扣1分,扣分不得超过5分		□合格 □不合格
7		如出现安全事故本技能不合格				
8		总评				

技能训练 3　离合器踏板与制动器踏板的维护

一、设备及工具准备

（1）设备准备：车辆。

（2）工具准备：直尺等。

二、操作方法

1. 检查离合器工作状况和离合器踏板自由行程

（1）检查离合器接合是否平稳、不打滑、无抖动和异响，分离彻底。

（2）先用直尺抵在驾驶室地板上，测量踏板完全放松时的高度，再用手轻按踏板，当感到阻力增大时再测量踏板高度。两次测量的高度差即为踏板的自由行程。

2. 检查制动器工作状况和制动器踏板自由行程

（1）反复踩踏制动踏板，检查制动踏板反应是否灵敏，能否完全落下，是否有异常噪声，是否过度松动。

（2）发动机停止后，踩下制动踏板几次，以便解除制动助力器。然后，用手指轻轻按压制动踏板，并用一把直尺测量制动踏板自由行程。

三、注意事项

（1）离合器踏板自由行程一般为 15～20 mm。

（2）检查时要将变速手柄置于 N 挡或 P 挡，拉起驻车制动手柄。

（3）制动踏板高度不在规定范围内，将会直接影响制动系统的制动力。

（4）测量制动踏板行程时，若测量数值不在规定范围内，将会影响制动系统正常工作性能。如果测量值过大，系统产生的制动力变小，车辆制动距离增加；如果测量值过小，会出现制动拖滞，导致制动器过热，制动效能下降。

（5）如果踏板行程大于规定值，应检查制动系统是否泄漏、储油罐中液面是否正常、制动蹄是否磨损过度、制动系统内是否存留空气等。

四、技能训练记录

请结合检测过程记录相关检测结果及数据，并对检测结果进行分析判断。

车型		发动机型号	
车架号		排量	
项次	检查内容说明	状况	措施
1	检查离合器工作状况		
2	检查离合器踏板自由行程		
3	检查制动器工作状况		
4	检查制动器踏板自由行程		
结论及分析			

五、考核要点与评分标准

序号	评分项	得分条件	配分/分	评分要求	得分/分	测评结果
1	安全/6S/态度	□1.能进行工位6S操作 □2.能进行设备和工具安全检查 □3.能进行车辆/设备安全防护 □4.能进行工具清洁、校准、存放操作 □5.能进行"三不落地"操作	15	未完成1项扣3分,扣分不超过15分		□合格 □不合格
2	专业技术能力	□1.能正确检查离合器工作状况 □2.能正确检查离合器踏板自由行程 □3.能正确检查制动器工作状况 □4.能正确检查制动器踏板自由行程	35	未完成1项扣5分,扣分不超过35分		□合格 □不合格
3	工具及设备使用能力	□1.能正确使用维修工具 □2.能正确使用检测工具 □3.能正确使用拆装工具	15	未完成1项扣5分,扣分不超过15分		□合格 □不合格
4	资料、信息查询能力	□1.能正确使用维修手册查询资料 □2.能正确填写车辆相关信息 □3.能在规定时间内查询所需资料 □4.能正确记录检测结果及数据	20	未完成1项扣5分,扣分不超过20分		□合格 □不合格
5	数据判读和分析能力	□1.能正确对离合器踏板维护 □2.能正确对制动器踏板维护 □3.能得出正确的维修结论	10	未完成1项扣5分,扣分不得超过10分		□合格 □不合格
6	表单填写与报告撰写能力	□1.字迹清晰 □2.语句通顺 □3.无错别字 □4.无涂改 □5.无抄袭	5	未完成1项扣1分,扣分不得超过5分		□合格 □不合格
7	如出现安全事故本技能不合格					
8	总评					

技能训练4　传动轴的维护

一、设备及工具准备

(1)设备准备:车辆。

(2)工具准备:直尺、扳手、举升机等。

二、操作方法

1.检查传动轴

（1）检查传动轴防尘罩不得有裂纹、损坏、支架无松动。检查传动轴各紧固螺栓是否松动。

（2）检查传动轴上的万向节不松旷、无卡滞、无异响。

（3）检查传动轴内、外球笼间隙是否符合标准，否则应更换。

差速器传动
轴部件检修

2.检查半轴与后桥

检查左右半轴是否弯曲，防尘罩是否有裂纹、损坏，其次检查左右内球笼间隙是否符合标准。

3.紧固传动轴各固定螺栓

紧固传动轴各固定螺栓如图1.26所示。

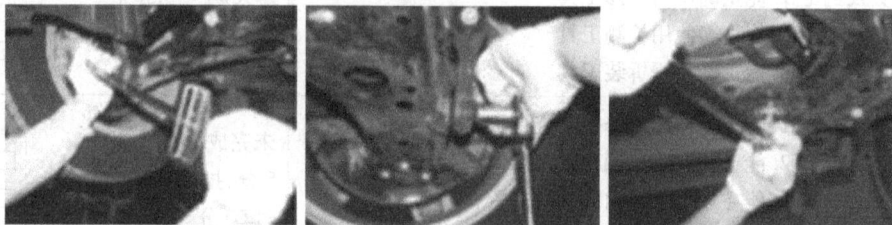

（a）紧固平衡杆螺栓　　　（b）紧固底盘螺丝　　　（c）紧固底盘螺丝

图1.26　紧固传动轴各固定螺栓

三、注意事项

（1）车辆每行驶8 000 km，都要检查传动轴中间支承的轴向游隙。

（2）用手搬动轴承，能感到有明显的间隙存在时，应重新更换轴承。

（3）当间隙超过0.3 mm时，会引起传动轴振动和中间支承发响，要及时调整。

（4）行驶2.4万km时，要拆下后桥传动轴，按规定力矩拧紧主动锥齿轮凸缘螺母和中间传动轴凸缘螺母。

四、技能训练记录

请结合检测过程记录相关检测结果及数据，并对检测结果进行分析判断。

车型		发动机型号	
车架号		排量	
项次	检查内容说明	状况	措施
1	检查传动轴防尘罩		
2	检查传动轴上的万向节		
3	检查传动轴内、外球笼间隙		
4	检查半轴与后桥		
结论及分析			

五、考核要点与评分标准

序号	评分项	得分条件	配分/分	评分要求	得分/分	测评结果
1	安全/6S/态度	□1. 能进行工位 6S 操作 □2. 能进行设备和工具安全检查 □3. 能进行车辆/设备安全防护 □4. 能进行工具清洁、校准、存放操作 □5. 能进行"三不落地"操作	15	未完成 1 项扣3分,扣分不超过 15 分		□合格 □不合格
2	专业技术能力	□1. 能正确检查传动轴防尘罩 □2. 能正确检查传动轴上的万向节 □3. 能正确检查传动轴内、外球笼间隙 □4. 检查半轴与后桥	35	未完成 1 项扣5分,扣分不超过 35 分		□合格 □不合格
3	工具及设备使用能力	□1. 能正确使用维修工具 □2. 能正确使用检测工具 □3. 能正确使用拆装工具	15	未完成 1 项扣5分,扣分不超过 15 分		□合格 □不合格
4	资料、信息查询能力	□1. 能正确使用维修手册查询资料 □2. 能正确填写车辆相关信息 □3. 能在规定时间内查询所需资料 □4. 能正确记录检测结果及数据	20	未完成 1 项扣5分,扣分不超过 20 分		□合格 □不合格
5	数据判读和分析能力	□1. 能正确对传动轴进行维护 □2. 能得出正确的维修结论	10	未完成 1 项扣5分,扣分不得超过 10 分		□合格 □不合格
6	表单填写与报告撰写能力	□1. 字迹清晰 □2. 语句通顺 □3. 无错别字 □4. 无涂改 □5. 无抄袭	5	未完成 1 项扣1分,扣分不得超过 5 分		□合格 □不合格
7		如出现安全事故本技能不合格				
8		总评				

技能训练 5　制动器与制动片的维护

一、设备及工具准备

(1)设备准备:车辆。

(2)工具准备:扳手、游标卡尺、砂纸、百分表、直尺等。

27

二、操作方法

1.检查前、后轮制动器

（1）用松动工具松开轮胎螺栓，将汽车前轮拆下，露出盘式制动器，如图1.27所示。

（2）用合适的扳手工具拆下制动分泵固定螺栓，拆下制动分泵，如图1.28所示。

（a）拆车轮螺栓

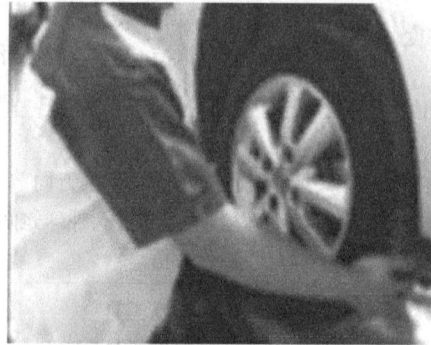

（b）取下车轮

（c）前轮制动器

（d）后轮制动器

图1.27　拆卸车轮

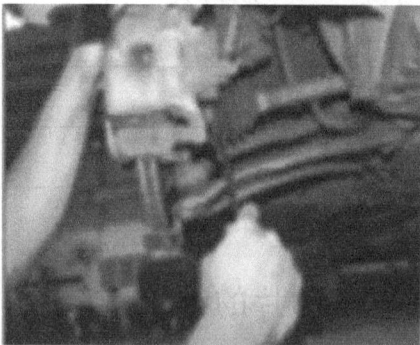

（a）拆卸制动分泵固定螺栓

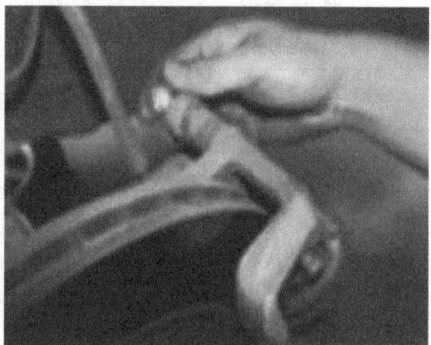

（b）取下螺栓

图1.28　拆卸制动分泵固定螺栓拆下分泵

（3）打开制动钳，取出内外侧制动摩擦片，目测制动片工作表面是否摩擦严重，否则应更换制动片，如图1.29所示。

（4）用游标卡尺测量内、外制动摩擦片两头及中间的三个点，看摩擦片是否磨损均匀，再用砂纸擦去制动摩擦片工作面上的表面硬化层和油污。

(5)用游标卡尺测量制动盘厚度,标准值应查阅该车辆的维修手册。检查制动盘摩擦工作面,是否有裂纹、变形、严重磨损沟槽。如有上述情况更换制动盘。

(6)用百分表检查制动盘的平面度,调整百分表架,使百分表工作头刚好与制动盘表面接触,接着调整百分表指针指向零的位置。

(7)检查制动盘,观察指针的跳动量,如果其跳动量过大,则需更换制动盘。

(8)检查制动分泵防尘套和浮动销是否松动、有裂纹等。

(9)检查前、后制动管路及接头有无泄漏、裂纹、扭曲、堵塞、磨损、运动干涉、老化开裂或起泡等。

(10)检查车轮转速传感器及线束是否有定位松脱、插头松脱、运动干涉或其他损坏。

(11)用压缩空气把制动器吹干净后,安装制动摩擦片、定位片和摩擦片弹簧时要安装到位,根据维修手册的标准紧固制动分泵固定螺栓。将轮胎安装回去。

2. 检查制动片

(1)目视检查制动片是否有裂纹、油渍或脱胶现象,如图 1.30 所示。

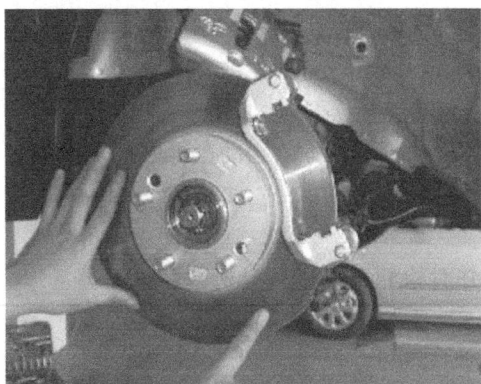

图 1.29　取下制动片

图 1.30　制动片外观检查

(2)目视检查制动片的表面与制动盘的接触面积和接触位置,是否存在不均匀磨损。

(3)对制动盘和制动片表面进行清洁工作,如图 1.31 所示。

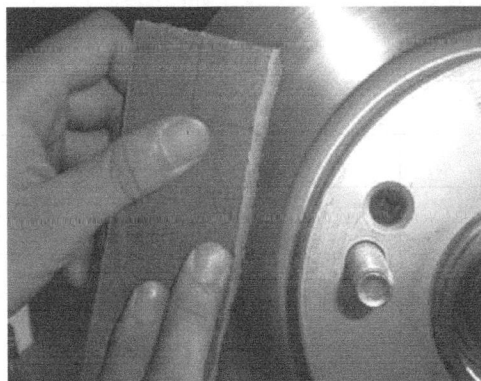

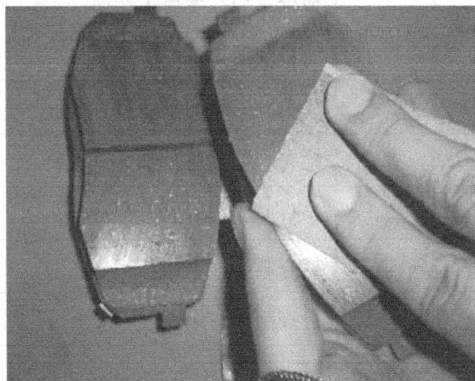

图 1.31　对制动盘和制动片表面进行清洁

(4)用钢片直尺检查制动片(外侧)厚度,前制动片厚度标准值为 11.0 mm,维修界限为

2.0 mm;后制动片厚度规定值为 10.0 mm,维修界限为 2.0 mm,如图 1.32 所示。如低于规定要求应进行更换。

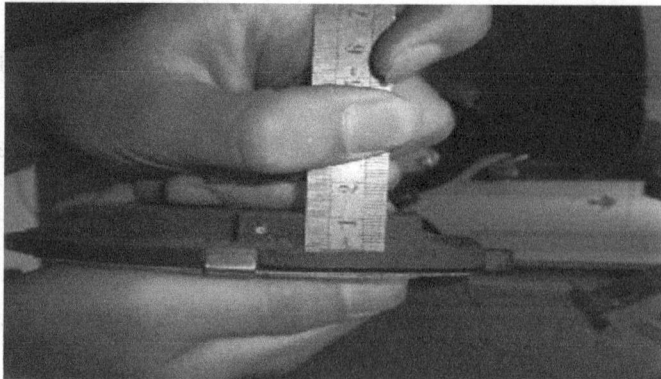

图 1.32　检查制动片厚度

(5)目视检查制动片(内侧)厚度,可与外侧制动片比较,如果不符合规定要求应进行更换。

三、注意事项

(1)拆制动分泵时,不要将制动软管与制动分泵的连接松开。

(2)在拆卸和安装时,禁止将油液、油脂和水等黏附到制动片、制动盘等摩擦表面上。

四、技能训练记录

请结合检测过程记录相关检测结果及数据,并对检测结果进行分析判断。

车型		发动机型号	
车架号		排量	
项次	检查内容说明	状况	措施
1	检查前、后轮制动器		
2	检查制动盘摩擦工作面		
3	测量制动盘厚度		
4	检查制动盘的平面度		
5	检查制动盘跳动量		
6	检查前、后制动管路及接头		
7	检查制动片表面		
8	检查制动片厚度		
结论及分析			

五、考核要点与评分标准

序号	评分项	得分条件	配分/分	评分要求	得分/分	测评结果
1	安全/6S/态度	□1. 能进行工位 6S 操作 □2. 能进行设备和工具安全检查 □3. 能进行车辆/设备安全防护 □4. 能进行工具清洁、校准、存放操作 □5. 能进行"三不落地"操作	15	未完成 1 项扣 3 分,扣分不超过 15 分		□合格 □不合格
2	专业技术能力	□1. 能正确检查前、后轮制动器 □2. 能正确检查制动盘摩擦工作面 □3. 能正确测量制动盘厚度 □4. 能正确检查制动盘的平面度 □5. 能正确检查制动盘跳动量 □6. 能正确检查前、后制动管路及接头 □7. 能正确检查制动片表面 □8. 能正确检查制动片厚度	35	未完成 1 项扣 5 分,扣分不超过 35 分		□合格 □不合格
3	工具及设备使用能力	□1. 能正确使用维修工具 □2. 能正确使用检测工具 □3. 能正确使用拆装工具	15	未完成 1 项扣 5 分,扣分不超过 15 分		□合格 □不合格
4	资料、信息查询能力	□1. 能正确使用维修手册查询资料 □2. 能正确填写车辆相关信息 □3. 能在规定时间内查询所需资料 □4. 能正确记录检测结果及数据	20	未完成 1 项扣 5 分,扣分不超过 20 分		□合格 □不合格
5	数据判读和分析能力	□1. 能正确对制动盘及制动片进行维护 □2. 能得出正确的维修结论	10	未完成 1 项扣 5 分,扣分不得超过 10 分		□合格 □不合格
6	表单填写与报告撰写能力	□1. 字迹清晰 □2. 语句通顺 □3. 无错别字 □4. 无涂改 □5 无抄袭	5	未完成 1 项扣 1 分,扣分不得超过 5 分		□合格 □不合格
7	如出现安全事故本技能不合格					
8	总评					

职业功能 2

发动机检修

本部分为汽车维修工(中级)国家职业技能标准中的职业功能二,主要涉及发动机技术参数检测与评定、发动机两大机构和五大系统的拆装检测,共包括 6 个工作内容,16 个技能点。

> **工作内容**
>
> 任务 2.1　技术参数检测
>
> 任务 2.2　曲柄连杆机构检修
>
> 任务 2.3　配气机构检修
>
> 任务 2.4　燃油电控系统检修
>
> 任务 2.5　润滑及冷却系统检修
>
> 任务 2.6　进排气系统检修

任务 2.1　技术参数检测

发动机技术状况影响到汽车运行中的动力性、经济性等。同时发动机不仅结构复杂,而且工作条件很不稳定,经常在转速与负荷变化的条件下运转,某些零件还要在高温及高压等苛刻条件下工作,因此对发动机技术状况的检测和评估是非常重要的。本任务主要就发动机气缸压力、进气歧管真空度、燃油压力、尾气排放等性能检测项目开展技能训练。

2.1.1　发动机功率检测

发动机的有效功率是指发动机对于输出轴上输出的功率,是发动机的一项综合性能指标。通过检测可掌握发动机的技术状况,确定发动机是否需要大修或鉴定发动机的维修质量,检测发动机功率方法可以分为稳态测功和动态测功。稳态测功结果准确可靠,多为汽车前市场开展实验的时候采用,由于其成本高,费时费力,因而汽车后市场通常不采用该方法,而较多地采用无负荷测功,即动态测功。动态测功是指发动机在节气门开度和转速等参数均处于变动的状态下测定发动机功率的一种方法。

1)发动机功率检测条件

发动机功率检测时水温油温机油压力保持正常,油路、电路工作良好,检测要确保在润滑系统、冷却系统、传动系统、制动系统处于良好的技术状态下进行。

2)技术标准与检测结果分析

(1)技术标准。

发动机功率应不低于原厂规定值的75%。其中各级车辆的标准要求如下,大修车发动机功率应在原厂标准的95%以上,一级车发动机功率应在原厂标准的85%以上,二级车发动机功率应在原厂标准的75%以上,需维修车发动机功率应在原厂标准的75%以下。

(2)检测结果分析。

根据《机动车运行安全技术条件》规定,在用车发动机功率不得低于原额定功率的75%,否则需进行维修,大修后的发动机功率不得低于原额定功率的90%。发动机功率偏低是燃料供给系统、点火系统性能不佳或气缸密封性不佳等原因造成的。

2.1.2　发动机密封性检测

1)气缸压力检测

对于在用汽车的发动机,按照国家标准规定,发动机各缸压力应不小于原设计规定值的85%,每缸压力与各缸平均压力的差要求汽油机不大于8%,柴油机不大于10%。对于大修竣工的发动机,按照国家标准规定,大修竣工的发动机每缸压力和各缸平均压力的差汽油机不超过8%,柴油机不超过10%。

气缸压力的常用检测方法有气缸压力表检测和气缸压力检测仪检测。

(1)气缸压力表检测。

气缸压力表具有价格低廉,轻便小巧,使用方法简单等优点,在维修企业中应用广泛,其中压力表的接头有螺纹接头和橡胶接头两种形式。螺纹接头可以拧紧在火花塞或喷油器螺纹孔中,橡胶接头则需要压紧在火花塞或喷油器孔上,接头通过导管与压力表相通,如图2.1所示。

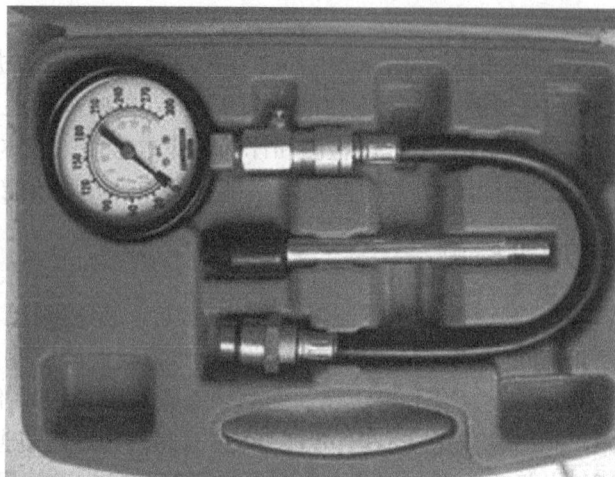

图2.1 气缸压力表及接头

由于气缸压力受很多因素影响,测量气缸压力,必须在下列条件下进行:

①蓄电池电量充足。

②用规定力矩拧紧气缸盖螺栓。

③彻底清洗空气滤清器或更换新的空气滤清器。

④发动机达到正常工作温度。

⑤拆除全部火花塞,用起动机带动发动机运转。

(2)用气缸压力检测仪检测。

气缸压力检测仪包括压力传感器式、启动电流式、电感式等形式的气缸压力检测仪。

①压力传感器式气缸压力检测仪,利用压力传感器拾取气缸内的压力信号,测量时卸下被测气缸的火花塞,旋上配置的传感器,用起动机带动曲轴旋转3.5 s,即为该气缸的压力值。

②启动电流式气缸压力检测仪,起动机产生的转矩是起动机电流的函数,转矩又与气缸压缩压力成正比,所以其中电流的变化和气缸压缩压力之间存在着对应关系,测量与某气缸压缩压力相对应的启动电流值就可以确定该气缸压缩压力的大小。

③电感式气缸压力检测仪,是通过检测点火系统二次电压来确定气缸压力的仪器,点火线圈次级放电电压和气缸压缩压力之间具有近似线性的关系,因此取得各缸信号处理电路进行变换处理后,即可显示气缸压力。

2)气缸漏气量检测

采用气缸漏气量检测仪对气缸漏气量进行检测,如图2.2所示。检测时,发动机不运转,活塞处于压缩行程上止点,把具有一定压力的压缩空气从火花塞孔或喷油器孔充入气缸,通过压力变化即可检测气缸的密封性。

(1)检测方法。

①发动机预热到正常工作温度,用压缩空气吹净火花塞孔周围灰尘并拆下所有火花塞,装上充气嘴。

②将仪器接上外部气源,在仪器出气口完全密封的情况下,通过调节减压阀,使测量表指

图 2.2　气缸漏气量检测仪

针指在 400 kPa 位置上。

③拆卸分电器盖和分火头,装上指针和活塞定位盘。活塞定位盘用较薄的板材制成,并按缸数进行刻度,按分火头的旋转方向和点火顺序缸号。假设被测发动机是 4 缸,分火头顺时针旋转、点火顺序为 1—3—4—2,则活塞定位盘上每 90°有一刻度,共有 4 个刻度,并按顺时针方向在每个刻度上刻有 1、3、4、2 的数字。

④转动曲轴先使 1 缸活塞处于压缩上止点位置,然后转动活塞定位盘,使刻度"1"对正指针。变速器挂低速挡,拉紧驻车制动器手柄。

⑤1 缸充气嘴上接上快换管接头,向缸充入压缩空气,测量表指针稳定后的读数便反映该缸的密封性。在充气的同时,可从空气滤清器、排气消声器口、机油加注口、散热器加水口和火花塞孔等处听是否有漏气声,以便找出故障部位。

⑥转动曲轴使指针对正活塞定位盘下一缸的刻度线,按以上方法检测下一缸漏气量,直到所有气缸检测完。

⑦为使数据可靠,各缸应重复测量一次,每缸测量值取算术平均值。

(2)诊断标准。

对于气缸漏气量,我国还没有制定出统一的诊断参数标准。QLY-1 型气缸漏气量检测仪的使用说明书中,对国产货车发动机,在确认进、排气门和气缸衬垫密封性良好的情况下,气缸密封状况(主要指气缸活塞配合副)的判断可参考以下标准,即当测量表读数大于 250 kPa 时,表明气缸活塞配合副密封状况符合要求,发动机可以继续使用;当测量表读数小于 250 kPa 时,表明密封状况不符合要求,发动机气缸需更换活塞环或维修缸体。

3)曲轴箱漏气量检测

由于曲轴箱窜出的气体具有温度高、量小、脉动、污浊等特点,检测难度相对较大。曲轴箱窜气量的检测可采用专用的曲轴箱窜气量检测仪进行检测,如图 2.3 所示。具体操作如下:

①打开电源开关,按使用说明书的要求对检测仪进行预调。

②密封曲轴箱,即堵住机油尺口、曲轴箱通风进出口等,将取样头插入机油加注口内。

③启动发动机,待其运转平稳后,仪表的指示值即为发动机曲轴箱在该转速下的窜气量。

因此在检测时,发动机应加载,节气门全开(或柴油机最大供油量),在最大转矩转速(此时窜气量达最大值)下测试。曲轴箱窜气量大,一般是因气缸、活塞、活塞环磨损量大、配合间隙增大或活塞环结胶、积炭、失去弹性、断裂及气缸壁拉伤等原因造成的,要结合使用、维修及配件质量等情况进行分析判断。

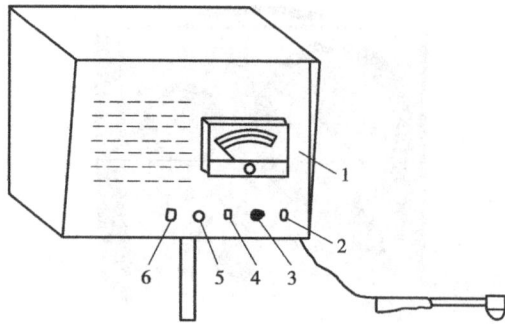

图 2.3　曲轴箱窜气量检测仪

1—指示仪表;2—预测按钮;3—预调旋钮;
4—挡位开关;5—调零旋钮;6—电源开关

4)进气真空度检测

进气歧管真空度是指进气歧管内的进气压力与外界大气压力之差。检测发动机进气歧管真空度可以间接诊断气缸活塞组的磨损情况、配气机构的技术状况、点火及供油系统的性能情况等。当节气门在任何角度保持不变时,只要发动机转速加快或进气歧管无泄漏且气缸密封性良好,真空度就会增加。当发动机运转比较慢或气缸进气效率变低,那么歧管真空度就会变低。

通过对进气管真空度检测结果的分析,可判断发动机的技术状况和故障部位。

①在海平面高度发动机怠速运转时,若真空表指针稳定在 57 ~ 70 kPa,表明气缸密封性正常,海拔高度每升高 500 m,真空度下降 4 ~ 5 kPa。

②怠速时,指针在 50.66 ~ 67.55 kPa 间摆动,表示气门黏滞或点火系统有故障。

③怠速时,指针低于正常值,主要是由于活塞环、进气管等漏气造成;若指针在 20 kPa 以下,主要是由于进气管漏气。若此时突然加大并关闭节气门,指针指示值降至零且回跳不到 84.5 kPa。

④怠速时,指针在 33.78 ~ 74.31 kPa 间缓慢摆动且随转速升高而加剧摆动,表示气门弹簧弹力不足、气门导管磨损或气缸垫泄漏。

⑤怠速时,若指针指示值有规律下跌几千帕或十几千帕,表明气门密封不严、气门烧蚀、结胶或积炭。

⑥怠速时,指针指示值逐渐下降至零,表示排气消声器或排气系统堵塞。

⑦怠速时,指针快速摆动;升速时,指针反而稳定,这表示进气门、气门管磨损松旷。

进气歧管真空度检测是一种综合性检测,能检测多种故障现象,而且检测时不用拆下火花塞,因此是较实用、快速的检测方法,但不足之处是往往不能确定故障的具体原因。

2.1.3　汽车排放污染物检测

1)汽车排气污染物监测标准

(1)汽油车排气污染物的检测标准。

汽油车排气污染物的检测,依据国家标准《机动车运行安全技术条件》(GB 7258—2017)

的规定,主要测量汽油机在怠速工况下排气中的 CO、HC 的含量。其污染物排放限值应符合《汽油车污染物排放限值及测量方法(双怠速法及简易工况法)》(GB 18285—2018)的规定,其排放限值见表 2.1。

表 2.1　双怠速法排气污染物排放限值

类别	怠速		高怠速	
	CO/%	HC/($\times 10^{-6}$)	CO/%	HC/($\times 10^{-6}$)
限值 a	0.6	80	0.3	50
限值 b	0.4	40	0.3	30

(2)柴油机排气污染物的检测标准。

柴油车尾气检测,依据《机动车运行安全技术条件》(GB 7258—2017)的规定,引用《柴油车污染物排放限值及测量方法(自由加速法及加载减速法)》(GB 3847—2018),测量柴油发动机在自由加速工况下烟度排放值,其排放限值见表 2.2。

表 2.2　柴油车污染物排放限值

类别	自由加速法	加载减速法	
	光吸收系数/m^{-1} 或不透光度/%	光吸收系数/m^{-1} 或不透光度/%	氮氧化物/($\times 10^{-6}$)
限值 a	1.2(40)	1.2(40)	1 500
限值 b	0.7(26)	0.7(26)	900

2. 点燃式发动机排气污染物检测

(1)不分光红外线法。

汽车排气中的 CO、CO_2、HC 和 NO 等气体分别具有吸收一定波长范围红外线的性质。红外线被吸收的程度与排气浓度之间有一定的关系。不分光红外线法就是根据检测红外线被汽车排气吸收一定波长范围红外线后能量的变化来检测排气中各种污染物的含量。在各种气体混杂的情况下,这种检测方法具有测量值不受影响的特点。

(2)废气分析仪。

废气分析仪是利用不分光红外线法制成的分析仪,根据检测气体数目不同分类,可分为单气体分析仪、二气体分析仪、四气体分析仪和五气体分析仪等多种类型。单气体分析仪仅能检测 CO 或 HC 或其他一种气体的含量;二气体分析仪能检测 CO 和 HC 这两种气体或其他两种气体的含量;四气体分析仪可检测 CO、CO_2、HC、O_2 四种气体的含量和过量空气系数;五气体分析仪可检测 CO、CO_2、HC、O_2、N_x 五种气体含量和过量空气系数。

3. 压燃式发动机排气污染物检测

压燃式发动机排出的可见污染物表现在排气烟色上。排气烟色主要有黑烟、蓝烟和白烟三种,其中以柴油机在全负荷和加速工况时排出的黑色炭烟最为常见。黑烟的发暗程度用排气烟度表示,排气烟度用烟度计检测。烟度计可分为滤纸式烟度计和不透光式烟度计。其中滤纸式烟度计是用抽气泵从柴油机排气管中抽取一定体积的废气,使它通过一张一定面积的白色滤纸,废气中的炭烟存留在滤纸上,将其染黑,用检测装置测定滤纸的染黑度,再由指示装置指示出来。该染黑度即代表柴油车的排气烟度。

技能训练 1　检测气缸压力

一、设备及工具准备

(1)设备准备:车辆或发动机台架。

(2)工量具准备:气缸压力表、拆装工具、高压气枪、火花塞套筒、机油壶等。

二、操作方法

1.测量条件

由于气缸压力受很多因素影响,所以测量气缸压力时,务必按照要求准备和操作,具体如前所述。

气缸压力的
检测

2.主要检测步骤

(1)启动发动机达到正常工作温度。

(2)为了防止在检测过程中持续喷油和点火,拔掉燃油系统和点火系统保险或继电器。

(3)卸下所有高压线,将所有火花塞旋松两圈,启动发动机 6 ~ 8 s 以上,利用缸筒压缩气压将火花塞周围杂物吹出,如不彻底须用压缩空气吹净火花塞周围。

(4)取下所有火花塞,检查火花塞可以发现许多问题,如火花塞有油污说明活塞环与缸壁之间有磨损或气门导管磨损,火花塞烧坏说明真空泄漏。

(5)将气缸压力表接头接入火花塞口处,螺口拧紧或将压力表橡皮耐火锥紧紧压住火花塞孔,如图 2.4 所示。

(6)转动点火开关使起动机运转 3 ~ 5 s(不少于 4 个压缩行程),待压力表指针指示并保持最大压力后停止。

(7)读出测量仪读数并记录数据,按下单向阀使压力表读数归零,依次测量其他气缸缸压。

(8)按上述方法依次检测各个气缸,每个气缸的测量次数应不少于两次,测量结果应取平均值。

(9)对个别指示值偏低的气缸,可向气缸内注入 10 ~ 15 mL 机油,用起动机驱动发动机运转 3 ~ 5 s 后,重新测试该缸气缸压力,进一步判断气缸密封状况。

3.检测结果分析

若测得的结果超出原厂标准,说明燃烧室内积炭过多,气缸垫过薄或缸体和缸盖结合平面经多次维修磨削过多造成。

测得的结果如低于原厂标准,说明气缸密封性变差,可向该缸火花塞孔内注入 10 ~ 15 mL 机油,然后用气缸压力表重测气缸压力。

图 2.4　安装气缸压力表

(1)若第二次测得的压力值比第一次测量值有所增加,表明是活塞环、活塞磨损过大或活塞环卡死、断裂及缸壁拉伤等原因造成气缸密封不严。

(2)若第二次测得的压力值与第一次略同,仍比标准压力低,说明进、排气门或气缸衬垫密封不良。

(3)两次结果均表明某相邻气缸压力都相当低,说明是两相邻处的气缸衬垫烧损窜气。

三、注意事项

(1)蓄电池的充电状态及起动机的技术状况良好。确保蓄电池已充足了电,起动机处于良好的状态并以正常速度带动发动机。用起动机带动发动机的速度太慢,会导致错误的结果。

(2)发动机的冷却温度应在规定的范围内。

(3)发动机的润滑条件良好。

(4)测量每缸压力时,压缩行程应不少于 4 次。

(5)测试时,应注意远离发动机的外部运转零件以及灼热的部位,以免造成人身损伤。

(6)在拆装发动机火花塞时,应注意防止异物进入发动机内部,造成发动机的损坏。

(7)测试中起动机运转时间不能过长或过短,时间过长会消耗电能和损坏起动机,时间过短则会达不到测试标准。

四、技能训练记录

请结合检测过程记录相关检测结果及数据,并对检测结果进行分析判断。

车型				发动机型号			
压缩比				排量			
标准气缸压力				极限气缸压力			
	第一缸	第二缸		第三缸	第四缸		最大差值
第一次							
第二次							
平均值							
判断							
注入机油后的检测值							
结论及分析							

五、考核要点与评分标准

序号	评分项	得分条件	配分/分	评分要求	得分/分	测评结果
1	安全/6S/态度	□1.能进行工位6S操作 □2.能进行设备和工具安全检查 □3.能进行车辆/设备安全防护 □4.能进行工具清洁、校准、存放操作 □5.能进行"三不落地"操作	15	未完成1项扣3分,扣分不超过15分		□合格 □不合格
2	专业技术能力	□1.能正确检查蓄电池电压 □2.能正确断开燃油系统 □3.能正确断开点火系统 □4.能正确拆装火花塞 □5.能正确安装气缸压力表 □6.能正确检测各缸压力 □7.能正确进行复测	35	未完成1项扣5分,扣分不超过35分		□合格 □不合格
3	工具及设备使用能力	□1.能正确使用维修工具 □2.能正确使用气缸压力表 □3.能正确使用火花塞拆装工具	15	未完成1项扣5分,扣分不超过15分		□合格 □不合格
4	资料、信息查询能力	□1.能正确使用维修手册查询资料 □2.能正确填写车辆相关信息 □3.能在规定时间内查询所需资料 □4.能正确记录检测结果及数据	20	未完成1项扣5分,扣分不超过20分		□合格 □不合格
5	数据判读和分析能力	□1.能分析气缸压力值是否正常 □2.能得出正确的维修结论	10	未完成1项扣5分,扣分不得超过10分		□合格 □不合格

序号	评分项	得分条件	配分/分	评分要求	得分/分	测评结果
6	表单填写与报告撰写能力	□1.字迹清晰 □2.语句通顺 □3.无错别字 □4.无涂改 □5.无抄袭	5	未完成1项扣1分,扣分不得超过5分		□合格 □不合格
7	如出现安全事故本技能不合格					
8	总评					

技能训练 2　检测进气歧管真空度

一、设备及工具准备

(1)设备准备:车辆或发动机台架。

(2)工量具准备:真空表、拆装工具等。

二、操作方法

1.真空表的使用

真空表如图 2.5 所示,真空表由表头和软管组成。软管的一头固定在表头上,另一头连接在节气门后方的进气管专用接头上。

2.检测方法

(1)发动机预热至正常工作温度。

(2)连接真空表软管至节气门后方的进气歧管上。

(3)怠速运转发动机,并读取真空表读数。在标准大气压条件下,怠速工况进气真空度在 60 ~ 70 kPa。

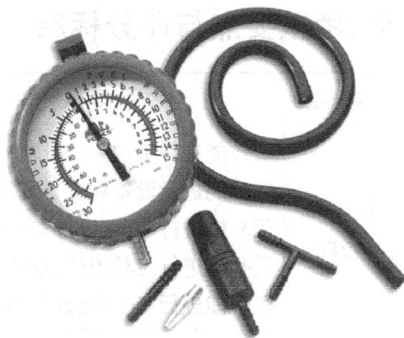

图2.5　真空表

(4)急加速测试,迅速打开节气门,真空表读数在 6 ~ 86 kPa 摆动。

(5)熄火,拆卸真空表,恢复车上的真空管连接。

3.检测数据分析

(1)发动机怠速运转时,真空表表针应稳定在 64 ~ 71 kPa(其摆幅大小、摆速快慢与发动机密封性、空燃比及点火性能有关)。若怀疑某缸工作不良,可采用单缸断火法进行诊断。单缸断火后,真空度跌落值应越大越好,这是判断各缸工作好坏的指标(点火、喷油、密封)。

(2)迅速开闭节气门,若表针在 6.7 ~ 84.6 kPa 灵敏摆动,说明真空度对节气门开度变化的随动性较好,意味着各部位在各工况下的密封性能均较好。若密封性不好,怠速时真空度低于正常值,且明显不稳。迅速打开节气门时,表针会跌落到零,关闭节气门后表针也回不到84.6 kPa。

(3)发动机点火正时不对、配气正时不准和电火花不良时,燃烧条件变坏,功率损失和转速波动较大,形成不了高真空度,并造成怠速不稳,加速无力。怠速运转时,表针在 46.7 ~ 57 kPa 摆动。若点火过早,表针摆动幅度较大;反之,摆动较小。

(4)发动机排气系统堵塞时会有较大的反压力。在怠速状态,真空度有时可达 53 kPa,但很快又跌落为零或很低,堵塞严重时汽油发动机只能勉强运转。此时,可通过观察排气管排烟状态或拆下排气管运转,即可验证。

三、注意事项

真空表与进气歧管连接部位及各接头处一定要连接可靠,均不得有泄漏。

四、技能训练记录

请结合检测过程记录相关检测结果及数据,并对检测结果进行分析判断。

车型		发动机型号	
工况	怠速工况	急加速工况	急减速工况
进气歧管真空度			
结论及分析			

五、考核要点与评分标准

序号	评分项	得分条件	配分/分	评分要求	得分/分	测评结果
1	安全/6S/态度	□1. 能进行工位 6S 操作 □2. 能进行设备和工具安全检查 □3. 能进行车辆/设备安全防护 □4. 能进行工具清洁、校准、存放操作 □5. 能进行"三不落地"操作	15	未完成 1 项扣 3 分,扣分不超过 15 分		□合格 □不合格
2	专业技术能力	□1. 能完成检测前的车辆准备 □2. 能正确安装真空表 □3. 能正确进行怠速工况检测 □4. 能正确进行急加速工况检测 □5. 能正确进行急减速工况检测 □6. 能正确读取真空表读数	42	未完成 1 项扣 7 分,扣分不超过 42 分		□合格 □不合格
3	工具及设备使用能力	□1. 能正确使用维修工具 □2. 能正确使用真空表	8	未完成 1 项扣 4 分,扣分不超过 8 分		□合格 □不合格

续表

序号	评分项	得分条件	配分/分	评分要求	得分/分	测评结果
4	资料、信息查询能力	□1. 能正确使用维修手册查询资料 □2. 能正确填写车辆相关信息 □3. 能在规定时间内查询所需资料 □4. 能正确记录检测结果及数据	20	未完成 1 项扣 5 分,扣分不超过 20 分		□合格 □不合格
5	数据判读和分析能力	□1. 能分析真空度是否正常 □2. 能得出正确的维修结论	10	未完成 1 项扣 5 分,扣分不得超过 10 分		□合格 □不合格
6	表单填写与报告撰写能力	□1. 字迹清晰 □2. 语句通顺 □3. 无错别字 □4. 无涂改 □5. 无抄袭	5	未完成 1 项扣 1 分,扣分不得超过 5 分		□合格 □不合格
7	如出现安全事故本技能不合格					
8	总评					

技能训练 3　检测汽油机燃油压力

一、设备及工具准备

(1)设备准备:车辆或发动机台架。
(2)工量具准备:燃油压力表、常用工具、抹布等。

二、操作方法

1. 释放燃油压力(泄压)

燃油管路内可能会有一定的压力,如果这时拆卸燃油管路相关部件会导致燃油泄漏,为了安全起见,在进行任何燃油系统维修工作之前都必须对其压力进行释放。

拆下油泵保险,启动发动机,让发动机运转直到熄火为止。发动机熄火后,再启动发动机两至三次,释放残留燃油压力。将点火开关旋转到"OFF"位置,将燃油泵保险装回保险盒内。

2. 安装燃油表

燃油表如图 2.6 所示,拧松燃油分配器的进油管接头,注意用抹布收集流出的汽油。选择合适的接头将油压表与燃油管路相连,启动发动机并怠速运转,打开油压表开关之后检查是否有漏油现象,如有应立即熄火重新操作上述步骤,确保燃油表及管路接口不存在泄漏,如图 2.7 所示。

图2.6 燃油表

图2.7 油压表的安装

3. 压力测量

打开点火开关不启动发动机,读取压力表数值,此时为静态压力,一般在 300 kPa 左右。

启动发动机使发动机在怠速工况稳定运转,测试的燃油压力为怠速压力。

缓慢加大节气门,测量节气门接近全开时的燃油压力,即全负荷时燃油压力。

发动机熄火后,油泵停止运转 10 min 后,油管保持压力大约 150 kPa。

4. 拆卸燃油表

先泄压,再拆去燃油压力表,并将燃油管连接好,启动发动机,检查燃油管路是否渗漏。

5. 检测数据分析

(1)如果静态油压过高,应检查油压调节器;如果油压过低,应检查电动汽油泵、汽油滤清器和油压调节器。

(2)如果怠速或全负荷油压过高,应检查回油管、油压调节器及真空管等;如果油压过低,则应检查汽油泵、汽油滤清器及油压调节器等。

(3)如果保持压力未达标,将开关关闭重新建立压力,再次观察油压表,如果达标,应检查汽油泵单向出油阀;如还未达标,则检查油压调节器回油阀及喷油器等是否有泄漏情况。

三、注意事项

(1)注意通风,禁止火源,准备好消防设施。

(2)在拆卸燃油管之前一定要先释放燃油压力。

(3)油管不得有老化渗漏的现象。

(4)密封件、卡扣为一次性零件,维修时应更换。

(5)在启动发动机时注意安全。

四、技能训练记录

请结合检测过程记录相关检测结果及数据,并对检测结果进行分析判断。

车型			发动机型号		
		标准值	实测值		是否合格
静态压力					
怠速压力					
全负荷燃油压力					
保持压力					
结论及分析					

五、考核要点与评分标准

序号	评分项	得分条件	配分/分	评分要求	得分/分	测评结果
1	安全/6S/态度	□1.能进行工位 6S 操作 □2.能进行设备和工具安全检查 □3.能进行车辆/设备安全防护 □4.能进行工具清洁、校准、存放操作 □5.能进行"三不落地"操作	15	未完成 1 项扣3 分,扣分不超过 15 分		□合格 □不合格
2	专业技术能力	□1.能完成检测前的车辆准备 □2.能正确释放燃油压力 □3.能正确安装燃油压力表 □4.能正确检测静态压力 □5.能正确检测怠速压力 □6.能正确检测全负荷压力 □7.能正确检测保持压力 □8.能正确读取燃油压力表读数	40	未完成 1 项扣5 分,扣分不超过 40 分		□合格 □不合格
3	工具及设备使用能力	□1.能正确使用维修工具 □2.能正确使用燃油压力表	10	未完成 1 项扣5 分,扣分不超过 10 分		□合格 □不合格
4	资料、信息查询能力	□1.能正确使用维修手册查询资料 □2.能正确填写车辆相关信息 □3.能在规定时间内查询所需资料 □4.能正确记录检测结果及数据	20	未完成 1 项扣5 分,扣分不超过 20 分		□合格 □不合格
5	数据判读和分析能力	□1.能分析燃油压力是否正常 □2.能得出正确的结论	10	未完成 1 项扣5 分,扣分不得超过 10 分		□合格 □不合格

续表

序号	评分项	得分条件	配分/分	评分要求	得分/分	测评结果
6	表单填写与报告撰写能力	□1.字迹清晰 □2.语句通顺 □3.无错别字 □4.无涂改 □5.无抄袭	5	未完成1项扣1分,扣分不得超过5分		□合格 □不合格
7		如出现安全事故本技能不合格				
8		总评				

技能训练 4 检测汽车尾气排放

一、设备及工具准备

(1)设备准备:车辆或发动机台架。

(2)工量具准备:废气分析仪、压缩空气、转速计、点火正时仪、测温计、滤纸、常用工具、抹布等。

二、双怠速法检测汽油车排放操作方法

1.仪器准备

(1)按仪器使用说明书的要求做好各项准备工作。

(2)接通电源,对气体分析仪进行预热。

(3)预热完成后,进入泄漏检查。

(4)用标准气样校准仪器。

(5)把取样探头和取样导管安装到分析仪上。此时,如果仪表指针超过零点,则表明导管内壁吸附有较多 HC,需要用压缩空气或布条等清洁取样探头和导管。

2.检测程序

(1)应保证被检测车辆处于制造厂规定的正常状态,发动机进气系统应装有空气滤清器,排气系统应装有排气消声器,并不得有泄漏。

(2)在发动机上安装转速计、点火正时仪、冷却液和润滑油测温计等测量仪器。发动机水温不低于 80 ℃或达到使用说明书规定的热车状态。

(3)发动机从怠速状态加速至 70% 额定转速,运转 30 s 降至高怠速状态。将取样探头插入排气管中,深度不小于 400 mm,并固定在排气管上。维持 15 s 后,由具有平均值功能的仪器读取 30 s 内的平均值或者人工读取 30 s 内的最高值和最低值,其平均值即为高怠速污染物测量结果。对于使用闭环控制电子燃油喷射系统和三元催化转化器技术的汽车,还应同时读取过量空气系数的数值。

(4)发动机从高怠速降至怠速状态 15 s 后,由具有平均值功能的仪器读取 30 s 内的平均

值,或者人工读取 30 s 内的最高和最低值,其平均值即为怠速污染物测量结果。

(5)若为双排气管时,取各排气管测量结果的算术平均值作为测量结果。

(6)若车辆排气管长度小于测量深度时,应使用排气加长管。

(7)对于单一燃料汽车,仅按燃用气体燃料进行排放检测;对于两用燃料汽车,要求对两种燃料分别进行排放检测。

三、自由加速试验滤纸烟度法检测柴油车排放操作方法

1.测量仪器准备

(1)规定采用滤纸式烟度计(以下简称烟度计),该烟度计由取样系统和测量系统组成。

(2)标定烟度卡,按量程均匀分布不得少于 6 张;使用烟度计用烟度卡,标值应选 4.0 ~ 5.0 R_b,每台烟度计 3 张。

(3)烟度计必须定期标定,在有效期内才可使用。

2.受检车辆准备

(1)进气系统应装有空气滤清器,排气系统应装有消声器且不得有泄漏。

(2)柴油应符合国家标准规定,不得另外使用燃油添加剂。

(3)测量时,发动机的冷却液和润滑油温度应达到汽车使用说明书所规定的热状态。

(4)自 1995 年 7 月 1 日起新生产的柴油车装用的柴油机,应保证启动加浓装置在非启动工况时不再起作用。

3.测量方法

(1)测前准备。

用压力为 300 ~ 400 kPa 的压缩空气清洗取样管路,把抽气泵置于待抽气位置,将洁白的滤纸置于待取样位置,将滤纸夹紧。

测量循环由抽气泵抽气、滤纸走位、抽气泵回位、滤纸夹紧、指示器读数这几个步骤组成。循环应于 20 s 内完成上述循环组成中所规定的循环。

(2)测量程序。

①取样探头固定于排气管内,插入 300 mm,并使中心线与排气管轴线平行。

②按上述自由加速工况加速方法进行 3 次加速,以清除排气系统中的积存物。

③测量取样。将抽气泵开关置于加速踏板上,按上述自由加速工况和循环组成中规定的循环测量 4 次,取后 3 次读数的算术平均值作为所测烟度值。

④当发动机出现排气管冒黑烟和抽气泵开始抽气的时间不同步的现象时,应取最大烟度值。

(3)清洗管路。

按上述测量程序完成 4 个测量循环后,用压力为 300 ~ 400 kPa 的压缩空气清洗取样管路。

四、注意事项

(1)测试结束后,应立即从排气管中取出取样探头。

(2)探头导管不能弯曲,不要把探头放在地上,探头不用时应垂直吊放。

（3）连续测试时，从排气管取出探头，仪表指针回零后才能进行下一部车测试。

（4）测试时，应注意检测场所的通风换气情况。

五、技能训练记录

（1）请结合双怠速法检测过程记录相关检测结果及数据，并对检测结果进行判断。

车型		生产日期			
内容	过量空气系数	怠速		高怠速	
		CO/%	HC/($\times 10^{-6}$)	CO/%	HC/($\times 10^{-6}$)
测试结果					
限值					
判定结果	□合格/□不合格	□合格/□不合格		□合格/□不合格	
结论	□通过/□不通过				

（2）请结合自由加速试验滤纸烟度法检测过程记录相关检测结果及数据，并对检测结果进行判断。

车型					生产日期		
怠速转速 /(r·min^{-1})	测量值/R_b				平均值/R_b	限值/R_b	判定结果
	1	2	3	4			
□合格/□不合格							

六、考核要点与评分标准

序号	评分项	得分条件	配分/分	评分要求	得分/分	测评结果
1	安全/6S/态度	□1.能进行工位6S操作 □2.能进行设备和工具安全检查 □3.能进行车辆/设备安全防护 □4.能进行工具清洁、校准、存放操作 □5.能进行"三不落地"操作	15	未完成1项扣3分，扣分不超过15分		□合格 □不合格
2	专业技术能力	□1.能完成检测前的废气分析仪的准备 □2.能完成探头和导管的清洗 □3.能正确进行怠速及高怠速测试 □4.能完成检测前滤纸式烟度计的准备 □5.能完成受检车辆的准备 □6.能正确放置探头 □7.能正确进行自由加速工况加速 □8.能正确测量取样 □9.能正确清洗管路	45	未完成1项扣5分，扣分不超过45分		□合格 □不合格

序号	评分项	得分条件	配分/分	评分要求	得分/分	测评结果
3	工具及设备使用能力	□1.能正确使用维修工具 □2.能正确使用废气分析仪 □3.能正确使用滤纸式烟度计 □4.能正确使用滤纸	15	未完成1项扣5分,扣分不超过15分		□合格 □不合格
4	资料、信息查询能力	□1.能正确填写车辆相关信息 □2.能正确记录检测结果及数据	10	未完成1项扣5分,扣分不超过10分		□合格 □不合格
5	数据判读和分析能力	□1.能正确判定双怠速法检测测试结果是否正常 □2.能正确判定自由加速试验滤纸烟度法测试结果是否正常	10	未完成1项扣5分,扣分不得超过10分		□合格 □不合格
6	表单填写与报告撰写能力	□1.字迹清晰 □2.语句通顺 □3.无错别字 □4.无涂改 □5.无抄袭	5	未完成1项扣1分,扣分不得超过5分		□合格 □不合格
7	如出现安全事故本技能不合格					
8	总评					

任务2.2　曲柄连杆机构检修

曲柄连杆机构是发动机实现热能与机械能转换的主要机构。其主要作用是将气缸内气体作用在活塞上的力转变为曲轴的旋转力矩,从而输出动力。

曲柄连杆机构可分为机体组、活塞连杆组和曲轴飞轮组。有些发动机为平衡曲柄连杆机构的惯性力,还装有平衡装置。机体组主要包括气缸体、气缸盖、气缸垫等部件,活塞连杆组主要包括活塞、活塞环、活塞销、连杆及连杆轴承等部件,曲轴飞轮组主要由曲轴、曲轴主轴承和飞轮等组成。本任务主要就曲柄连杆机构的拆装、机体组、活塞连杆组及曲轴飞轮组检修等开展技能训练。

2.2.1　主要部件介绍

1)机体组

机体组为曲柄连杆机构的主体部分,同时也是发动机的基础部分,其工作状态直接影响到整台发动机的正常运转。在曲柄连杆机构的维修工作中,机体组的检测与维修工作是必不可少的。

（1）气缸体。

水冷发动机的气缸体和曲轴箱铸成一体,简称缸体。缸体上半部有若干个为活塞在其中做运动导向的圆柱形空腔,即气缸。下半部为支承曲轴的曲轴箱,其内腔为曲轴运动空间。气缸体是发动机各个机构和系统的装配基体。它承受高温高压气体作用力,活塞在其中做高速往复运动,如图2.8所示。越来越多的轿车采用了铝合金材料机体,可以使发动机轻量化。

图2.8　气缸体

气缸内表面由于受高温高压燃气的作用并与高速运动的活塞接触而极易磨损。发动机工作时,气缸上部温度高,润滑油变稀,油膜质量差;高压气体进入活塞环槽将活塞环紧压在缸壁上,第一道环压力最大,第二道环次之。因此,气缸经过磨损是呈上大下小的锥形。另外气缸与活塞环在润滑不良的情况下,相互之间有微小部分金属直接接触摩擦,形成局部高温而出现黏着、脱落,逐渐扩展而成为黏着磨损。

（2）气缸盖。

气缸体和缸盖配合形成密封的空间,即燃烧室,如果两者结合面不平会造成漏气。缸盖承受气体力和紧固螺栓所造成的预紧力,同时还由于与高温燃气接触而承受很高的热负荷。为了保证气缸的良好密封性,气缸盖既不能损坏,也不能变形。为了使气缸盖的温度分布尽可能地均匀,避免进、排气门座之间发生变形,应对气缸盖进行良好的冷却,气缸盖一般采用铝合金制造,气缸盖结构如图2.9所示。

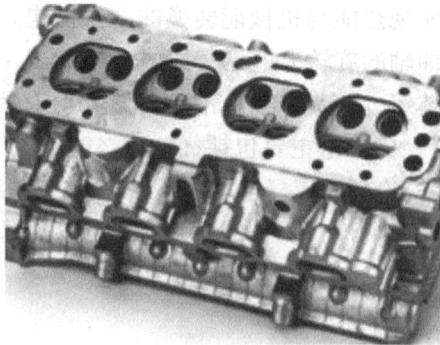

图2.9　气缸盖

2)活塞连杆组

活塞连杆组主要由活塞、活塞环、活塞销及连杆等组成。活塞连杆组是发动机的传动件,它把燃烧气体的压力传给曲轴,使曲轴旋转并输出动力。

（1）活塞。

活塞主要由活塞、活塞环、活塞销等组成。活塞结构如图 2.10 所示。活塞与气缸盖、气缸壁共同组成燃烧室，承受气体压力并将此力通过活塞销传给连杆，以推动曲轴旋转。活塞的工作环境温度为 300 ~ 400 ℃（最高瞬时温度可 2 000 ℃以上）的高温，平均速度 8 ~ 12 m/s，所以要求活塞具有强度高，质量小、热膨胀系数小，导热性能好，以满足活塞的正常工作。

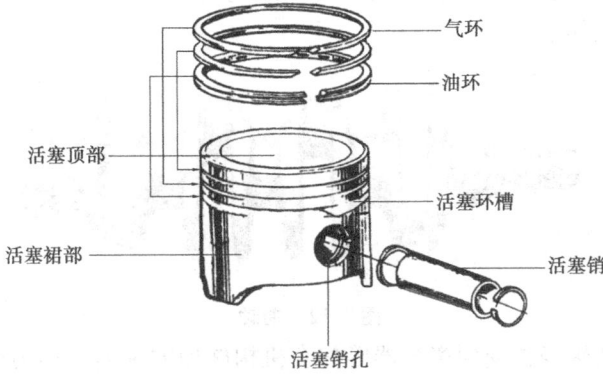

图 2.10　活塞

活塞环分为气环和油环。气环的作用是密封活塞和气缸之间的间隙，防止漏气并将活塞头部热量传给气缸壁，帮助活塞散热。油环的作用是刮油，经活塞内腔流入曲轴箱，防止多余机油进入燃烧室，造成燃烧室积炭，同时使缸壁上机油分布均匀，提高活塞与缸壁的润滑条件。

（2）连杆。

连杆的作用是将活塞的力传给曲轴，变活塞的往复运动为曲轴的旋转运动。材料为中碳钢或合金钢。要求在质量尽可能小的前提下有足够的刚度和强度。由连杆头部、杆身、连杆大头三部分组成，如图 2.11 所示。

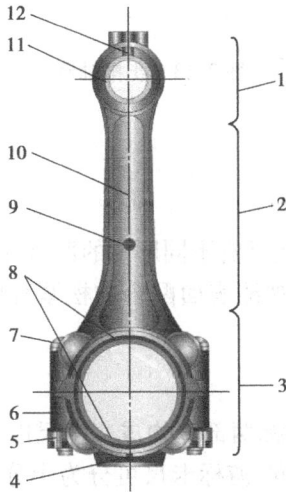

图 2.11　连杆

1—连杆小头;2—杆身;3—连杆大头;4,9—装配记号（朝前）;5—螺母;
6—连杆盖;7—连杆螺栓;8—轴承;10—连杆体;11—衬套;12—集油孔

3)曲轴飞轮组

曲轴飞轮组的主要零件是曲轴和飞轮。在曲轴上还装有驱动配气机构的链轮和正时齿轮。其作用是把活塞连杆组传来的气体压力转变为扭矩对外输出并驱动配气机构及其他附属装置。

曲轴是发动机主要旋转机件,装上连杆后,可承接连杆的上下(往复)运动变成循环(旋转)运动,如图2.12所示。

图2.12　曲轴

发动机工作时,曲轴经常受到离合器等配套机构施加的轴向作用力而发生轴向窜动,影响曲柄连杆机构的正确位置,破坏正确的配气正时等,所以必须对其进行轴向定位。这就是在曲轴和机体之间设置止推轴承(轴瓦),且只能在一处设置。可设在前、后端主轴颈或中部某一主轴颈上,以保证曲轴受热膨胀时刻自由伸长,防止轴向转动阻力大,甚至轴间卡死。止推轴承有翻边轴瓦、半圆止推片等形式,轴向间隙可由止推片厚度来调整,在使用过程中出现磨损后,间隙增大,可更换或修复,如图2.13所示。

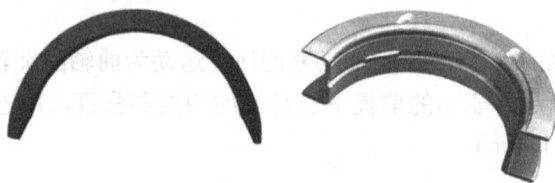

图2.13　止推轴承

2.2.2　主要检测量具

1)塞尺

塞尺用于测量间隙尺寸,是一组具有不同厚度的薄钢片组成的量规。在检验被测尺寸是否合格时,可由检验者根据塞尺与被测表面配合的松紧程度来判断。塞尺一般用不锈钢制造,如图2.14所示。

2)游标卡尺

游标卡尺由主尺和能滑动的游标两部分构成。主尺以毫米(mm)为单位,而游标上则有10、20或50个分格,根据分格的不同,游标卡尺可分为十分度游标卡尺、二十分度游标卡尺、五十分度游标卡尺等,结构如图2.15所示。

测量时要保证游标卡尺的清洁,合拢时要查看主尺和游标尺的零刻度线是否对齐,否则影响测量准确度。

读数时首先以游标零刻度线为准在尺身上读取毫米整数,即以毫米为单位的整数部分。

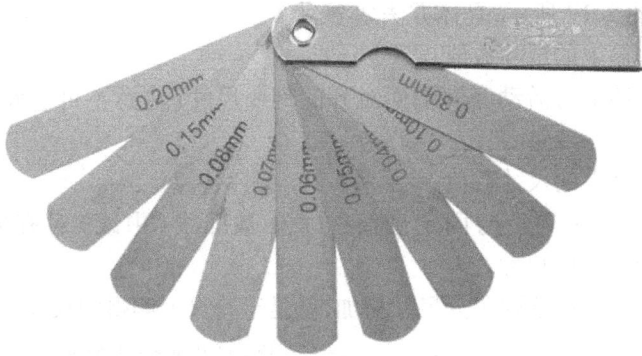

图 2.14　塞尺

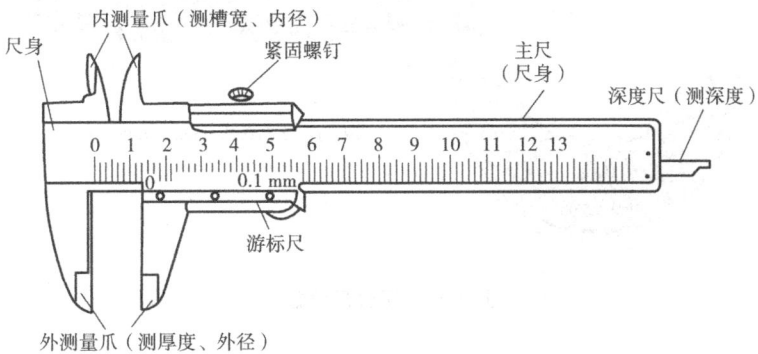

图 2.15　游标卡尺

然后看游标上第几条刻度线与尺身的刻度线对齐,若精度为 0.1 mm 的游标卡尺,如第 6 条刻度线与尺身刻度线对齐,则小数部分即为 0.6 mm(若没有正好对齐的线,则取最接近对齐的线进行读数)。如有零误差,则一律用上述结果减去零误差(零误差为负,相当于加上相同大小的零误差),读数结果为:测量值等于整数部分加小数部分再减去零误差。

3)千分尺

外径千分尺是比游标卡尺更精密的测量仪器,测量范围有 0～25 mm、25～50 mm、50～75 mm 等,每隔 25 mm 为一档。检测时,转动副尺套使向被测面移动,与被测面将要接触时改用棘轮使与被测面接触,从主尺与副尺对应的刻度读出读数,如图 2.16 所示。

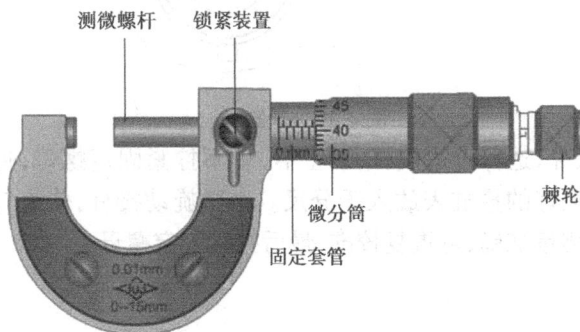

图 2.16　千分尺

千分尺读数如图 2.17 所示,具体方法如下。

(1)读出固定套筒上的尺寸数值。

(2)读出固定套筒上与活动套管端面对齐的刻线尺寸(注意不可遗漏应读出的 0.5 mm 的刻线值)。

(3)读取活动套管上的尺寸数值。

(4)读出活动套管圆周上与固定套筒的水平基准线(中线)对齐的刻线数值,乘以 0.01 mm 便是活动套管上的尺寸。

(5)求得测量尺寸。将这两部分尺寸相加,就是千分尺上测得的尺寸。

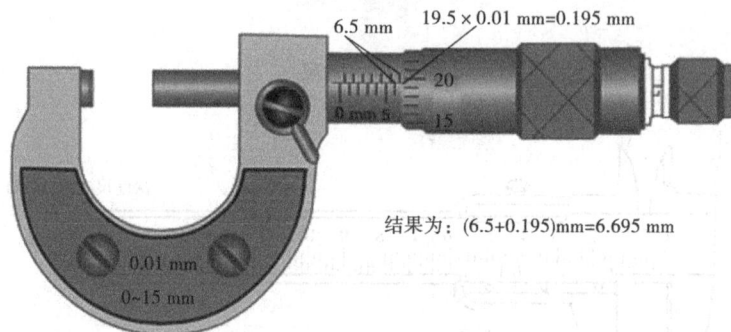

图 2.17 千分尺读数

4)量缸表

量缸表由表头和测量附件组成,表头的表面上有 100 个小格,每小格为 0.01 mm。表面上的大指针偏转一圈(即表面上小指针偏转一格)相当于 1 mm,表盘可以左右转动,上面刻有"0",如图 2.18 所示。

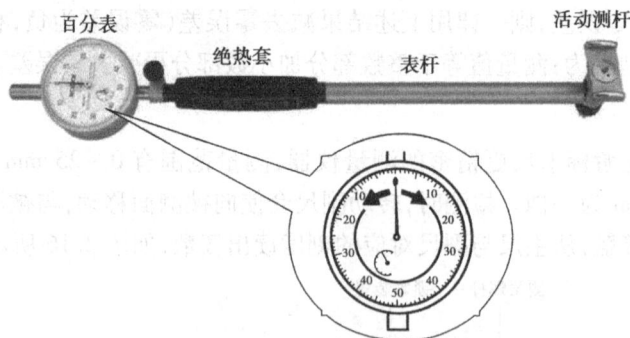

图 2.18 量缸表

按被测气缸标准尺寸,选择合适接杆,装上后,暂不拧紧固定螺母,把外径千分尺调到被测气缸的标准尺寸,将装好的量缸表放入千分尺。稍微旋动接杆,使表针摆动 2 mm,转动表盘,对准零刻度。为使测量准确,可重复校准,最后拧紧固定螺母。

技能训练 1 拆装检测机体组

一、设备及工具准备

(1)设备准备:发动机。

(2)工量具准备:常用拆装工具、扭力扳手、刀口尺、塞尺、千分尺、量缸表、游标卡尺、棉纱、机油壶等。

二、机体组拆装

不同型号发动机具体拆装方法不同,机体组主要拆卸流程如下:

(1)先从发动机上拆下燃料供给系、冷却系等相关附属系统,并放掉机油。

(2)拆卸气缸盖罩总成。

(3)拆卸油底壳、集滤器、机油盘等。

(4)拆卸发动机前端轮系。

(5)拆卸发动机正时机构,主要包括正时罩盖、正时链条、张紧机构、正时齿轮等机构。

(6)依据维修手册规定拆卸凸轮轴,取下凸轮轴,摇臂或挺柱。

(7)依据维修手册规定分次均匀拆卸缸盖螺栓,取下气缸盖总成,并放置于木块上避免缸盖平面磨损。

(8)取下气缸垫。

机体组主要部件的装配顺序按照拆卸反顺序完成。

三、机体组检测

1.缸体平面度检测

用刀口尺和塞尺,共在 6 处(图 2.19)检查缸体表面。如果超过变形极限,用平板和约 400 号的砂纸(防水金刚砂砂纸)校准平缸体表面。将砂纸放到平板上,让缸体表面在砂纸上磨,以磨去高点。如果这样仍不能使塞尺读数降到极限范围内,应更换缸体。缸体接合面泄漏燃烧气体,往往是由缸体表面变形引起的,这种泄漏会引起输出功率的降低及发动机水温高而过热。

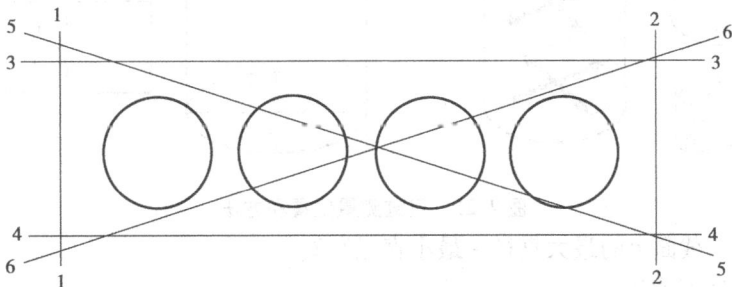

图 2.19 缸体平面度检测位置

2.气缸磨损检测

(1)气缸直径测量。

测量时,当表针顺时针方向离开"0"位,表示缸径小于标准尺寸的缸径,它是标准缸径与表针离开"0"位格数的差;若表针逆时针方向离开"0"位,表示缸径大于标准尺寸的缸径,它是标准缸径与表针离开"0"位格数之和。若测量时,小针移动超过 1 mm,则应在实际测量值中加上或减去 1 mm,如图 2.20 所示。

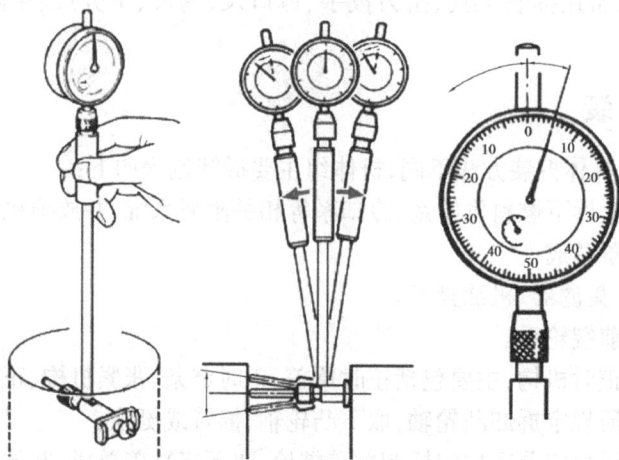

图 2.20 气缸直径测量方法

(2)气缸圆度测量。

测量的部位应选在活塞环的工作区域内,取上、中、下三个截面。在每个截面上沿发动机的前后方向和左右方向分别测量出气缸的直径。为了保证测量的精确性,测量时量缸表的侧杆与气缸的轴线应保持垂直。计算时每个截面上所测得的两直径之差的一半即为该截面的圆度误差。对三个截面所测的圆度误差进行比较,取最大值作为被测气缸的圆度误差,如图 2.21 所示。

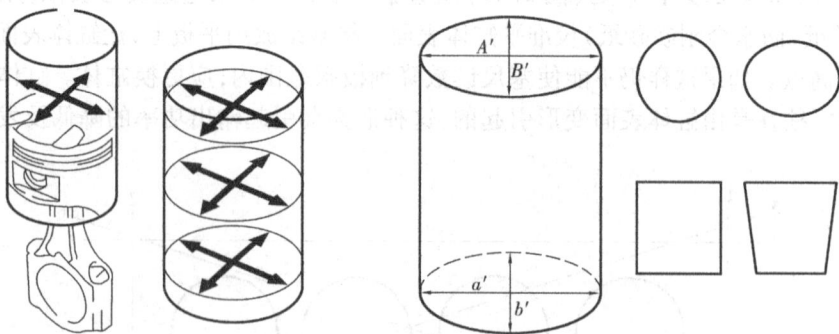

图 2.21 气缸测量位置和方法

圆度 =(同一截面上的最大直径 - 最小直径)/2。

(3)气缸圆柱度测量。

测量的部位一般选在气缸的上、下部位,即气缸磨损的最大处和最小处。计算时同一气缸中所测得的直径中的最大值与最小值之差的一半即为被测气缸的圆柱度误差。

圆柱度＝(不同截面上的最大直径－最小直径)/2。

当发动机的圆度误差和圆柱度误差超过厂家要求标准时,结合厂家维修手册采取更换气缸体、修复气缸体等方法。

四、注意事项

(1)检测之前需对所用量具进行清洁和校对。

(2)缸体缸盖检测前需进行清洁作业。

(3)拆卸及装配方法及要求参考具体机型的维修手册。

五、技能训练记录

(1)请完成缸体平面度检测,记录相关结果及数据,并对检测结果进行判定。

发动机型号		气缸排列形式		缸体材料	
缸体平面变形技术要求		缸体允许修复量		判定结果及结论	□合格/□不合格
顺序部件	位置1	位置2	位置3	位置4	位置5	位置6
缸体平面度/mm						

(2)请完成气缸磨损检测,记录相关结果及数据,并对检测结果进行判定。

发动机型号			标准缸径		最大磨损量	
圆度误差			圆柱度误差		各缸径最大差值	
气缸直径/mm 截面		一缸		二缸	三缸	四缸
上截面	轴向方向					
	推力方向					
	磨损量					
	圆度					
中截面	轴向方向					
	推力方向					
	磨损量					
	圆度					

续表

截面 \ 气缸直径/mm		一缸	二缸	三缸	四缸
下截面	轴向方向				
	推力方向				
	磨损量				
	圆度				
圆柱度					
判定结果		□合格/□不合格			
维修意见					

六、考核要点与评分标准

序号	评分项	得分条件	配分/分	评分要求	得分/分	测评结果
1	安全/6S/态度	□1. 能进行工位 6S 操作 □2. 能进行设备和工具安全检查 □3. 能进行车辆/设备安全防护 □4. 能进行工具清洁、校准、存放操作 □5. 能进行"三不落地"操作	15	未完成 1 项扣3 分,扣分不超过 15 分		□合格 □不合格
2	专业技术能力	□1. 能完成气缸平面度检测准备 □2. 能完成缸体磨损检测准备 □3. 能正确校对千分尺 □4. 能正确组装量缸表 □5. 能正确判定气缸直径的检测位置 □6. 能正确测量气缸直径 □7. 能正确判定缸体平面度检测位置 □8. 能正确检测气缸平面度	40	未完成 1 项扣5 分,扣分不超过 40 分		□合格 □不合格
3	工具及设备使用能力	□1. 能正确使用维修工具 □2. 能正确使用刀口尺 □3. 能正确使用千分尺 □4. 能正确使用量缸表	15	未完成 1 项扣5 分,扣分不超过 15 分		□合格 □不合格
4	资料、信息查询能力	□1. 能正确填写发动机相关信息 □2. 能正确记录检测结果及数据 □3. 能正确计算气缸圆度 □4. 能正确计算气缸圆柱度	15	未完成 1 项扣5 分,扣分不超过 15 分		□合格 □不合格

续表

序号	评分项	得分条件	配分/分	评分要求	得分/分	测评结果
5	数据判读和分析能力	□1.能正确判定平面度是否合格 □2.能正确判定气缸磨损是否合格 □3.能正确给出气缸维修建议	10	未完成1项扣5分,扣分不得超过10分		□合格 □不合格
6	表单填写与报告撰写能力	□1.字迹清晰 □2.语句通顺 □3.无错别字 □4.无涂改 □5.无抄袭	5	未完成1项扣1分,扣分不得超过5分		□合格 □不合格
7		如出现安全事故本技能不合格				
8		总评				

技能训练2 拆装检测活塞连杆组

一、设备及工具准备

(1)设备准备:发动机。

(2)工量具准备:常用拆装工具、扭力扳手、转角仪、塞尺、千分尺、游标卡尺、棉纱、机油壶等。

二、活塞连杆组拆装

(1)将要拆卸的活塞连杆旋转到下止点位置,检查连杆是否有明显弯曲现象,并用抹布清洁气缸,检查有无缸肩,如有应先清除。

(2)检查或设置活塞连杆组装配标记,如无原车标记,用记号笔在连杆和连杆轴承盖上做记号如图2.22所示。

(3)用扭力扳手和套筒分次旋松连杆螺母,之后用手拧下螺母。用橡胶锤轻敲连杆螺栓,取出连杆盖(注意连杆轴承不要掉落),同时取下盖上的连杆轴承。套上连杆螺栓保护套,用榔头柄在合适的位置推出连杆活塞组,取下连杆螺栓上的保护套,连杆和连杆轴承盖上的连杆轴承,成组装好并按气缸顺序摆放,如图2.23所示。

(4)分解活塞环。使用活塞环扩张器拆下活塞环,用铲刀清理活塞顶上的积炭。

(5)用抹布清洁活塞连杆、活塞环、连杆轴承(两片轴承,并注意原来的安装位置摆放)、连杆轴承盖、连杆螺母等。

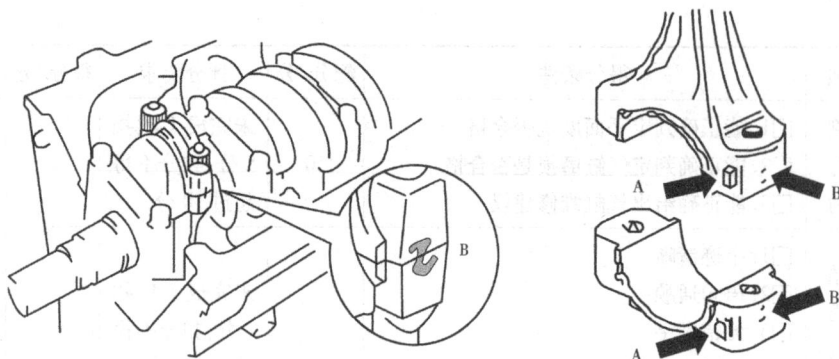

图 2.22　连杆盖标记

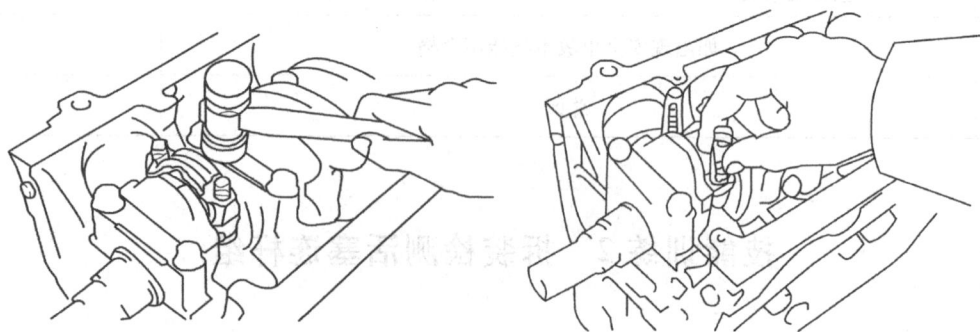

图 2.23　拆卸活塞连杆

（6）目视检查活塞有无损伤,连杆轴承有无麻点、划痕和损伤等。

（7）活塞连杆组装配顺序与拆卸顺序相反。

三、活塞连杆组检测

1.活塞磨损检测

进行活塞检测之前先对活塞进行清洁,主要清洁活塞顶部积炭,并观察活塞表面有无明显磨损和损坏的痕迹。

活塞的主要磨损部位在裙部,用外径千分尺测量垂直于活塞销的方向的活塞直径,即活塞最大直径,如图 2.24 所示。活塞最大直径与气缸最小直径的差值即活塞与气缸的配合间隙。

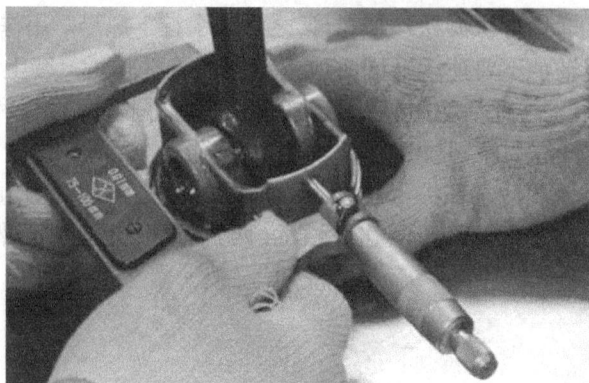

图 2.24　活塞直径测量

2. 活塞环检测

（1）活塞环侧隙。

侧隙过大将影响活塞环的密封作用，过小则可能使活塞卡死在环槽内而造成拉缸现象。检查时将活塞环放入环槽内，用塞尺测量，如图 2.25 所示。其经验方法是：活塞环在其槽内能沿槽转动且无松旷感觉为宜。

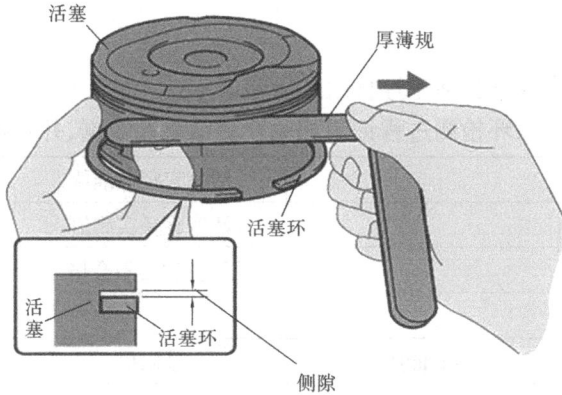

图 2.25　活塞环侧隙测量

（2）活塞环端隙。

活塞环的端隙过大影响气缸密封性；端隙过小，活塞环受热膨胀易卡死在气缸内。测量活塞环端隙时，用活塞将活塞环推入气缸内，使活塞环的平面与气缸口面平行，然后用塞尺测量活塞环的端隙，如图 2.26 所示。若端隙大于规定值，应另选活塞环。

图 2.26　活塞环端隙测量

四、注意事项

(1)活塞直径测量部位以具体发动机维修要求为准。

(2)测量活塞环端隙时,活塞环放入气缸的深度参照具体发动机维修资料要求。

(3)活塞连杆组拆卸和组装时,注意相关安装标记和要求。

五、技能训练

(1)结合拆装规范完成某缸活塞连杆组的拆装。

(2)请结合活塞及活塞环检测过程记录相关检测结果及数据,并对检测结果进行判定。

发动机型号		活塞直径标准值	
活塞直径极限值		活塞直径实测值	
判定结果	□合格/□不合格		
维修建议			
	标准值	极限值	实测值
第一道气环端隙			
第一道气环侧隙			
第二道气环端隙			
第二道气环侧隙			
判定结果	□合格/□不合格		
维修建议			

六、考核要点与评分标准

序号	评分项	得分条件	配分/分	评分要求	得分/分	测评结果
1	安全/6S/态度	□1.能进行工位6S操作 □2.能进行设备和工具安全检查 □3.能进行设备安全防护 □4.能进行工具清洁、校准、存放操作 □5.能进行"三不落地"操作	15	未完成1项扣3分,扣分不超过15分		□合格 □不合格
2	专业技术能力	□1.能正确拆卸活塞连杆组 □2.能为活塞连杆组做标识 □3.能正确装配活塞连杆组 □4.能正确完成测量前活塞的清洁 □5.能正确判定活塞直径测量位置 □6.能正确测量活塞直径 □7.能正确测量活塞环侧隙 □8.能正确测量活塞环端隙	40	未完成1项扣5分,扣分不超过40分		□合格 □不合格

续表

序号	评分项	得分条件	配分/分	评分要求	得分/分	测评结果
3	工具及设备使用能力	□1.能正确使用维修工具 □2.能正确使用千分尺 □3.能正确使用塞尺 □4.能正确使用扭力扳手 □5.能正确使用转角仪	20	未完成1项扣5分,扣分不超过20分		□合格 □不合格
4	资料、信息查询能力	□1.能正确填写发动机相关信息 □2.能正确查询活塞相关参数 □3.能正确查询活塞环相关参数	15	未完成1项扣5分,扣分不超过15分		□合格 □不合格
5	数据判读和分析能力	□1.能正确判定活塞及活塞环检测结果是否正常 □2.能给出合理的维修建议	5	未完成1项扣5分,扣分不得超过5分		□合格 □不合格
6	表单填写与报告撰写能力	□1.字迹清晰 □2.语句通顺 □3.无错别字 □4.无涂改 □5.无抄袭	5	未完成1项扣1分,扣分不得超过5分		□合格 □不合格
7	如出现安全事故本技能不合格					
8	总评					

技能训练 3 拆装检测曲轴飞轮组

一、设备及工具准备

(1)设备准备:发动机。

(2)工量具准备:常用拆装工具、扭力扳手、千分尺、百分表、游标卡尺、棉纱、机油壶、V形块、平板等。

二、曲轴飞轮组拆装

(1)飞轮拆卸时,使用专用工具卡住飞轮齿圈,拧下飞轮紧固螺栓,从曲轴上拆下飞轮,如图2.27所示。

(2)拆卸曲轴主轴承盖,按照从外到内且交叉的顺序分多次拧松轴承盖螺栓,禁止不按顺序一次拧下。注意拆下的轴承盖、轴瓦按照标记和顺序摆放。

曲轴飞轮组装配顺序与拆卸顺序相反。

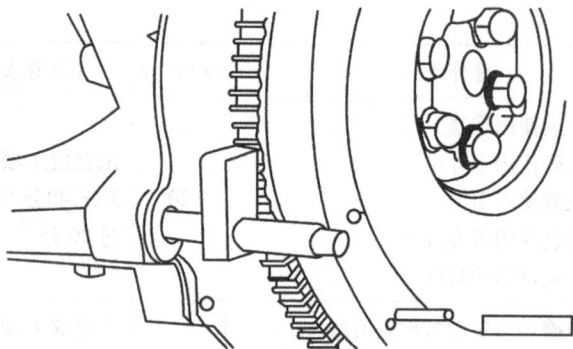

图 2.27　飞轮拆卸

三、曲轴飞轮组检测

1. 曲轴磨损检测

曲轴磨损主要体现轴颈磨损,通过检测轴颈圆度、圆柱度误差可判定其磨损情况。用外径千分尺在轴颈横断面径向多点测量(先在轴颈的油孔两侧测量,然后旋转 90°再测量),如图 2.28 所示。

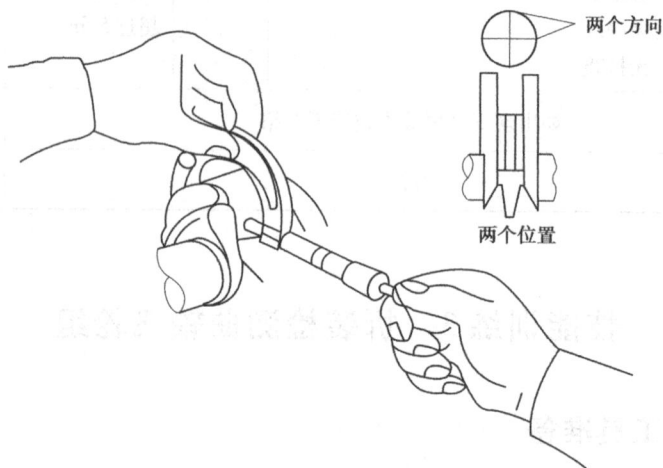

图 2.28　曲轴轴颈测量

2. 曲轴弯曲检测

检验曲轴弯曲时,将曲轴两端的主轴颈搁置在检验平板的 V 形块上,或将曲轴支在车床的前后顶尖上,校正中心水平后用百分表进行测量。由于中间轴颈受负荷和振动较大,弯曲变形也明显,百分表的头应对准曲轴之间的一道或两道轴颈,转动曲轴一圈,百分表上所指的最大与最小读数之差的 1/2,即为曲轴的弯曲度,又称为圆跳动,如图 2.29 所示。

四、注意事项

(1)测量曲轴轴颈尺寸及圆度、圆柱度误差时,应错开油孔。

(2)曲轴飞轮组拆卸和组装时,注意相关安装标记和要求。

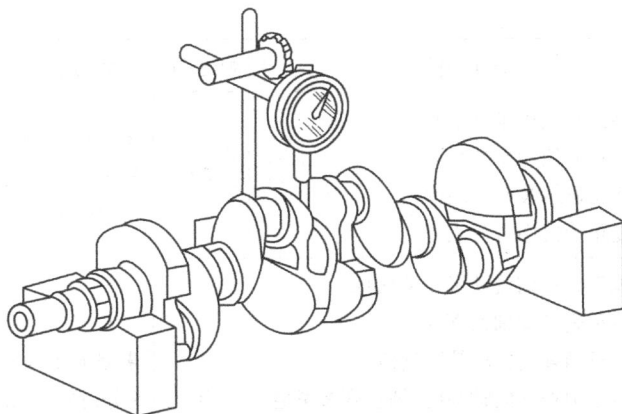

图 2.29　曲轴弯曲度测量

五、技能训练

请结合曲轴检测过程记录相关检测结果及数据,并对检测结果进行判定。

发动机型号		曲轴圆跳动极限值	
主轴颈标准直径		连杆轴颈标准直径	
主轴颈圆度误差极限值		主轴颈圆柱度误差极限值	
连杆轴颈圆度误差极限值		连杆轴颈圆柱度误差极限	
判定结果		□合格/□不合格	
维修建议			

六、考核要点与评分标准

序号	评分项	得分条件	配分/分	评分要求	得分/分	测评结果
1	安全/6S/态度	□1. 能进行工位 6S 操作 □2. 能进行设备和工具安全检查 □3. 能进行设备安全防护 □4. 能进行工具清洁、校准、存放操作 □5. 能进行"三不落地"操作	15	未完成 1 项扣 3 分,扣分不超过 15 分		□合格 □不合格
2	专业技术能力	□1. 能在测量前完成活塞清洁 □2. 能正确支撑曲轴 □3. 能正确测量曲轴直径 □4. 能正确测量曲轴圆跳动 □5. 能正确读取百分表读数	20	未完成 1 项扣 5 分,扣分不超过 20 分		□合格 □不合格

续表

序号	评分项	得分条件	配分/分	评分要求	得分/分	测评结果
3	工具及设备使用能力	□1.能正确使用维修工具 □2.能正确使用千分尺 □3.能正确组装磁性表座 □4.能正确使用百分表	20	未完成1项扣5分,扣分不超过20分		□合格 □不合格
4	资料、信息查询能力	□1.能正确查询发动机相关信息 □2.能正确查询轴颈直径 □3.能正确查询曲轴圆跳动值 □4.能正确查询曲轴圆度、圆柱度参考值 □5.能正确计算曲轴圆跳动值 □6.能正确计算圆度误差 □7.能正确计算圆柱度	30	未完成1项扣5分,扣分不超过30分		□合格 □不合格
5	数据判读和分析能力	□1.能正确判定曲轴检测结果是否正常 □2.能给出合理的维修建议	10	未完成1项扣5分,扣分不得超过10分		□合格 □不合格
6	表单填写与报告撰写能力	□1.字迹清晰 □2.语句通顺 □3.无错别字 □4.无涂改 □5.无抄袭	5	未完成1项扣1分,扣分不得超过5分		□合格 □不合格
7		如出现安全事故本技能不合格				
8		总评				

任务2.3　配气机构检修

配气机构按照发动机每个气缸所进行的工作循环和点火次序要求,定时开启和关闭进、排气门,使新鲜可燃混合气或空气得以及时进入气缸,废气及时排出。配气机构可分为气门组和气门传动组两个部分。气门组主要零件包括气门座、气门弹簧、气门导管等,气门传动组包括驱动气门动作的所有零件,其组成因配气机构形式不同而不同,主要零件包括正时齿轮(正时链轮、正时带轮和传动带)、凸轮轴、挺柱、摇臂轴、摇臂等。本任务主要就配气机构拆装、气门组检修、气门传动组检修等开展技能训练。

2.3.1　气门组

气门组主要用于实现气缸的密封,主要由气门、气门锁片、气门弹簧、气门油封、气门弹簧座等组成,如图2.30所示。

1)气门

气门分为进气门和排气门。进气门的作用是将空气或混合气体吸入发动机内,排气门的作用是将燃烧后的废气排出并散热。气门头部直接与气缸内燃烧的高温气体接触,温度高且散热和润滑困难,承受很大的冲击力的同时,还要承受气体压力、传动零件惯性力。杆身在气门开闭过程中起导向作用,也可通过气门导管来散失一部分热量。

气门常见故障为弯曲、裂纹、烧蚀、磨损等。由于气门杆部是气门的导向部分,杆部与导管的配合间隙很小,气门运动过程中受各种力和载荷的影响,气门杆可能存在磨损的情况;在工作中,气门头部锥面与气门座接触时,一是起密封作用,二是通过气门座带走气门的部分热量,长时间工作必然会造成气门锥面的磨损。

2)气门导管

进、排气口与气门锥面接触的部位称为气门座,它的主要功用是配合气门形成密闭的空间。气门座的锥角由三部分组成,如图2.31所示。其中45°(或30°)锥面与气门密封锥面相连,为使密封更可靠,同时又有一定的散热面积,密封锥面的宽度为1～3 mm;15°和75°锥角是用来修正工作(即密封)锥面的宽度和上下位置的。

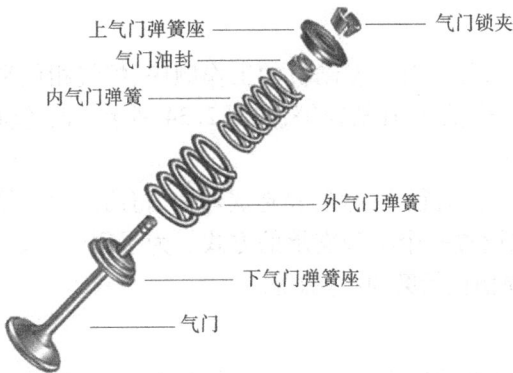

图2.30　气门组主要组成

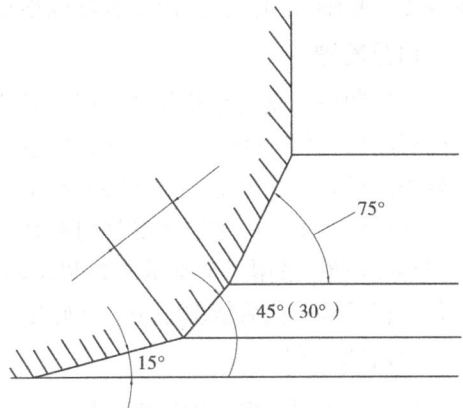

图2.31　气门座

3)气门导管

气门导管是使气门做直线运动并保证气门与气门座正确贴合,另外还可在气门杆与气缸盖之间起导热作用。气门导管一般制成单独的零件,以过盈配合装入气缸盖,但目前很多厂家要求气门导管损坏时须更换缸盖,如图2.32所示。

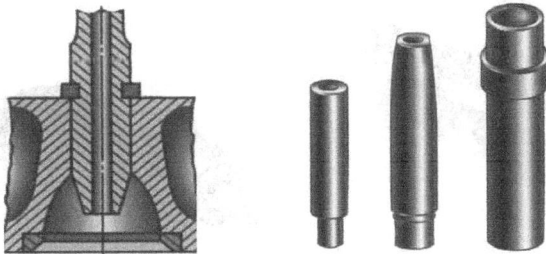

图2.32　气门导管

4)气门油封

气门导管和气门之间有适量的机油润滑,但如果机油过量,就会造成烧机油现象,从而会在气缸内和气门上产生积炭,所以要安装气门油封,如图 2.33 所示。

5)气门弹簧

气门弹簧借其张力克服气门关闭过程中气门及传动件因惯性力而产生的间隙,保证气门及时落座并精密贴合,同时也防止气门在发动机振动时因跳动而破坏密封。因此要求气门弹簧具有足够的刚度和安装预紧力。气门弹簧常见的损伤主要有歪斜、断裂、弹力减退。歪斜和弹力减退会影响气门密封性能,容易烧蚀气门。

图 2.33　气门油封

2.3.2　气门传动组

气门传动组按照发动机的工作顺序,适时地开启和关闭气门,并保证气门有足够的开度,主要由凸轮轴、正时机构、液压挺柱或摇臂等组成。

1)凸轮轴

凸轮轴用于驱动和控制各气门的开启和关闭,使其符合发动机的工作顺序、配气相位和气门开度的变化规律等要求。凸轮轴主要包括凸轮、凸轮轴轴径等,如图 2.34 所示。凸轮轴主要采用材料为优质钢、合金铸铁、球墨铸铁。

凸轮轴在工作中主要承受气门弹簧的弹力,径向力很大,很容易造成弯曲、扭曲。为了尽量减小此现象,采用了全支承方式和每两个气缸设置一个轴颈支承的方式。为了便于安装,轴颈的直径从前往后依次缩小。凸轮轴主要的损伤包括磨损、弯曲等。

2)挺柱

挺柱的作用是将凸轮的推力传给气门,并承受凸轮轴旋转时所施加的侧向力。挺柱分为机械式和液压式两大类,每一类又分为平面挺柱和滚子挺柱两种,如图 2.35 所示。目前最常见为液压挺柱,液压挺柱的工作原理是利用发动机润滑油的压力调整其自身长度,以补偿气门传动机构中由于热膨胀、磨损等因素产生的气门间隙降低到最小限度。液压挺柱可使发动机配气机构在工作过程中保持良好的气密性,保障发动机平稳工作。

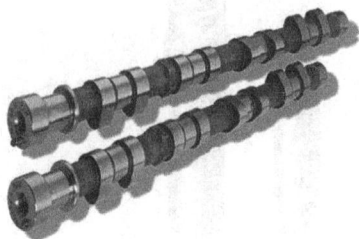

图 2.34　凸轮轴

图 2.35　挺柱

3)摇臂

摇臂将推杆或凸轮传来的力改变方向,驱动气门开启,如图 2.36 所示。工作时以摇臂轴为支点,将凸轮轴传给的推力传给气门,克服气门弹簧张力将气门推开。传统摇臂与气门杆端接触装有气门调整螺钉来调整间隙。目前越来越多的摇臂调整螺钉由间隙补偿器(一种液压挺柱)来代替。

图 2.36 气门摇臂组

技能训练 1 拆装检测气门传动组

一、设备及工具准备

(1)设备准备:发动机。

(2)工量具准备:常用拆装工具、扭力扳手、千分尺、百分表、棉纱、机油壶、V 形块、平板等。

二、气门传动组拆装

(1)拆卸气缸盖罩及正时罩盖。

(2)旋转曲轴,检查并对正相应正时标记。

(3)依次拆下张紧器总成、链条张紧轨及导轨、正时链条总成、曲轴正时链轮等正时机构;对皮带传动正时机构,则拆卸张紧轮、正时皮带等。

(4)检查正时链条、导轨或者正时皮带,看有无磨损和裂纹,需要时应进行更换。

(5)依据各机型维修手册,按照规范拆卸凸轮轴轴承盖。

(6)取下挺杆,并规范存放。

(7)气门传动组装配顺序与拆卸顺序相反,安装凸轮轴时,需在凸轮轴凸轮和轴颈上、缸盖的凸轮轴轴承座上和气门挺柱上涂上发动机机油,并将凸轮轴放到缸盖上,然后将凸轮轴盖安装到凸轮轴和缸盖上。应确保凸轮轴盖安装面无划伤、锈蚀等,凸轮轴轴承盖应按规定的顺序及箭头方向进行装配。

三、气门传动组检测

1.凸轮轴磨损检测

凸轮轴的磨损主要体现轴颈及凸轮的磨损。用外径千分尺分别测量各道轴颈外径,其偏差超过厂家要求极限值时应更换,如图 2.37 所示。

在检测凸轮高度磨损前,先用检查凸轮表面有无伤痕,再用外径千分尺测量凸轮的高度,

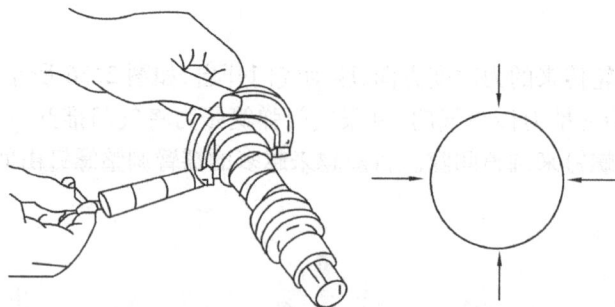

图 2.37　测量凸轮轴轴颈

高度小于极限值应更换,如图 2.38 所示。

2.凸轮轴弯曲检测

将凸轮轴两端支在平板上的两只 V 形铁上,使用百分表测量凸轮轴靠近中部的轴颈,将凸轮轴转动一圈,如表针摆差大于极限值应更换,如图 2.39 所示。

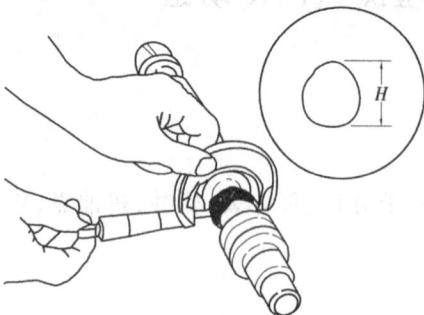

图 2.38　测量凸轮高度

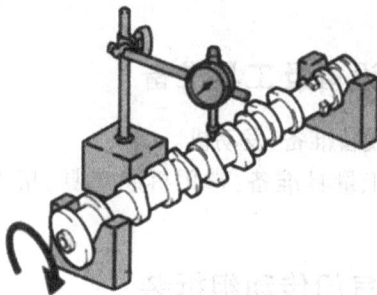

图 2.39　测量凸轮轴弯曲度

四、注意事项

(1)凸轮轴总成拆卸后请保持其工作表面的清洁,不得碰伤、划伤凸轮轴总成工作表面。

(2)所有零部件检测前需完成相应的清洁工作。

(3)凸轮轴盖螺栓拧紧后,转动凸轮轴看是否有卡滞现象。如有,请检查安装过程是否有误,然后拆卸检查配合面,重新安装。

(4)装配正时机构时,务必按照要求安装正时标记。

五、技能训练

(1)请结合凸轮轴弯曲变形的检测过程记录相关检测结果及数据,并对检测结果进行判定。

	进气凸轮轴	排气凸轮轴
极限值/mm		
实测值/mm		
判定结果	□合格/□不合格	□合格/□不合格

（2）请结合凸轮轴磨损的检测过程记录相关检测结果及数据,并对检测结果进行判定。

	凸轮或轴颈序号	1	2	3	4	5	6	7	8
进气凸轮轴	凸轮高度极限值/mm								
	凸轮高度实测值/mm								
	轴颈标准值/mm								
	轴颈实测值/mm								
	判定结果	□合格/□不合格							
	凸轮或轴颈序号	1	2	3	4	5	6	7	8
排气凸轮轴	凸轮高度极限值/mm								
	凸轮高度实测值/mm								
	轴颈标准值/mm								
	轴颈实测值/mm								
	判定结果	□合格/□不合格							

六、考核要点与评分标准

序号	评分项	得分条件	配分/分	评分要求	得分/分	测评结果
1	安全/6S/态度	□1. 能进行工位6S操作 □2. 能进行设备和工具安全检查 □3. 能进行设备安全防护 □4. 能进行工具清洁、校准、存放操作 □5. 能进行"三不落地"操作	10	未完成1项扣3分,扣分不超过10分		□合格 □不合格
2	专业技术能力	□1. 能在测量前完成凸轮轴清洁 □2. 能正确支撑凸轮轴 □3. 能使用平板 □4. 能正确测量凸轮轴轴颈 □5. 能正确测量凸轮高度 □6. 能正确测量凸轮轴弯曲变形	30	未完成1项扣5分,扣分不超过25分		□合格 □不合格
3	工具及设备使用能力	□1. 能正确使用维修工具 □2. 能正确使用千分尺 □3. 能正确组装磁性表座 □4. 能正确便用百分表	20	未完成1项扣5分,扣分不超过20分		□合格 □不合格
4	资料、信息查询能力	□1. 能正确查询凸轮轴弯曲极限值 □2. 能正确查询进气凸轮高度极限值 □3. 能正确查询排气凸轮高度极限值 □4. 能正确查询进气凸轮轴颈标准 □5. 能正确查询排气凸轮轴颈标准	25	未完成1项扣5分,扣分不超过25分		□合格 □不合格

续表

序号	评分项	得分条件	配分/分	评分要求	得分/分	测评结果
5	数据判读和分析能力	□1. 能正确判定凸轮轴变形结果 □2. 能正确判定凸轮轴磨损结果	10	未完成1项扣5分,扣分不得超过10分		□合格 □不合格
6	表单填写与报告撰写能力	□1. 字迹清晰 □2. 语句通顺 □3. 无错别字 □4. 无涂改 □5. 无抄袭	5	未完成1项扣1分,扣分不得超过5分		□合格 □不合格
7	如出现安全事故本技能不合格					
8	总评					

技能训练 2　拆装检测气门组

一、设备及工具准备

（1）设备准备：发动机/缸盖。

（2）工量具准备：常用拆装工具、气门弹簧压缩器、吸铁棒、黄油、游标卡尺、千分尺等。

二、气门组拆装

（1）在完成气缸盖的拆卸后，利用气门弹簧压缩器拆卸气门组，如图 2.40 所示。

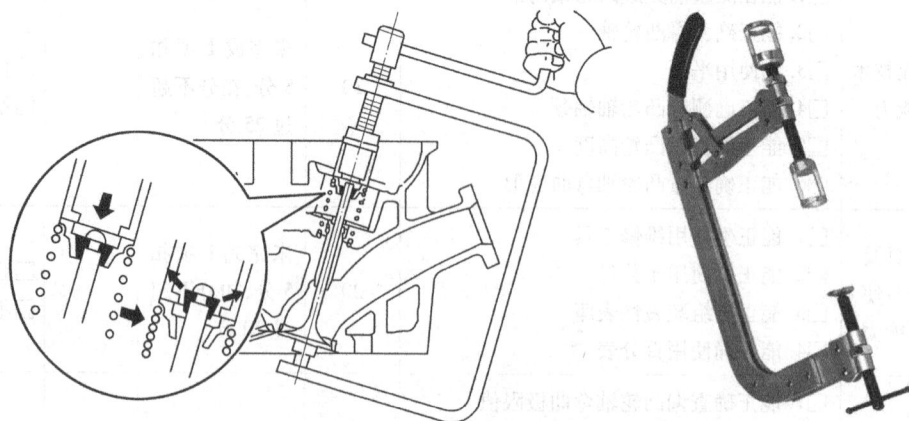

图 2.40　气门弹簧压缩器

（2）拆下的气门组、摇臂组件、液压挺柱做好正确的标记并按缸号顺序摆放，如图 2.41 所示。气门组的装配顺序与拆卸顺序相反。

三、气门组检测

1.气门杆断面磨损检测

使用游标卡尺测量气门长度,如果磨损量大于厂家要求极限值,应更换气门,如图 2.42 所示。

2.气门杆直径磨损测量

使用外径千分尺在气门杆的上、中、下三个截面进行多点测量,如图 2.43 所示。

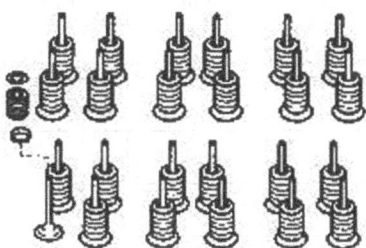

气门杆外径

图 2.41　气门组摆放　　　图 2.42　测量气门长度　　　图 2.43　测量气门杆直径

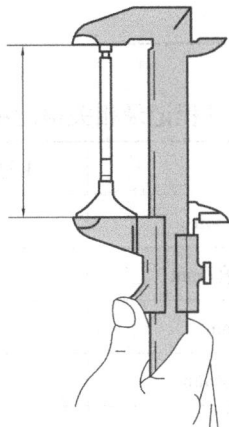

3.气门弹簧检测

气门弹簧常见的损伤主要有歪斜、断裂、弹力减退。检查气门弹簧自由长度,可在弹簧检验仪上检查,或用游标卡尺测量。若自由长度不符合规定时应更换,如图 2.44 所示。

将气门弹簧放在平板上,用钢直角尺测量气门弹簧端面与中心线的垂直度误差,气门弹簧的外圆柱面上对地面的垂直度公差超过厂家要求时,弹簧应报废,如图 2.45 所示。

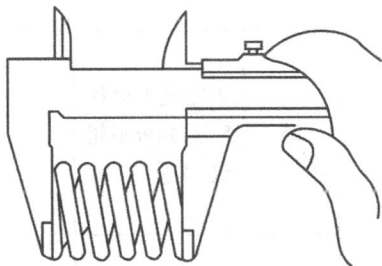

图 2.44　测量气门弹簧自由长度　　　图 2.45　气门歪斜度测量

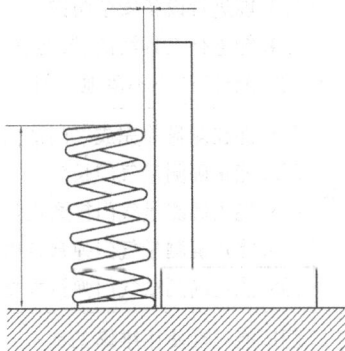

四、技能训练

(1)请结合气门的检测过程记录相关检测结果及数据,并对检测结果进行判定。

发动机型号			气门驱动形式		
			气门长度		气门杆直径磨损量
			进气门	排气门	进气门	排气门
标准值/mm						
极限值/mm						
实际值(磨损量最大)/mm						
判定结论			□合格/□不合格			

（2）请结合气门弹簧的检测过程记录相关检测结果及数据，并对检测结果进行判定。

	1缸	2缸	3缸	4缸
气门弹簧自由长度极限值/mm				
气门弹簧自由长度实际测量值/mm				
气门弹簧垂直度极限值/mm				
气门弹簧垂直度实际测量值/mm				
判定结论		□合格/□不合格		

五、考核要点与评分标准

序号	评分项	得分条件	配分/分	评分要求	得分/分	测评结果
1	安全/6S/态度	□1. 能进行工位6S操作 □2. 能进行设备和工具安全检查 □3. 能进行设备安全防护 □4. 能进行工具清洁、校准、存放操作 □5. 能进行"三不落地"操作	15	未完成1项扣3分,扣分不超过15分		□合格 □不合格
2	专业技术能力	□1. 能在测量前完成气门清洁 □2. 能正确测量气门长度 □3. 能正确测量气门杆磨损量 □4. 能正确测量气门弹簧自由长度 □5. 能正确测量气门弹簧垂直度	25	未完成1项扣5分,扣分不超过25分		□合格 □不合格
3	工具及设备使用能力	□1. 能正确使用维修工具 □2. 能正确使用千分尺 □3. 能正确使用游标卡尺 □4. 能正确钢直尺	20	未完成1项扣5分,扣分不超过20分		□合格 □不合格

续表

序号	评分项	得分条件	配分/分	评分要求	得分/分	测评结果
4	资料、信息查询能力	□1. 能正确查询发动机相关参数 □2. 能正确查询气门长度参考数据 □3. 能正确查询气门杆直径参考数据 □4. 能正确查询气门弹簧自由长度数据 □5. 能正确查询气门弹簧垂直度数据	25	未完成 1 项扣 5 分,扣分不超过 25 分		□合格 □不合格
5	数据判读和分析能力	□1. 能正确判定气门磨损结果 □2. 能正确判定气门弹簧磨损结果	10	未完成 1 项扣 5 分,扣分不得超过 10 分		□合格 □不合格
6	表单填写与报告撰写能力	□1. 字迹清晰 □2. 语句通顺 □3. 无错别字 □4. 无涂改 □5. 无抄袭	5	未完成 1 项扣 1 分,扣分不得超过 5 分		□合格 □不合格
7		如出现安全事故本技能不合格				
8		总评				

任务 2.4　燃油电控系统检修

汽油发动机燃油供给系统的功用是将汽油经过雾化和蒸发后和空气按一定比例均匀混合成可燃混合气,再根据发动机各种不同工况要求,向发动机气缸内供给不同质量的可燃混合气,以便在临近压缩终了时点火燃烧而放出热量,燃气膨胀做功,最后将气缸内废气排至大气中。

发动机燃油供给系统由燃油供给系统、空气供给系统、电子控制系统等几部分组成。

2.4.1　燃油供给系统

燃油供给系统的主要作用是向气缸内供给燃烧时所需的一定量燃油,主要由油箱、电动燃油泵、燃油滤清器、压力调节器、输油及回油管路等组成,其原理及组成如图 2.46 所示。

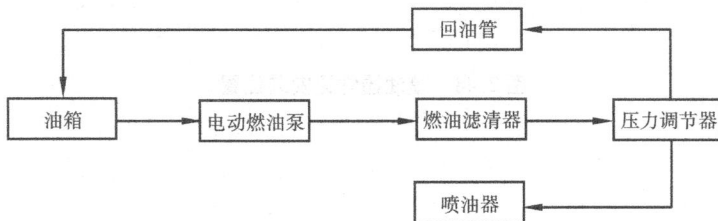

图 2.46　燃油供给系统原理及组成

1)电动燃油泵

电动燃油泵主要给燃油电控系统提供具有一定压力的燃油,电动燃油泵的电动机和燃油泵制成一体,密封在同一壳体内。

实际电动燃油泵与油量传感器等部件集成在一起,构成燃油泵总成,如图 2.47 所示。

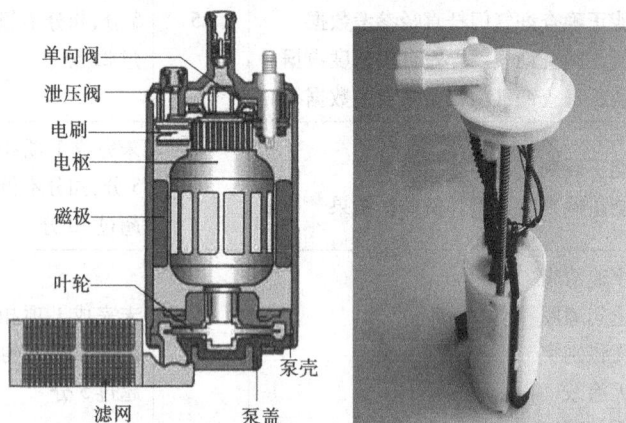

图 2.47　电动燃油泵及燃油泵总成

2)喷油器

喷油器的功用是根据 ECU 的指令,控制燃油喷射量。电控燃油喷射系统采用电磁阀式喷油器,喷油器通常安装于各缸进气歧管或气缸盖上的各缸进气道处,如图 2.48 所示。喷油器主要由滤网、线束插接器、电磁线圈、回位弹簧、衔铁和针阀等组成,针阀与衔铁制成一体,如图 2.49 所示。

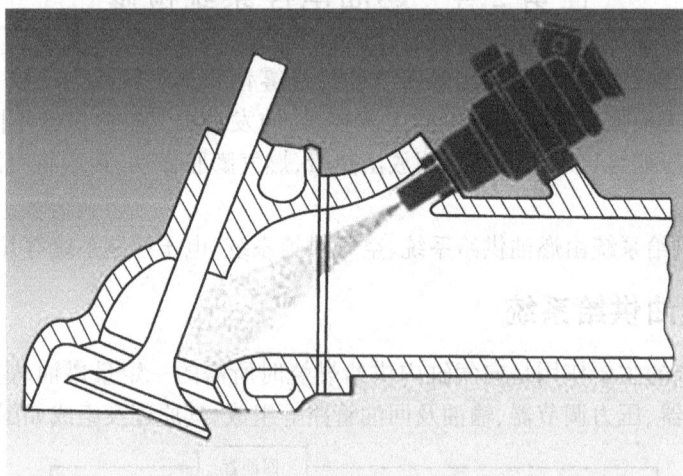

图 2.48　喷油器常见安装位置

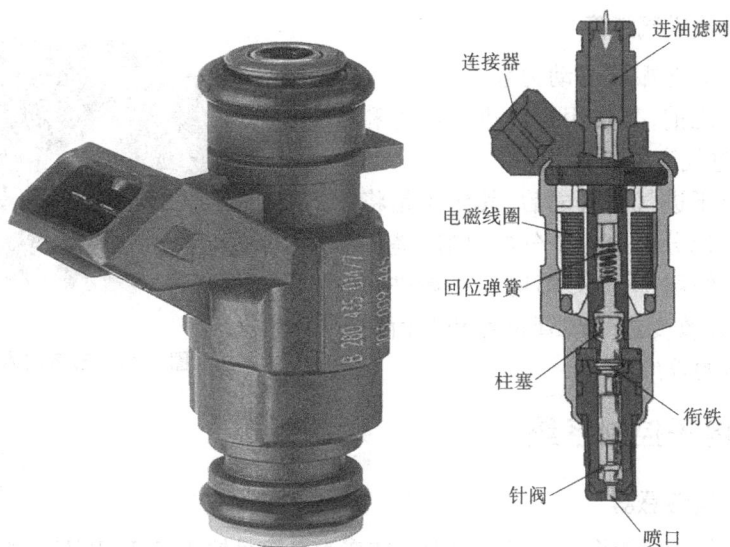

图 2.49　喷油器结构

2.4.2　空气供给系统

空气供给系统主要为发动机提供清洁的空气并控制发动机正常工作时所需的空气量。主要由空气滤清器、进气测量装置、进气节流及怠速调节装置、进气歧管、进气增压装置等组成,如图 2.50 所示。

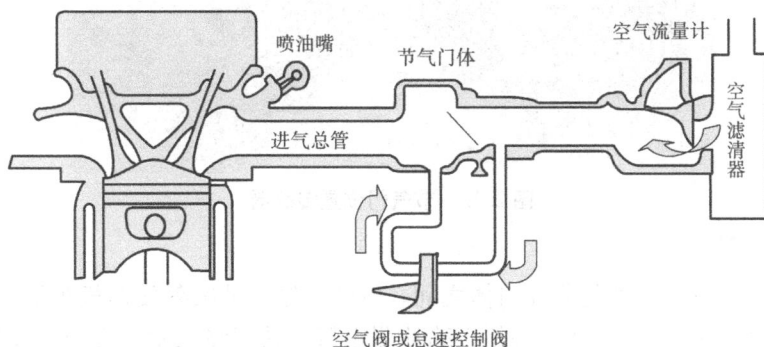

图 2.50　空气供给系统基本组成

1)节气门体

节气门体安装在进气管中,控制发动机正常工况下的进气量。主要由节气门和怠速空气道等组成。节气门位置传感器装在节气门轴上,检测节气门开度,如图 2.51 所示。汽车在正常行驶时,发动机进气量由节气门调节,节气门则通过节气门电机或节气门拉索操纵。由于发动机怠速运转时,常将节气门完全关闭,因此专门设有怠速进气道以提供发动机怠速时的空气需要。怠速空气道由发动机电控单元通过怠速控制阀控制。发动机怠速所需空气的另外一种控制方式是控制节气门最小开度,因而不设置怠速进气道。

2)进气总管及进气歧管

进气总管又称谐振腔或动力腔,位于节气门之后进气歧管之前,其作用提高进气压力和存储进气,防止进气产生窜扰。

进气歧管位于进气总管之后,其作用是将空气尽可能均匀地分配给各个气缸,同时提供形成可燃混合气的场所(缸外喷射),一般进气歧管比较长,通过改变进气歧管长度和截面积可实现进气增压的效果。

图 2.51 节气门体

2.4.3 电子控制系统

1)节气门位置传感器

节气门位置传感器能将节气门开度大小转变为电信号输入 ECU,ECU 根据节气门位置信号判定发动机怠速、中速和全负荷等工况;同时根据节气门位置传感器信号电压变化速率,判定发动机的加速、减速工况等,用于控制燃油喷射、点火控制及其他辅助系统控制等。节气门位置传感器损坏会引起怠速低且不稳,行驶时踩制动发动机转速会下降直到熄火,偶尔出现窜动的现象。

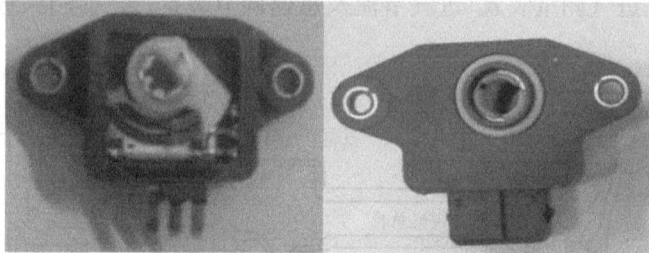

图 2.52 节气门位置传感器

2)空气流量计

通常安装在空气滤清器与节气门体之间。电子控制汽油喷射发动机为了在各种运转工况下都能获得最佳浓度的混合气,必须正确地测定每一瞬间吸入发动机的空气量,以此作为 ECU 计算(控制)喷油量的主要依据。如果空气流量传感器或线路出现故障,ECU 得不到正确的进气量信号,就不能正常地进行喷油量的控制,将造成混合气过浓或过稀,使发动机运转不正常。

3)进气压力温度传感器

通常安装在节气门后方,靠近进气歧管的发动机室内。测量进气压力部分为压电型传感器,根据大气压力与进气歧管压力差提供给控制器负荷信号,由控制器提供 5 V 电压,并根据进气压力不同反馈 0 ~ 5 V 电压至控制器。测量进气温度部分为 NTC 型(负温度系数)传感器,电阻随进气温度变化,传感器输送给控制器一个表示进气温度变化的电压。

图 2.53　空气流量计

图 2.54　进气压力温度传感器

技能训练 1　检测传感器技术状况

一、设备及工具准备

(1)设备准备:电控发动机台架或整车。

(2)工量具准备:万用表、诊断仪等。

汽车故障诊断仪的使用

凸轮轴位置传感器检测

二、空气流量计检测

1.空气流量计控制电路检测

空气流量计控制电路可在插头断开和接通两种状态下,通过对各接线端子的检测来判定故障。以热线式空气流量计检测为例来说明检测方法。

1)断开插头后检测线束各端子

(1)拔下空气流量计线束插头,接通点火开关,用数字万用表分别测量线束插头内各端子的电压。

①电源端子。其正常电压应为 12 V 或 5 V,若该电压为 0 V,则说明传感器电源电路有故障。

②信号端子。其正常电压通常为 0~5 V,对于不同品牌的发动机,此端子电压可能不同,以正常发动机实测值为准。若该电压接近 0 V,则应在断开点火开关后进一步检测该端子有无短路故障。

③搭铁端子。正常值为 0 V,若该端子电压明显大于 0 V,则应在断开点火开关后进一步检测该端子有无断路故障。

(2)断开点火开关,用万用表分别测量线束插头内电压为 0 V 的端子与蓄电池负极之间的电阻。

此时主要检测信号端子和搭铁端子与蓄电池负极或车身之间的电阻。

①信号端子。其正常电阻较大,若为 0 Ω,则为短路故障。

②搭铁端子。其正常电阻应为 0 Ω,若明显大于 0 Ω,则为断路故障。

2)接通插头后检测信号线电压

接通线束插头,打开点火开关,分别在发动机未启动、怠速运转、中速运转和高速运转等状态下,用万用表测量流量计信号线和搭铁线之间的电压。该电压能随发动机进气量增加而增大。

2. 单件模拟检测

取一个空气流量计总成部件,将12 V/5 V变压器的12 V电压或蓄电池电压施加在空气流量计加热电源针脚,将5 V电压施加在空气流量计的5 V电源针脚,将数字万用表设置在直流电压20 V挡,测量空气流量计信号针脚与接地针脚电压,有1.5 V左右电压;使用吹风机从空气流量计隔栅一端向空气流量计吹入冷空气或加热的空气,测量空气流量计电器插座信号和搭铁针脚电压,瞬时上升至2.8 V左右并回落。

3. 就车检测

启动发动机至正常工作温度,测量空气流量计信号电压,怠速时为1.5 V左右,急踩加速踏板的时候为2.8 V左右。

三、进气压力温度传感器检测

1. 单件检测

将5 V电压加在进气压力传感器5 V电源脚针上,测量进气压力传感器信号线和搭铁线,有1.5 V左右电压;使用手动真空泵从进气压力传感器接进气歧管的端口施加真空,测量进气压力传感器信号电压为2.8 V左右。

进气压力温度传感器检测其温度部分,测量温度信号针脚和搭铁针脚电阻为$1 \sim 2$ kΩ,温度下降,电阻基本线性降低,可用电吹风向传感器送风(注意不可靠得太近),观察传感器电阻的变化。

2. 就车检测

启动发动机至正常工作温度,稳定怠速工况下,测量进气压力传感信号电压为1.5 V左右;缓慢踩加速踏板,信号电压变化不大;急踩加速踏板压力信号突然增加接近于4 V然后再下降至1.5 V左右。

3. 数据流检测

用发动机诊断仪读取故障码,查看故障信息,参照进气温度和进气压力的参数。在车辆未启动时,进气压力接近当地的气压,通常为$95 \sim 103$ kPa,启动后,压力减至$30 \sim 40$ kPa,进气温度为当时环境温度。

四、节气门位置传感器检测

1. 单件检测

检测传感器信号针脚和接地针脚电阻,常温下其电阻值为$1.6 \sim 2.4$ kΩ;转动节气门,测量信号针脚和5 V电源针脚电阻,其电阻值随节气门打开而阻值增大,接地针脚与5 V电源针脚电阻阻值变化相反。缓慢转动节气门过程中,观察阻值是否有较大的跳跃,如果有大的跳跃表明信号有断点,需要更换。

2. 就车检测

打开点火开关但不启动发动机,检测电源针脚对地电压为 5 V 左右;测量信号针脚,当节气门全闭时,信号针脚对地电压值为 0.3 V 左右,节气门全开位置时,电压值为 3 V 左右。

五、注意事项

(1)以上部件检测数值因车型和元件类型而异,具体参考相关车型维修手册。
(2)传感器从整车上拆下进行单件检测时,注意不要带电操作。
(3)所有传感器都需进行其线路检测。

六、技能训练

(1)请查阅维修手册及电路图,认识并说明传感器各针脚定义。

传感器	插头名称	端子编号	线束颜色	端子定义	与 ECU 的连接(有则填)		
					插头编号	端子编号	颜色
空气流量计							
进气压力温度传感器							
节气门位置传感器							

(2)请结合空气流量计检测过程记录检测结果及数据,并对结果进行判定。

端子编号	打开开关后电压/V	关闭开关后电压/V	关闭开关后电阻/Ω
判定结果	□合格/□不合格	□合格/□不合格	□合格/□不合格

（3）请结合进气压力温度传感器检测过程记录检测结果，并对结果进行判定。

端子编号	打开开关后电压/V	关闭开关后电压/V	关闭开关后电阻/Ω
判定结果	□合格/□不合格	□合格/□不合格	□合格/□不合格

（4）请结合节气门位置传感器检测过程记录检测结果，并对结果进行判定。

端子编号	打开开关后电压/V	关闭开关后电压/V	关闭开关后电阻/Ω
判定结果	□合格/□不合格	□合格/□不合格	□合格/□不合格

（5）使用诊断仪，启动车辆，在不同节气门开度情况下检测节气门信号电压，并记录入表。

传感器	端子编号	端子名称	端子电压/V			
			节气门全关	节气门缓慢打开	节气门急开	节气门全开
信号端子针脚						
电压（数据流）						
开度（数据流）						

七、考核要点与评分标准

序号	评分项	得分条件	配分/分	评分要求	得分/分	测评结果
1	安全/6S/态度	□1. 能进行工位 6S 操作 □2. 能进行设备和工具安全检查 □3. 能进行设备安全防护 □4. 能进行工具清洁、校准、存放操作 □5. 能进行"三不落地"操作	10	未完成 1 项扣 3 分,扣分不超过 10 分		□合格 □不合格
2	专业技术能力	□1. 能正确测量空气流量计针脚电压 □2. 能正确测量空气流量计针脚电阻 □3. 能正确测量进气压力温度传感器针脚电压 □4. 能正确测量进气压力温度传感器针脚电阻 □5. 能正确测量节气门位置传感器针脚电压 □6. 能正确测量节气门位置传感器针脚电阻	30	未完成 1 项扣 5 分,扣分不超过 30 分		□合格 □不合格
3	工具及设备使用能力	□1. 能正确使用万用表 □2. 能正确使用诊断仪	10	未完成 1 项扣 5 分,扣分不超过 10 分		□合格 □不合格
4	资料、信息查询能力	□1. 能正确识读空气流量计电路 □2. 能正确识读空气流量计针脚定义 □3. 能正确识读进气压力温度传感器电路 □4. 能正确识读进气压力温度传感器针脚定义 □5. 能正确识读节气门位置传感器电路 □6. 能正确识读节气门位置传感器针脚定义	30	未完成 1 项扣 5 分,扣分不超过 30 分		□合格 □不合格
5	数据判读和分析能力	□1. 能正确判定空气流量计检测结果 □2. 能正确判定进气压力温度传感器检测结果 □3. 能正确判定节气门位置传感器检测结果	15	未完成 1 项扣 5 分,扣分不得超过 15 分		□合格 □不合格
6	表单填写与报告撰写能力	□1. 字迹清晰 □2. 语句通顺 □3. 无错别字 □4. 无涂改 □5. 无抄袭	5	未完成 1 项扣 1 分,扣分不得超过 5 分		□合格 □不合格
7		如出现安全事故本技能不合格				
8		总评				

技能训练 2   检测执行器技术状况

一、设备及工具准备

（1）设备准备：电控发动机台架或整车。

（2）工量具准备：万用表、诊断仪等。

二、喷油器及控制检测

1. 目测检验

将喷油器从车上拆解下来后，在工作台上铺一块干净的白布，将喷油器内残余的汽油倒在白布上，若发现有铁锈或水珠，说明喷油器已锈蚀，应更换。同时观察喷油器头部有无积炭现象。

喷油器检测

2. 喷油器动作测试

发动机怠速时，用手触摸喷油器应有振动感；用起子接触喷油器，应有"嗒嗒"声。若喷油器能动作，则检查喷油器的堵和漏；若喷油器不能动作，则检查喷油器的控制电路。

3. 断缸检测

拔下某一缸喷油器连接插头，观察发动机转速变化。若有变化，则说明该缸喷油器工作；若无明显变化，则说明该缸喷油器可能有故障。

4. 喷油器电阻检测

高电阻型喷油器的电阻值为 $12 \sim 16 \ \Omega$，低电阻型喷油器的电阻值为 $3 \sim 5 \ \Omega$。

5. 喷油器滴漏检测

根据喷油器型号选择接头并连接好，然后检查 O 形密封圈，若损坏则更换。再将喷油器安装在测试架上，将压力调节至被检车辆规定值，观察喷油器是否滴漏，如滴漏量过大，则更换喷油器。

6. 喷油器电路检测

（1）打开点火开关，喷油器电源线电压应为系统电源电压 12 V。

（2）启动车辆，用试灯笔检测喷油器控制线，试灯正极接蓄电池正极，试灯负极接喷油器控制线，正常情况下试灯闪烁。

三、燃油泵及电路检测

1. 燃油压力检测

（1）释放燃油压力：拆下燃油泵继电器或油泵保险，启动发动机运转直至发动机熄火，反复数次；再安装燃油泵继电器，断开蓄电池负极电缆。

（2）安装燃油压力表：用三通将燃油压力表接到滤清器或主油管油路中，如图 2.55 所示。

燃油压力检测

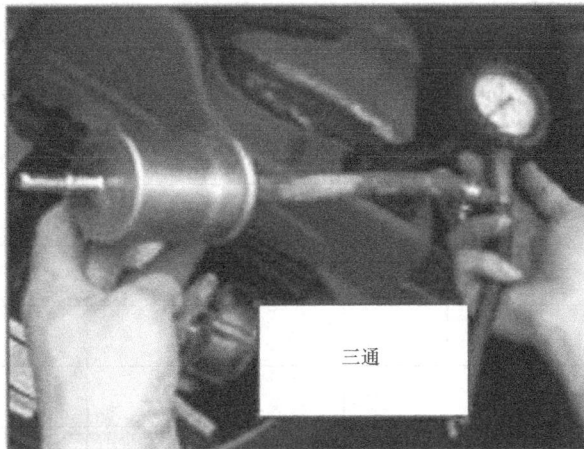

图 2.55　安装燃油压力表

（3）测量油压：针对车辆启动困难接三通测油压，怠速稳定后，燃油压力一般为 350～450 kPa；再熄火观察 20 min，油压衰减大于 100 kPa 为燃油泵不合格。针对车辆加速无力的现象，观察时间 5 min 以上怠速状态下油压是否稳定在额定压力范围内，然后稳定怠速 4 000～5 000 r/min，压力衰减大于 50 kPa 为燃油泵不合格。

（4）装复还原：从燃油管路中拆下燃油压力表，并恢复燃油管路连接，启动车辆，检查燃油管路连接是否可靠，有无燃油渗漏。

2.油泵线路及管路检修

打开点火开关不启动车辆，开关打开的 3～5 s 内，燃油泵电源线电压为 12 V，以为发动机建立初始油压，为启动准备，随后油泵电源线电压为 0 V。

启动发动机，燃油泵持续工作，燃油泵电源线电压为 12 V，以为发动机提供持续运转所需燃油。

四、电子节气门检测

打开点火开关不启动车辆，拔下电子节气门插接头时，节气门电机两根针脚电压分别为 12 V 和 0 V。

启动车辆，采用试灯笔检测节气门电机信号，应为脉冲信号。

五、注意事项

（1）进行燃油压力检测时，在燃油压力表与燃油分配管接头周围包一块清洁布，以吸附连接燃油压力表时泄漏的燃油，避免起火伤人；完成测试后，将清洁布放入指定的容器内；拆卸油管前先清洁油管接头。

（2）所有电子部件不能带电插拔线束插头。

六、技能训练

（1）查阅维修手册及电路图，认识并说明各元件针脚定义。

元件	插头名称	端子编号	线束颜色	端子定义	与ECU的连接(有则填)		
					插头编号	端子编号	颜色
电子节气门体							
喷油器							
燃油泵							

（2）请结合喷油器检测过程记录检测结果及数据,并对结果进行判定。

检测内容	端子名称	端子编号	关闭开关时电压/V	打开开关,不启动时电压/V	启动发动机时电压/V	发动机运转时电压/V
电源线						
控制线						
判定结果	□合格/□不合格					
测试方式	关闭开关时	打开开关,发动机不启动时		发动机启动挡位时		发动机正常运转时
试灯测试						
判定结果	□合格/□不合格					

（3）请结合燃油泵及电路检测过程,记录相关检测结果。

车型：		机型：	
	标准值/kPa	实测值/kPa	判定结果
怠速时燃油压力			□合格/□不合格
4 000~5 000 r/min 燃油压力			□合格/□不合格
熄火后的保持压力			□合格/□不合格
燃油泵端子编号	打开开关后的端子电压/V		关闭开关后的端子电压/V
判定结果	□合格/□不合格		

七、考核要点与评分标准

序号	评分项	得分条件	配分/分	评分要求	得分/分	测评结果
1	安全/6S/态度	□1.能进行工位6S操作 □2.能进行设备和工具安全检查 □3.能进行设备安全防护 □4.能进行工具清洁、校准、存放操作 □5.能进行"三不落地"操作	10	未完成1项扣3分,扣分不超过10分		□合格 □不合格
2	专业技术能力	□1.能正确测量喷油器针脚电压 □2.能正确测量喷油器信号 □3.能正确测量燃油泵针脚电压 □4.能正确测量燃油压	20	未完成1项扣5分,扣分不超过25分		□合格 □不合格
3	工具及设备使用能力	□1.能正确使用万用表 □2.能正确使用诊断仪 □3.能正确使用燃油压力表 □4.能正确使用试灯笔 □5.能正确使用维修工具	25	未完成1项扣5分,扣分不超过25分		□合格 □不合格
4	资料、信息查询能力	□1.能正确识读电子节气门体针脚定义 □2.能正确识读油泵电路 □3.能正确识读燃油泵针脚定义 □4.能正确识读喷油器电路 □5.能正确识读喷油器针脚定义	25	未完成1项扣5分,扣分不超过25分		□合格 □不合格

续表

序号	评分项	得分条件	配分/分	评分要求	得分/分	测评结果
5	数据判读和分析能力	□1.能正确判定燃油泵检测结果 □2.能正确判定喷油器检测结果 □3.能正确判定燃油压力检测结果	15	未完成1项扣5分,扣分不得超过15分		□合格 □不合格
6	表单填写与报告撰写能力	□1.字迹清晰 □2.语句通顺 □3.无错别字 □4.无涂改 □5.无抄袭	5	未完成1项扣1分,扣分不得超过5分		□合格 □不合格
7	如出现安全事故本技能不合格					
8	总评					

技能训练 3　检测点火系统电路

一、设备及工具准备

(1)设备准备:电控发动机台架或整车。
(2)工量具准备:万用表、试灯笔等。

二、点火线圈及电路检测

点火线圈常见故障为初级绕组和次级绕组的断路、短路、搭铁等,以及点火强度不足。

1.点火线圈电阻检测

测量点火线圈初级及次级绕组电阻,初级绕组阻值一般为 $1.5 \sim 5\ \Omega$,次级绕组阻值一般为 $5 \sim 15\ k\Omega$,判断所测电阻是否在规定范围内。

2.点火线圈电路检测

(1)打开点火开关,测量点火线圈电源针脚电压为 12 V,点火线圈信号针脚电压跳变。
(2)启动车辆,使用试灯笔测量点火线圈信号针脚,有闪烁变化。

三、火花塞检测

1.外部检查

(1)检查火花塞外部是否有断裂、破损、油污、螺纹损坏等现象。
(2)检查火花塞密封圈是否损坏。火花塞常见外部异常如图2.56所示。

2.颜色检查

火花塞正常颜色应为微黄、微红或灰褐色。当瓷芯呈白色,则为火花塞过热;瓷芯呈褐黑

| 正常工况 | 电极过度消耗 | 积炭 | 机油油污 | 积灰 | 电晕放电 |

图 2.56　火花塞外部异常表现

色并有硬质块状积炭,则多为烧机油,如图 2.57 所示。

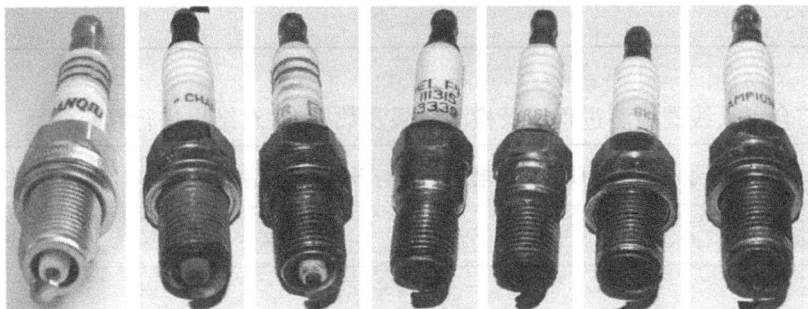

图 2.57　火花塞异常颜色

3.火花塞间隙检测

用塞尺测量火花塞中心电极与侧电极之间的间隙,一般为 0.9 ~ 1.1 mm,如图 2.58 所示。

图 2.58　火花塞间隙检测

四、注意事项

(1)拆卸火花塞前先清洁火花塞孔周围,避免杂质掉入气缸,同时避免火花塞掉落在地上造成火花塞间隙改变。

(2)火花塞与各个气缸一一对应,不要变换位置。

五、技能训练

(1)查阅维修手册及电路图,认识并说明各部件针脚定义。

元件	插头名称	端子编号	线束颜色	端子定义	与 ECU 的连接(有则填)		
					插头编号	端子编号	颜色
点火线圈							

（2）请结合点火线圈检测过程记录检测结果及数据,并对结果进行判定。

端子名称	端子编号	关闭开关时电压	打开开关,不启动时电压	发动机运转时电压
判定结果	□合格/□不合格			
测试内容	电阻/Ω			
初级绕组				
次级绕组				
判定结果	□合格/□不合格			

（3）请结合火花塞检测过程,记录相关检测结果。

外部检查	
颜色检查	
间隙检查	
积炭检查	
型号检查	
判定结果	□合格/□不合格

六、考核要点与评分标准

序号	评分项	得分条件	配分/分	评分要求	得分/分	测评结果
1	安全/6S/态度	□1. 能进行工位 6S 操作 □2. 能进行设备和工具安全检查 □3. 能进行车辆安全防护 □4. 能进行工具清洁、校准、存放操作 □5. 能进行"三不落地"操作	10	未完成 1 项扣 3 分,扣分不超过 10 分		□合格 □不合格
2	专业技术能力	□1. 能正确测量点火线圈电压 □2. 能正确测量点火线圈初级电阻 □3. 能正确测量点火线圈次级电阻 □4. 能正确测量点火线圈电压 □5. 能正确拆装火花塞 □6. 能正确检查火花塞外部情况 □7. 能正确检查火花塞颜色 □8. 能正确检查火花塞间隙 □9. 能正确检查火花塞型号	45	未完成 1 项扣 5 分,扣分不超过 45 分		□合格 □不合格
3	工具及设备使用能力	□1. 能正确使用万用表 □2. 能正确使用塞尺 □3. 能正确使用火花塞拆装工具	15	未完成 1 项扣 5 分,扣分不超过 15 分		□合格 □不合格
4	资料、信息查询能力	□1. 能正确识读点火线圈电路 □2. 能正确识读点火线圈针脚定义 □3. 能正确使用电路图	15	未完成 1 项扣 5 分,扣分不超过 15 分		□合格 □不合格
5	数据判读和分析能力	□1. 能正确判定点火线圈检测结果 □2. 能正确判定火花塞检测结果	10	未完成 1 项扣 5 分,扣分不得超过 10 分		□合格 □不合格
6	表单填写与报告撰写能力	□1. 字迹清晰 □2. 语句通顺 □3. 无错别字 □4. 无涂改 □5. 无抄袭	5	未完成 1 项扣 1 分,扣分不得超过 5 分		□合格 □不合格
7		如出现安全事故本技能不合格				
8		总评				

任务 2.5　润滑及冷却系统检修

2.5.1　冷却系统

冷却系统的功用是对高温条件下工作的零部件进行冷却,保证发动机在适宜温度下工作。为了避免发动机过热,燃烧室周围的零部件(缸套、缸盖、气门等)必须进行适当的冷却。同时也应避免水温过低,使发动机在低温度下工作,并为暖风系统提供热量。为了保证冷却效果,利用水泵提高冷却液的压力,强制冷却液在发动机中循环流动。

冷却系统属强制循环封闭式,一般由散热器、节温器、水泵、缸体水道、缸盖水道、风扇等组成,如图 2.59 所示。

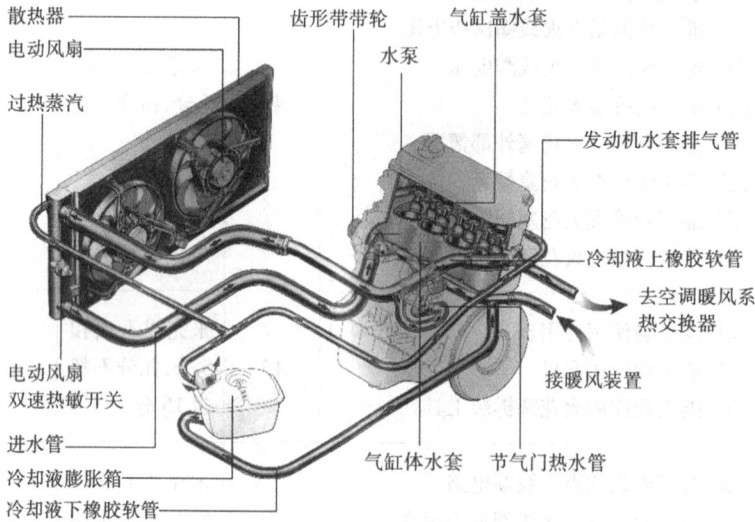

图 2.59　冷却系统组成

1)散热器

热的冷却液由于向空气散热而变冷,冷空气则因吸收冷却液散出的热量而升温,所以散热器是一个热交换器,如图 2.60 所示。由于散热器装在汽车前端,可起到利用迎面风进行冷却的作用,但是散热芯片间容易贮存一些毛絮、灰尘等杂物,不利于散热,需定期清理。

2)散热器盖

散热器盖使冷却系统保持常压,让冷却液的沸点保持在 100 ℃以上。散热器盖中的压力阀在高压下打开将冷却液送入储液罐。另一方面,真空阀在低压下打开,将冷却液吸出储液罐,如图 2.61 所示。如果散热器盖不能正常工作,将导致冷却液过热。

3)冷却风扇

冷却风扇一般安装在散热器后面,由蓄电池提供电力驱动。其作用是提高流经散热器的空气流速和流量,以增强散热器散热能力。风扇一般由温控开关控制运转,根据冷却液温度来控制风扇高速或低速运转。

冷却液温度高于规定温度时风扇不转,应先检查保险丝和继电器是否良好。如果正常,

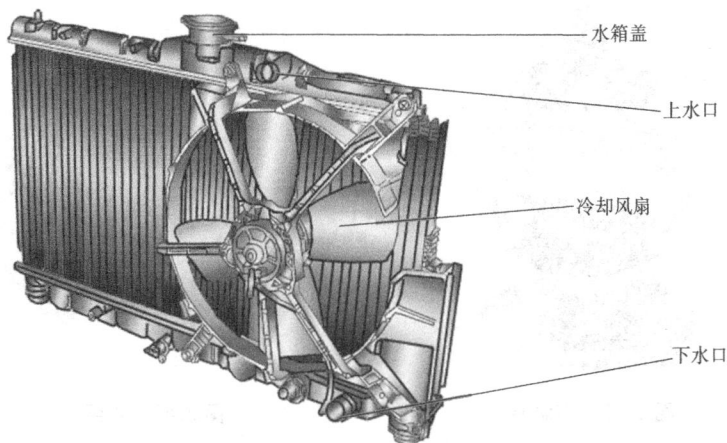

水箱盖

上水口

冷却风扇

下水口

图 2.60　散热器

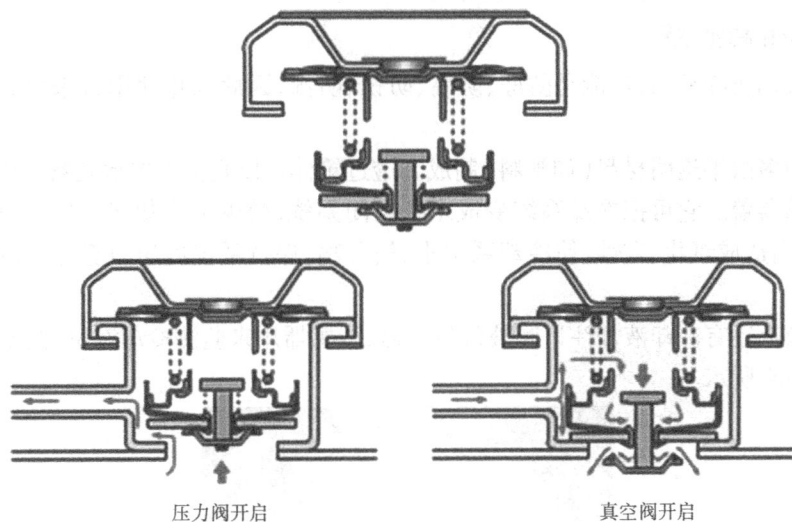

压力阀开启　　　　　　　　　　　　真空阀开启

图 2.61　散热器盖

再拔下温控开关插头,将两插片直接接通。此时若风扇仍不转,表明电动冷却风扇损坏,应予更换;若两插片接通后风扇转动,表明温控开关损坏,应更换温控开关。

4)节温器

节温器是根据冷却水温度高低自动调节进入散热器的水量,改变水循环范围,以调节冷却系统的散热能力,保证发动机在合适的温度范围内工作,如图 2.62 所示。

5)水泵和驱动皮带

水泵的作用是强制冷却水在冷却系统中进行循环,汽车发动机广泛采用离心式水泵。转动水泵皮带轮时,应没有任何不平顺感觉,并且没有任何异响,安装后不漏水,如图 2.63所示。

图 2.62　节温器

图 2.63　水泵

水泵的驱动皮带主要有 V 形带和正时齿形带,无论哪一种都要调整好皮带张紧度。否则会出现打滑、跳齿或水泵过早损坏的现象。

6)冷却液和膨胀水箱

冷却液又称防冻液,其功能是防冻、防腐、防锈、防沸,因此禁止使用自来水、河水等作为冷却液使用。

膨胀水箱多由半透明材料(如塑料)制成。透过箱体可以直接方便地观察到液面的高度,无须打开散热器盖。它可把冷却系统变成永久封闭系统,减少了冷却液的损失,避免空气进入,在该系统内造成氧化、穴蚀,使冷却系中水、气分离,保持系统内压力稳定,提高水泵的泵水量。

膨胀水箱上还有冷却液加注口和液位传感器,传感器用来监测冷却液位,低于"min"时则报警,如图 2.64 所示。

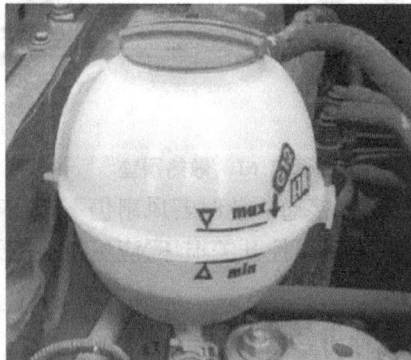

图 2.64　膨胀水箱

2.5.2　润滑系统

润滑系统的功用是润滑发动机各零部件摩擦表面,以减少零部件摩擦表面的摩擦与磨损,并带走摩擦表面上的杂质,冷却摩擦表面,提高气缸密封性。此外还可防止零件被腐蚀。

1)机油滤清器

机油滤清器用于滤除机油中的金属磨屑、机械杂质和机油氧化物。如果这些杂质随机油进入润滑系统,将加剧发动机零件磨损,还可能堵塞油管或油道。一般轿车的过滤方式为全流式滤清,即滤清器与主油道串联,如图2.65所示。

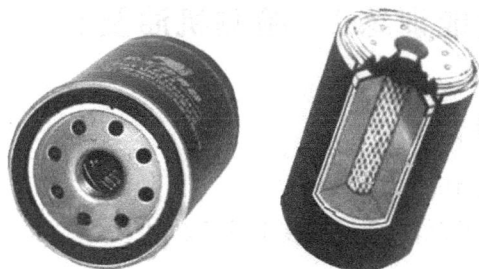

图 2.65 机油滤清器

2)机油泵

机油泵用于提高机油压力,保证机油在润滑系统内循环流动,并在发动机任何转速下都能以足够高的压力向润滑部位输送足够数量的润滑油。机油泵按结构形式分为齿轮式和转子式,如图2.66所示。

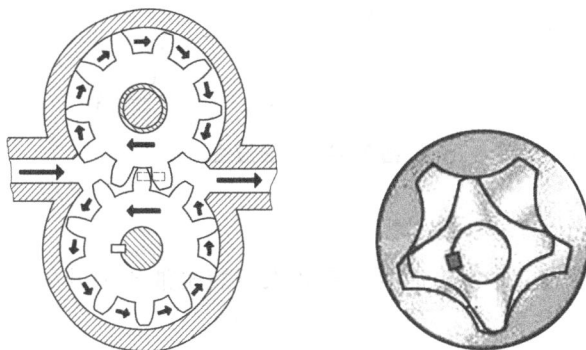

齿轮式机油泵　　　　　　　　转子式机油泵

图 2.66 机油泵

3)集滤器

集滤器装在油底壳中,一般采用金属滤网式。其作用是过滤掉机油中颗粒较大的杂质,如果集滤器脏污应彻底清洁,如图2.67所示。

图 2.67 集滤器

技能训练 1　检测机油及其压力

一、设备及工具准备

（1）设备准备：电控发动机台架或整车。

（2）工量具准备：机油压力表、常用拆装工具等。

二、检查机油

在发动机热车并停机后，汽车处于水平位置，取出机油尺并用布擦拭干净后复位，再次取出机油尺检查液位，如图 2.68 所示。

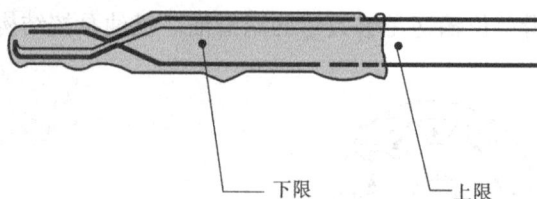

图 2.68　机油液位

燃油压力检测

三、机油压力检测

（1）取下机油压力开关，并将机油压力表装入安装机油压力开关的螺纹孔内，如图2.69所示。

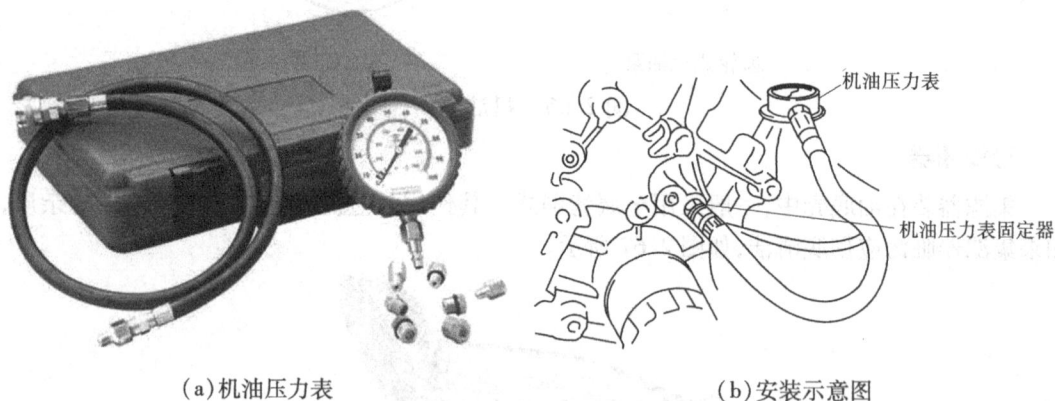

（a）机油压力表　　　　　　　　　　　（b）安装示意图

图 2.69　机油压力表及其安装

（2）启动发动机并预热到正常工作温度。

（3）预热后，将发动机的转速提高到 3 000 r/min 并测量油压，各车型具体燃油压力可查询维修手册。

（4）检查油压后，关闭发动机并取下油压表。

（5）去除机油压力开关螺纹间密封胶，重新在距离螺纹顶端 1~2 牙处，均匀涂敷长度为 4~5 mm 的密封胶，重新将机油压力开关扭入安装孔，并按规定的扭矩拧紧。

（6）启动发动机并检查机油压力开关处是否漏油。

（7）关闭发动机,插好机油压力开关线束插头,并用护罩将油压开关罩好。

四、注意事项

（1）在检测机油压力前需检查机油油位、质量以及是否有漏油,如果机油不符合要求需补充或更换。

（2）密封圈胶带的边缘应齐平,不得有凸起的地方。

（3）检测机油压力时,水温应达到正常值。

五、技能训练

完成机油及其压力检查并填写下表。

车型		发动机型号		机油型号	
机油压力开关报警压力			机油压力开关力矩		
机油液位			□达标　□不达标		
		标准压力 /kPa	实测压力 /kPa	结果判定	
怠速机油压力				□合格/□不合格	
3 000 r/min 时机油压力				□合格/□不合格	

六、考核要点与评分标准

序号	评分项	得分条件	配分/分	评分要求	得分/分	测评结果
1	安全/6S/态度	□1. 能进行工位 6S 操作 □2. 能进行设备和工具安全检查 □3. 能进行车辆/设备安全防护 □4. 能进行工具清洁、校准、存放操作 □5. 能进行"三不落地"操作	10	未完成 1 项扣 3 分,扣分不超过 10 分		□合格 □不合格
2	专业技术能力	□1. 能正确检查机油液位 □2. 能正确检查机油质量 □3. 能正确检查并判断机油有无泄漏 □4. 能正确拆卸机油压力开关 □5. 能正确安装机油压力表 □6. 能正确检测不同转速机油压力 □7. 能正确安装机油压力开关 □8. 能正确使用密封胶	40	未完成 1 项扣 5 分,扣分不超过 40 分		□合格 □不合格

续表

序号	评分项	得分条件	配分/分	评分要求	得分/分	测评结果
3	工具及设备使用能力	□1. 能正确使用机油压力表 □2. 能正确拆装工具	10	未完成1项扣5分,扣分不超过10分		□合格 □不合格
4	资料、信息查询能力	□1. 能正确查阅发动机型号 □2. 能正确查阅机油型号 □3. 能正确查询机油压力开关工作压力 □4. 能正确查询机油压力开关拧紧力矩 □5. 能正确查询机油压力标准值	25	未完成1项扣5分,扣分不超过25分		□合格 □不合格
5	数据判读和分析能力	□1. 能正确判定机油液位检测结果 □2. 能正确判定机油压力检测结果	10	未完成1项扣5分,扣分不得超过10分		□合格 □不合格
6	表单填写与报告撰写能力	□1. 字迹清晰 □2. 语句通顺 □3. 无错别字 □4. 无涂改 □5. 无抄袭	5	未完成1项扣1分,扣分不得超过5分		□合格 □不合格
7		如出现安全事故本技能不合格				
8		总评				

技能训练2 检测冷却系统

一、设备及工具准备

(1)设备准备:电控发动机台架或整车。
(2)工量具准备:水箱测漏仪、万用表、试灯、常用拆装工具等。

二、检查冷却系统密封性

(1)检查发动机冷却液液位是否正常。
(2)拆下散热器盖并清洗散热器盖安装部位。
(3)将冷却系统密封测试仪安装到散热器加注口。
(4)用测试工具的手动泵使压力达到指定值,保持2 min,观察压力变化;如果压力下降,即表明冷却系统可能有渗漏故障,维修或更换相应的零件,如图2.70所示。
(5)取下测试仪,装回散热器盖。

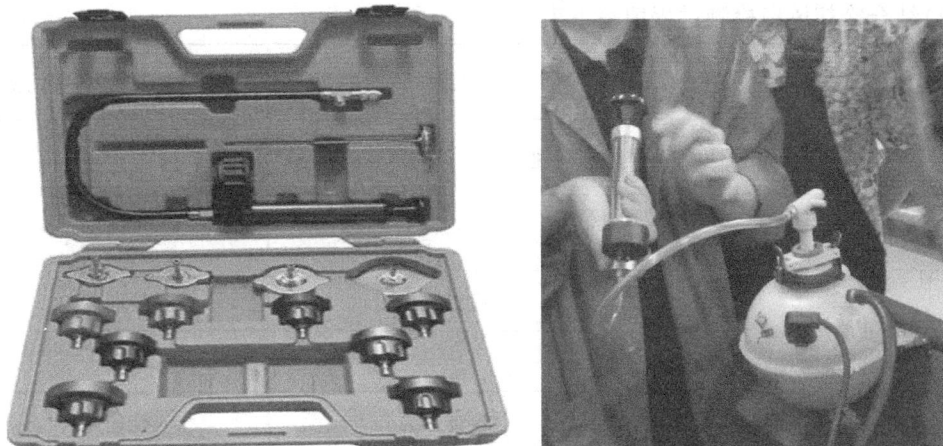

图 2.70　冷却系统密封测试仪及密封检测

三、检测冷却风扇

(1)在发动机预热并达到正常工作温度之后观察冷却风扇是否能正常开启,如风扇不工作,短接风扇继电器观察风扇是否转动,如风扇不转动,则拆检风扇总成;若风扇正常工作,则检查风扇电路。

(2)检查散热器风扇保险是否烧蚀,若保险烧蚀,先检查保险盒接地是否良好,并检查发动机线束及底盘线束接地是否良好。

(3)检测风扇电机工作电压及接地情况,若存在工作电压低或接地不良的情况,则给予相应处理。

(4)检查风扇电机继电器是否有故障,若有则更换,若正常则进行下一步。

(5)检查水温传感器及发动机控制模块相应线路。

四、注意事项

(1)发动机过热时禁止操作冷却系统任何零部件,可能会导致烫伤。

(2)若出现保险熔断的情况,在更换新的保险前需检查相关线束接地是否良好。

五、技能训练

(1)完成冷却系统密封性检查并填写下表。

车型		发动机型号	
冷却液位是否正常		□是	□否
冷却系统是否渗漏		□是	□否
外观是否有破损		□是	□否

（2）结合冷却风扇检测过程填写下表。

风扇		风扇		水温传感器拧紧力矩
转速	开启温度	转速	开启温度	
保险是否正常	是	检查方法		处理方法
	否			
继电器是否正常	是	检查方法		处理方法
	否			
风扇电机是否正常	是	检查方法		处理方法
	否			
水温传感器是否正常	是	检查方法		处理方法
	否			

六、考核要点与评分标准

序号	评分项	得分条件	配分/分	评分要求	得分/分	测评结果
1	安全/6S/态度	□1. 能进行工位6S操作 □2. 能进行设备和工具安全检查 □3. 能进行车辆/设备安全防护 □4. 能进行工具清洁、校准、存放操作 □5. 能进行"三不落地"操作	10	未完成1项扣3分,扣分不超过10分		□合格 □不合格
2	专业技术能力	□1. 能正确检查冷却液液位 □2. 能正确检查冷却系统有无泄漏 □3. 能正确检查保险 □4. 能正确检查继电器 □5. 能正确检测风扇电机 □6. 能正确检测水温传感器	30	未完成1项扣5分,扣分不超过30分		□合格 □不合格
3	工具及设备使用能力	□1. 能正确使用万用表 □2. 能正确使用冷却系统密封测试仪	10	未完成1项扣5分,扣分不超过10分		□合格 □不合格

续表

序号	评分项	得分条件	配分/分	评分要求	得分/分	测评结果
4	资料、信息查询能力	□1.能正确查阅发动机型号 □2.能正确查阅低速风扇工作温度 □3.能正确查阅高速风扇工作温度 □4.能正确查阅水温传感器拧紧力矩	20	未完成1项扣5分,扣分不超过20分		□合格 □不合格
5	数据判读和分析能力	□1.能正确判定冷却液液位检测结果 □2.能正确判定冷却液渗漏检测结果 □3.能正确判定保险检测结果 □4.能正确判定继电器检测结果 □5.能正确判定风扇电机检测结果 □6.能正确判定水温传感器检测结果	25	未完成1项扣5分,扣分不得超过25分		□合格 □不合格
6	表单填写与报告撰写能力	□1.字迹清晰 □2.语句通顺 □3.无错别字 □4.无涂改 □5.无抄袭	5	未完成1项扣1分,扣分不得超过5分		□合格 □不合格
7		如出现安全事故本技能不合格				
8		总评				

任务 2.6　进排气系统检修

2.6.1　进气系统

1)空气滤清器

空气滤清器(图 2.71)滤去空气中的尘埃和杂质,将清洁的空气送入燃烧室,以减少活塞与气缸套之间、活塞组之间和气门组之间的磨损,此外还能抑制发动机的进气噪声。在一些汽油机上,为了降低有害气体排放,还在空气滤清器上加装了一些附加装置。

2)节气门

节气门(图 2.72)按驱动方式分为机械式节气门和电子节气门,其功能是控制发动机进气量。

2.6.2　排气系统

排气系统由排气歧管、消声器、三元催化转换器等组成。

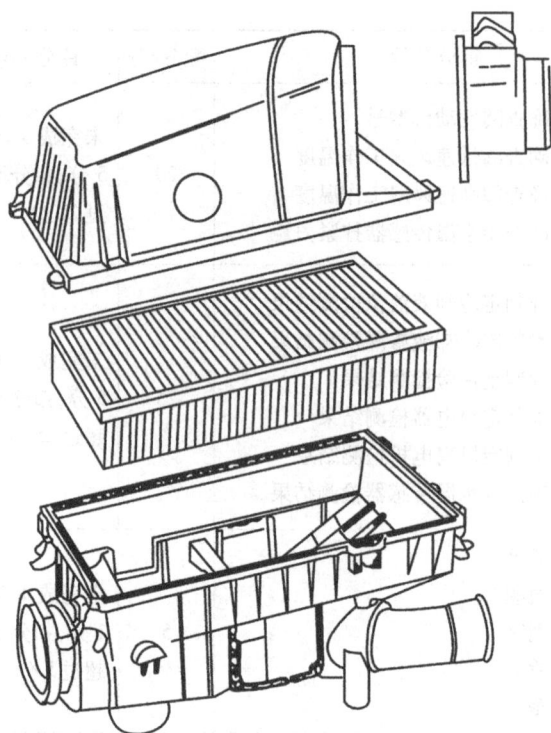

图 2.71 空气滤清器

图 2.72 节气门

1)排气歧管和接口垫

排气歧管(图 2.73)一般由铸铁或球墨铸铁制造,目前越来越多的汽车采用不锈钢排气歧管。其具有质量轻,耐久性好,内壁光滑,排气阻力小等特点。为了不使各缸排气相互干扰和出现排气倒流现象,并且尽可能地利用惯性排气,应将排气歧管做得尽可能长,而且各缸支管应相互独立、长度相等。排气歧管垫和接口垫主要具有防止排气漏气和消音的作用。

2)消声器

消声器(图 2.74)通过逐渐降低排气压力和衰减排气压力的脉动,使排气能量耗散殆尽,降低噪声。

图 2.73　排气歧管

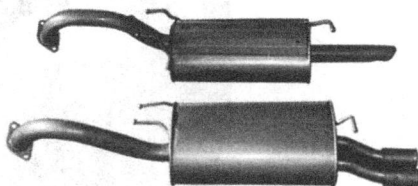

图 2.74　消声器

3)三元催化转换器

三元催化转换器(图 2.75)可同时减少 HC、CO 和 NO_x 的排放,以排气中的 CO 和 HC 作为还原剂,把 NO_x 还原为 N_2 和 O_2,而 CO 和 HC 在还原反应中被氧化为 CO_2 和 H_2O。

氧化催化转换器只将排气中的 CO 和 HC 氧化为 CO_2 和 H_2O,因此必须向氧化催化转换器供给二次空气作为氧化剂,才能使其有效地工作。当同时采用两种转换器时,通常把两者放在同一个转换器外壳内,而且三元催化转换器置于氧化催化转换器之前。排气经过三元催化转换器之后,部分未被氧化的 CO 和 HC 继续在氧化催化转换器中与供入的二次空气进行氧化反应。

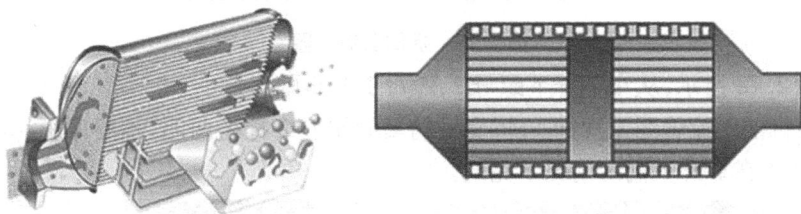

图 2.75　三元催化转换器

技能训练 1　拆装检测增压器

一、设备及工具准备

(1)设备准备:带增压电控发动机台架或整车。

(2)工量具准备:常用拆装工具等。

二、增压器拆卸

(1)举升车辆,拆下发动机护板,排出冷却液。

(2)松开图 2.76 中箭头所指示的空气导流管软管卡箍,拔下空气导流管并转到旁边。

(3)拧出前消声器固定螺栓,松开图 2.77 中箭头所指的螺栓,并将夹套向后推,将前消声器略微降低并错开,然后用扎带和排气管固定在一起。

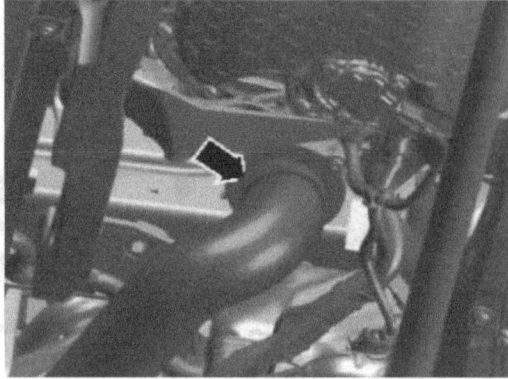

图 2.76　拆卸空气导流管

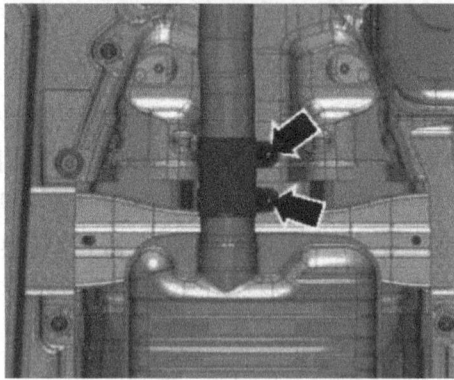

图 2.77　拆卸前消声器

（4）如图 2.78 所示，从车下拧下螺母 2，螺母 1 此步骤不拧下。

（5）拧出机油回流管固定螺栓 1，将支架的紧固螺栓 2 拧松两圈，不要取下，如图 2.79 所示。以上步骤均在举升车辆的情况下完成。

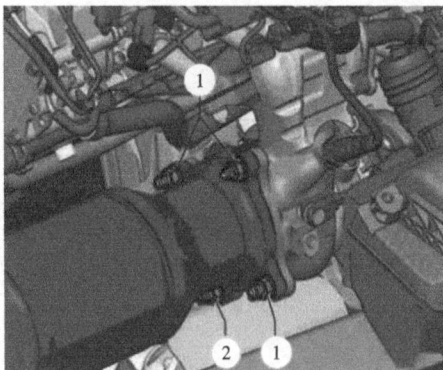

图 2.78　拆卸连接螺母

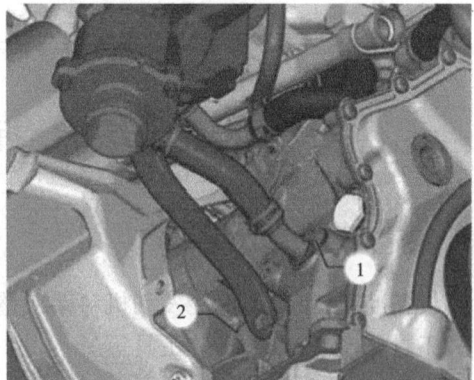

图 2.79　拆机油回流管螺栓

（6）降下车辆，拆下发动机盖板，断开蓄电池负极连接导线，拆卸空气滤清器壳体，从支架上取出并脱开氧传感器的插接器。

（7）将曲轴箱排气管的紧固螺栓从废气涡轮增压器上拧出。断开增压压力调节器、涡轮增压器循环空气阀的插接器。

（8）在发动机舱内旋出图2.78中的螺母1，并向后推三元催化转换器。

（9）拆卸前氧传感器处的排气管隔热板紧固螺栓，并将隔热板取下。

（10）如图2.80所示，拧出冷却液回流管紧固螺栓1并取下；旋出进油管紧固螺栓2并取下。最后拧出并取下箭头所指示的螺母。

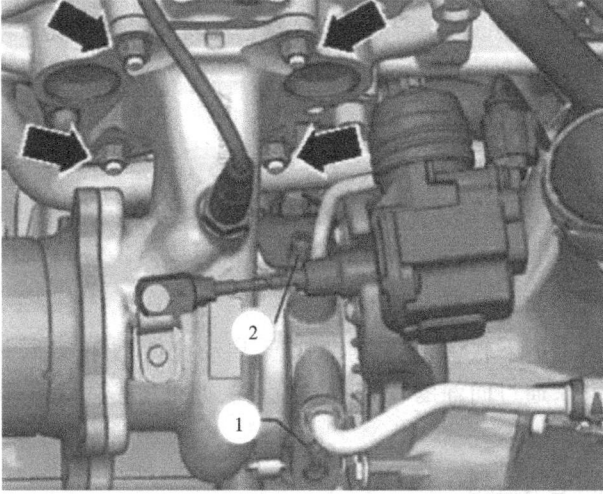

图2.80 拆回流管及进油管

（11）将图2.81中的冷却液进液管路的紧固螺栓1松开，并拔下冷却液进液管路2，沿图中箭头方向将涡轮增压器拔离双头紧固螺栓，并向上取出涡轮增压器。

图2.81 拆冷却液进液管路

三、涡轮增压器检查

1.日常检查

（1）检查空气滤清器与增压器、增压器与发动机进排气管之间的连接管路密封性和紧固情况，不能出现连接松动、管路破裂、空气滤清器滤芯安装不到位等现象。

（2）检查涡轮增压器进回油管有无损坏或堵塞现象，接头处连接螺栓有无松动。回油管不能出现弯曲过大，老化、油泥堵塞等现象。

2.增压控制检测

读取数据流，全负荷进行路试，发动机转速为 4 000 r/min 时增压控制电磁阀占空比规定值为 5% ~95%；发动机实际负荷与经校正的发动机规定负荷公差为 ±0.3 ms。

3.增压控制电磁阀诊断仪检测

从增压控制电磁阀上拆下软管，接上辅助软管，启动执行元件诊断，并触发增压控制电磁阀，电磁阀将发出咔嚓响，通过向辅助软管吹气检查。如果电磁阀无咔嚓声应对增压控制电磁阀进行电气检查。

4.增压控制电磁阀电气检测

第一，检查增压控制电磁阀电阻和供电情况。第二，检查增压控制电磁阀触发情况，拔下电磁阀插接头，将二极管试灯串接在端子 1 和 2 之间，启动执行元件诊断功能，触发增压控制电磁阀，二极管试灯闪烁。

四、注意事项

（1）必须在发动机冷下来后才能进行拆装检查，检查中不能开动发动机，以免造成人员伤害。

（2）拆卸增压器总成时，注意保护执行器拉杆的正确状态，增压器润滑油孔及冷却油孔须清洁，不得进入杂质。

（3）切勿将装在外面的推杆等零件当作拎把搬动增压器总成，以免影响旁通阀执行机构的灵敏度和可靠性。切勿将增压器回油管当作支持点，防止回油管变形产生裂纹引起漏油。

（4）安装排气歧管带增压器总成时，必须注意增压器进油管、回油管是否正确安装，防止漏油。

五、技能训练

（1）完成增压器的拆装。

（2）完成增压器的检测并填写下表。

检查内容	结果判定
空气滤清器与增压器连接管路	□合格/□不合格
增压器与发动机进气管连接管路	□合格/□不合格
增压器与发动机排气管连接管路	□合格/□不合格

续表

检查内容	结果判定
空气滤清器滤芯	□合格/□不合格
涡轮增压器进油管	□合格/□不合格
涡轮增压器回油管	□合格/□不合格
涡轮增压器连接接头	□合格/□不合格

检测内容	结果	结果判定
增压控制电磁阀占空比		□合格/□不合格
增压控制电磁阀动作		□合格/□不合格
增压控制电磁阀电阻		□合格/□不合格
增压控制电磁阀供电电源		□合格/□不合格
增压控制电磁阀触发信号		□合格/□不合格

六、考核要点与评分标准

序号	评分项	得分条件	配分/分	评分要求	得分/分	测评结果
1	安全/6S/态度	□1.能进行工位6S操作 □2.能进行设备和工具安全检查 □3.能进行车辆/设备安全防护 □4.能进行工具清洁、校准、存放操作 □5.能进行"三不落地"操作	10	未完成1项扣3分,扣分不超过10分		□合格 □不合格
2	专业技术能力	□1.能正确排除冷却液 □2.能正确拆装空气导流管 □3.能正确拆装前消声器 □4.能正确拆装机油压力开关 □5.能正确拆装机油回流管 □6.能正确拆装氧传感器插接器 □7.能正确拆装三元催化转换器 □8.能正确拆装隔热板 □9.能正确拆装冷却液回流管路 □10.能正确拆装冷却液进油管路 □11.能正确进行涡轮增压器的日常检查 □12.能正确检测增压控制电磁阀占空比 □13.能正确检测增压控制电磁阀动作	50	未完成1项扣5分,扣分不超过50分		□合格 □不合格

续表

序号	评分项	得分条件	配分/分	评分要求	得分/分	测评结果
2	专业技术能力	□14. 能正确检测增压控制电磁阀电阻 □15. 能正确检测增压控制电磁阀供电电源 □16. 能正确检测增压控制电磁阀触发信号				
3	工具及设备使用能力	□1. 能正确使用万用表 □2. 能正确使用诊断仪 □3. 能正确使用试灯笔	10	未完成1项扣5分,扣分不超过10分		□合格 □不合格
4	资料、信息查询能力	□能正确查阅涡轮增压器的拆装方法	5	未完成1项扣5分,扣分不超过5分		□合格 □不合格
5	数据判读和分析能力	□1. 能正确判定增压器的日常检查项目的结果 □2. 能正确判定增压控制电磁阀占空比检测结果 □3. 能正确判定增压控制电磁阀动作检测结果 □4. 能正确判定增压控制电磁阀电阻检测结果 □5. 能正确判定增压控制电磁阀供电电源检测结果 □6. 能正确判定增压控制电磁阀触发信号检测结果	20	未完成1项扣5分,扣分不得超过20分		□合格 □不合格
6	表单填写与报告撰写能力	□1. 字迹清晰 □2. 语句通顺 □3. 无错别字 □4. 无涂改 □5. 无抄袭	5	未完成1项扣1分,扣分不得超过5分		□合格 □不合格
7		如出现安全事故本技能不合格				
8		总评				

技能训练2　检测排气背压

一、设备及工具准备

(1)设备准备:电控发动机台架或整车。

(2)工量具准备:气压表、尾气分析仪、真空表等。

二、排气背压检测方法

在检测排气背压之前,应当首先确认点火正时和配气相位正确、气门间隙正确、进气系统无泄漏和堵塞现象。

1.利用气压表检测

(1)拆下氧传感器。

(2)在氧传感器安装孔处接气压表,该表度量范围为0~30 kPa。

(3)启动发动机,并使发动机温度达到85 ℃以上。

(4)将发动机加速到2 500 r/min。

(5)读取气压表读数,即为排气管背压。其值应在13.8 kPa以下才正常,否则说明排气系统存在堵塞。

2.利用废气分析仪检测

(1)将废气分析仪探头插入排气管口,读取废气中的HC值。

(2)将发动机加速到2 500 r/min,再读取HC值,若HC值升高,则表示排气阻力过大。

3.检测进气歧管真空度

在正常情况下,发动机怠速运转时,若拔下进气管的一根真空管,应该感觉吸力很大,若吸力很小,则排气系统可能有堵塞。这是因为,若排气管时通时堵,则排气时的反压力增大,会使进气管真空度降低。为了准确测量,可以用真空表软管连接到进气歧管检测口,启动发动机,待转速稳定后,观察真空表的读数。怠速时真空度一般为57~71 kPa。然后缓慢加速,若转速达到2 000~2 500 r/min时真空度数值很低甚至下降为零,说明排气系统有堵塞现象。可以拆下排气管再试,若真空度恢复正常,即可确定排气管堵塞。

三、注意事项

(1)利用气压表检测排气压力时主要排气高温,避免烫伤。

(2)废气分析仪探头插入排气口深度合适。

四、技能训练

完成排气背压检测并填写下表。

排气背压检测前的检查		
检查项目	检测结果	
点火正时	□合格/□不合格	
配气相位	□合格/□不合格	
气门间隙	□合格/□不合格	
进气系统有无泄漏	□合格/□不合格	
进气系统有无堵塞	□合格/□不合格	
排气背压检测		
工况(气压表检测)	检测数据/kPa	结果判定
启动		□合格/□不合格
怠速		□合格/□不合格
中速		□合格/□不合格
高速		□合格/□不合格
加速		□合格/□不合格
工况(废气分析仪检测)	检测数据/kPa	结果判定
启动		□合格/□不合格
怠速		□合格/□不合格
中速		□合格/□不合格
高速		□合格/□不合格
加速		□合格/□不合格
工况(进气真空度检测)	检测数据/kPa	结果判定
启动		□合格/□不合格
怠速		□合格/□不合格
中速		□合格/□不合格
高速		□合格/□不合格
加速		□合格/□不合格

五、考核要点与评分标准

序号	评分项	得分条件	配分/分	评分要求	得分/分	测评结果
1	安全/6S/态度	□1. 能进行工位 6S 操作 □2. 能进行设备和工具安全检查 □3. 能进行车辆/设备安全防护 □4. 能进行工具清洁、校准、存放操作 □5. 能进行"三不落地"操作	10	未完成 1 项扣3 分,扣分不超过 10 分		□合格 □不合格
2	专业技术能力	□1. 能进行排气背压检测前的检查 □2. 能正确拆装氧传感器 □3. 能正确读取气压表度数 □4. 能正确安装废气分析仪探头 □5. 能正确测量排气 HC 值 □6. 能正确安装真空表 □7. 能正确读取真空表读数	35	未完成 1 项扣5 分,扣分不超过 35 分		□合格 □不合格
3	工具及设备使用能力	□1. 能正确使用气压表 □2. 能正确使用废气分析仪 □3. 能正确使用真空表	15	未完成 1 项扣5 分,扣分不超过 15 分		□合格 □不合格
4	资料、信息查询能力	□能正确查阅发动机背压参考值	5	未完成 1 项扣5 分,扣分不超过 5 分		□合格 □不合格
5	数据判读和分析能力	□1. 能正确点火正时检查结果 □2. 能正确判定配气相位检查结果 □3. 能正确判定气门间隙检查结果 □4. 能正确判定进排气系统泄漏情况 □5. 能正确判定进排气系统堵塞情况 □6. 能正确判定气压表检测各工况的检测结果 □7. 能正确判定废气分析仪检测各工况的检测结果 □8. 能正确判定真空表检测各工况的检测结果	30	未完成 1 项扣5 分,扣分不得超过 30 分		□合格 □不合格
6	表单填写与报告撰写能力	□1. 字迹清晰 □2. 语句通顺 □3. 无错别字 □4. 无涂改 □5. 无抄袭	5	未完成 1 项扣1 分,扣分不得超过 5 分		□合格 □不合格
7		如出现安全事故本技能不合格				
8		总评				

职业功能 3

汽车底盘检修

本部分为汽车维修工(中级)国家职业技能标准中的职业功能三,主要涉及传动系统检修、行驶系统拆装、转向系统检修、制动系统检修,共包括 4 个工作内容,15 个技能点。

工作内容

任务 3.1　传动系统检修

传动系统的作用是将发动机经飞轮输出的扭矩传给驱动车轮,并改变扭矩的大小,以适应行驶条件的需要并保证汽车的正常行驶。传动系统中离合器作为最主要的部分,它承担着防止传动系统过载与限制传动系统可能承受的最大扭矩。

3.1.1　功用

离合器是发动机与汽车传动系统之间切断和传递动力的部件。离合器的作用是:在汽车行驶过程中,驾驶员可根据需要踩下或松开离合器踏板,使发动机与变速器暂时分离或逐渐接合,以切断或传递发动机向变速器输入的动力,保证变速器换挡平顺,汽车平稳起步,防止汽车传动系统过载,确保汽车能在不同使用条件下正常行驶,并具有良好的动力性和燃料经济性。

3.1.2　基本组成

离合器位于发动机和变速器之间的飞轮壳内,用螺钉将离合器总成固定在飞轮的后平面上,离合器的输出轴就是变速器的输入轴。

乘用车、轻型客车和轻中型货车离合器多采用膜片弹簧式离合器,其基本结构如图 3.1

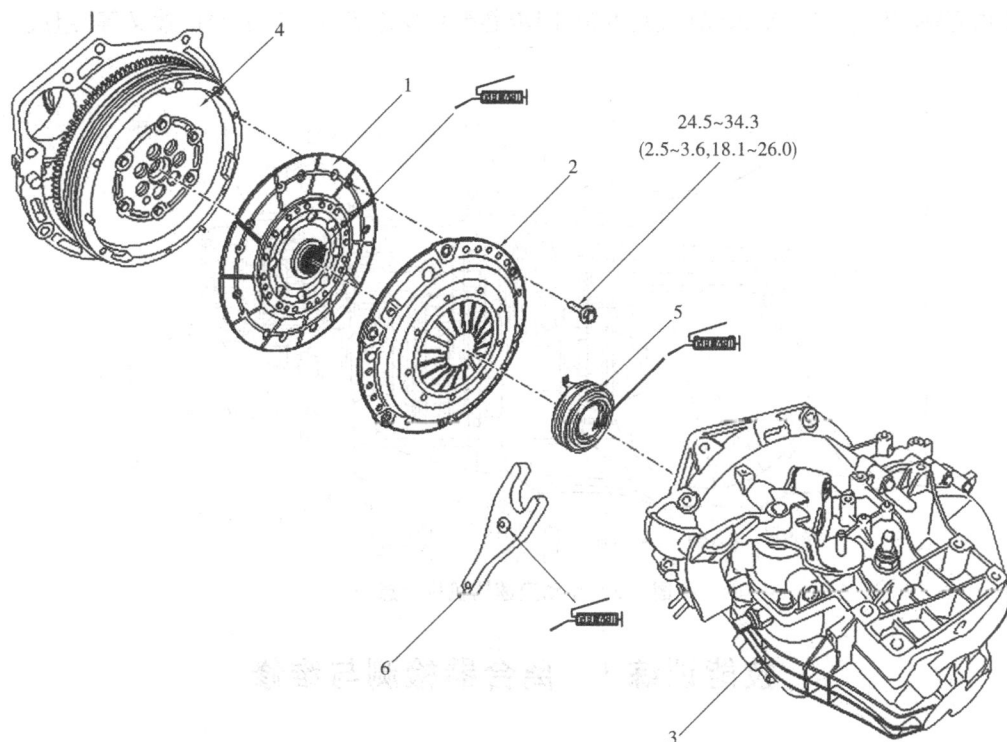

24.5~34.3
(2.5~3.6,18.1~26.0)

图 3.1　离合器结构

1—离合器片;2—离合器盖;3—手动变速器;4—发动机飞轮;5—离合器分离轴承;6—离合器分离拨叉

所示。离合器主要由主动部分(飞轮、离合器盖等)、从动部分(摩擦片)、压紧机构(膜片弹簧或螺旋弹簧)和操纵机构四部分组成。离合器盖通过螺丝固定在飞轮的后端面上,离合器内的摩擦片在弹簧的作用力下被压盘压紧在飞轮面上,而摩擦片与变速器的输入轴相连,通过飞轮及压盘与从动盘接触面的摩擦作用,将发动机发出的扭矩传递给变速器。

1)离合器

如图3.2所示为汽车离合器总成结构。

图3.2 汽车离合器总成结构

2)变速器

手动变速器,就是必须通过用手拨动变速器杆,才能改变传动比的变速器。手动变速器主要由壳体、传动组件(输入输出轴、齿轮、同步器等)、操纵组件(换挡拉杆、拨叉等)组成。

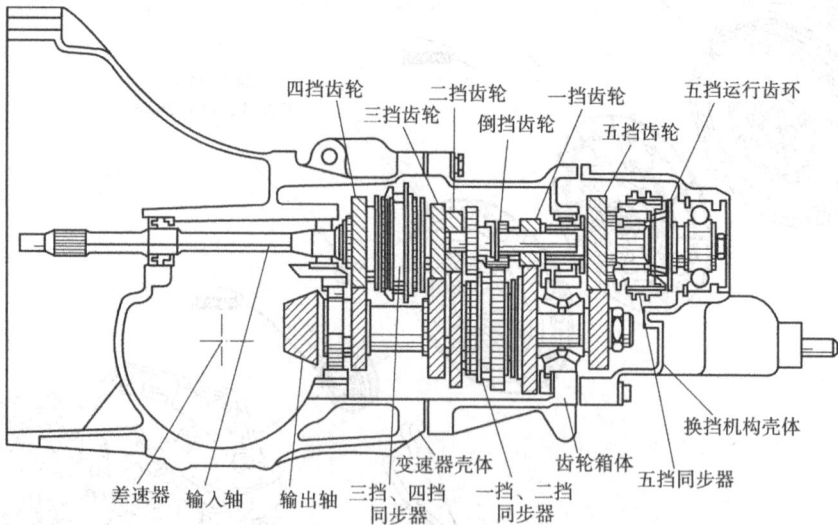

图3.3 手动变速器机构示意图

技能训练1 离合器检测与维修

一、设备及工具准备

(1)设备准备:车辆或汽车底盘台架、离合器总成。

（2）工量具准备：直尺、游标卡尺、百分表、磁性表座、刀口尺、塞尺等。

二、操作方法

1.测量条件

由于离合器是驾驶员、发动机、变速器之间的信息传递者,离合器的检测,必须在下列条件下进行：

（1）用专用芯棒对离合器进行拆装。

（2）测量工作台面平整。

2.主要检测步骤

（1）对离合器总成进行拆装。

①拆卸发动机盖。

②拆卸空气滤清器总成及空气总管。

③拆卸蓄电池端子,并拆卸蓄电池及托盘。

④分离车速传感器 A 和倒车灯开关连接器 B。

⑤拆卸变速器离合器导管支架 B 和搭铁导线 A。

⑥拧下导线固定螺栓 A,如图 3.4 所示。

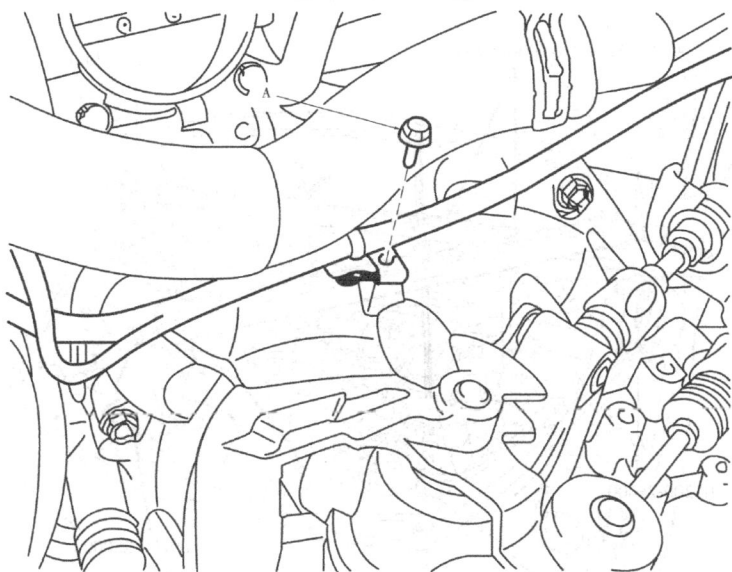

图 3.4　固定螺栓 A

⑦拆下卡销 B 和垫圈 C,拧下拉线支架固定螺栓 D,拆卸控制拉线总成 A,如图 3.5 所示。

⑧使用发动机吊架(横梁编号:09200-38001/09200-3N00,支架编号 09200-2S000)安全固定发动机和变速器总成,如图 3.6 所示。

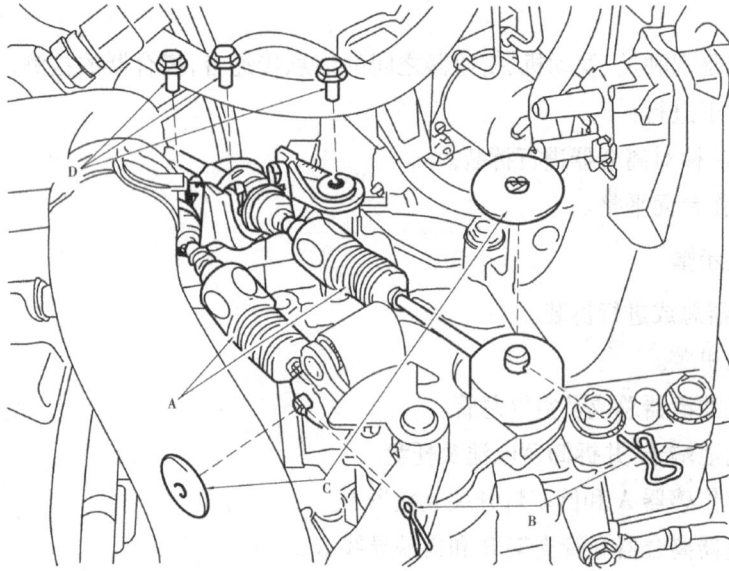

图 3.5　拉线总成 A

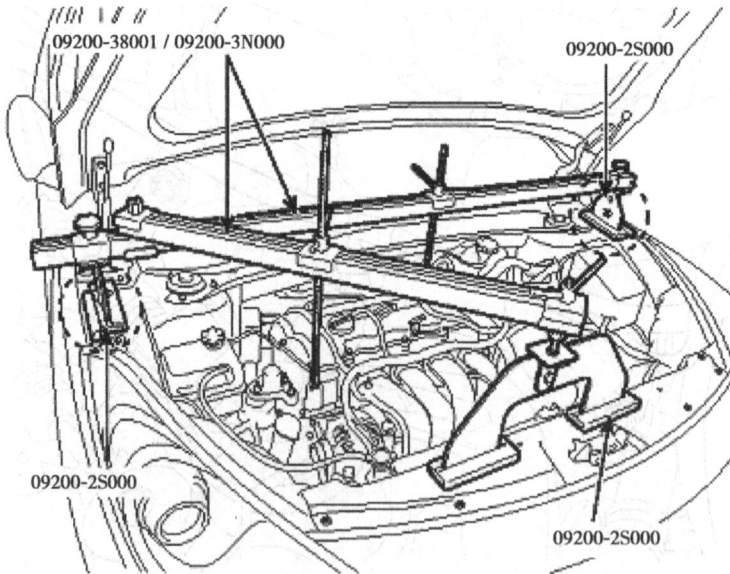

09200-38001 / 09200-3N000

09200-2S000

09200-2S000

09200-2S000

图 3.6　固定发动机和变速器图

⑨拧下变速器上两个固定螺栓 B 和起动机上两个固定螺栓 A,如图 3.7 所示。

⑩拆下底盖 A 后,拆卸变速器固定支撑支架 B,如图 3.8 所示。

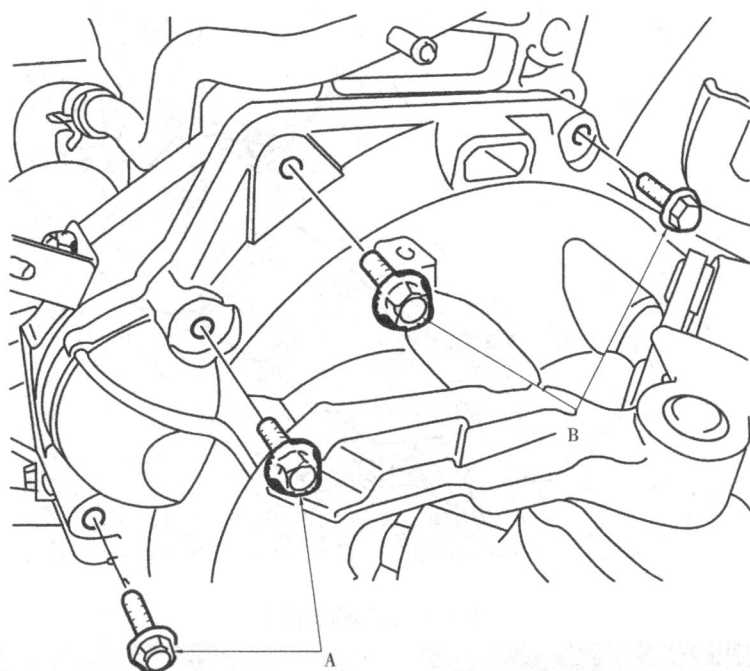

图3.7　拆卸固定螺栓

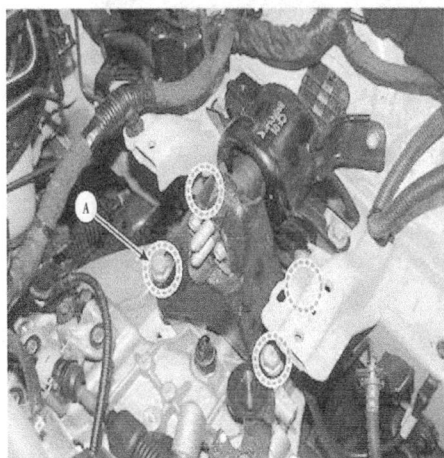

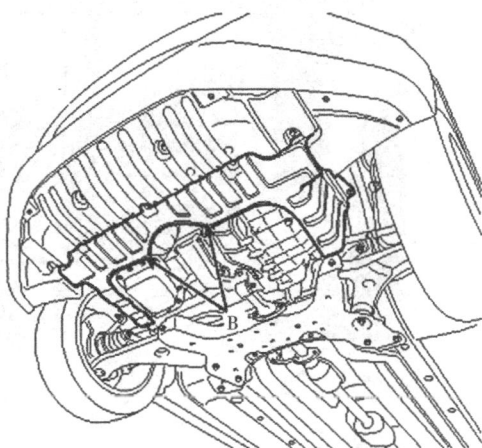

图3.8　拆卸底盖 A 及变速器固定支撑支架 B

⑪拆卸驱动轴总成。

⑫拆卸副车架。

⑬拆卸固定螺栓,拆卸隔热板 A,如图3.9所示。

⑭拧下固定螺栓 A,拆卸离合器分离缸总成 B,如图3.10所示。

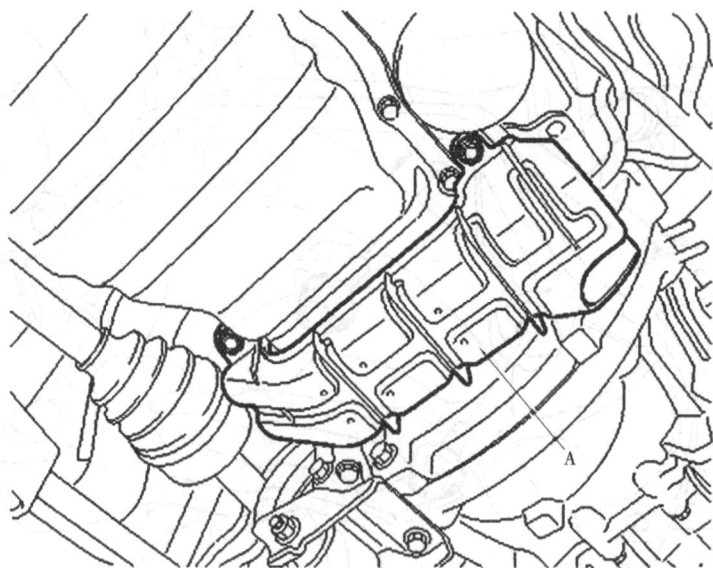

图 3.9　拆卸隔热板 A

图 3.10　拆卸离合器分离缸总成

⑮拆卸盖 A,如图 3.11 所示。

⑯拧下变速器下部和左侧盖的下固定螺栓 A 和 B;降下千斤顶,拆卸变速器总成,如图 3.12所示。

(2)取出离合器总成并对其进行分解。

(3)将压盘、膜片弹簧、从动盘、摩擦片依次进行检测并记录,压盘的平面度不大于 0.20 mm(图 3.13),膜片弹簧内端深度不大于 0.60 mm、宽度不大于 0.50 mm,从动盘其端面跳动量不大于 0.40 mm(距边缘 2.50 mm 处测量),摩擦片铆钉头的厚度 A(0.30 mm)(图

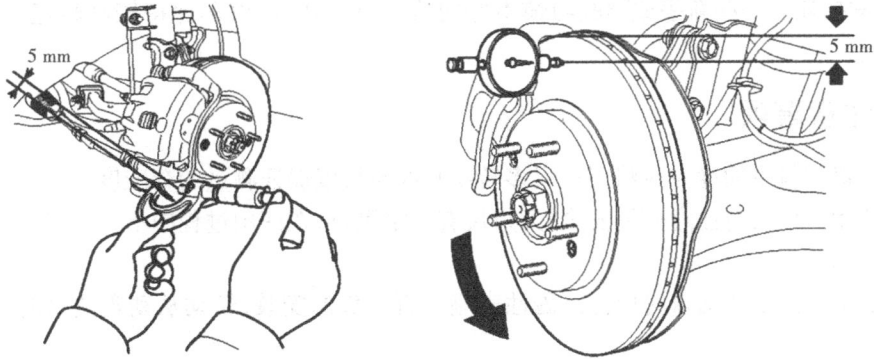

图 3.11   拆卸盖 A

图 3.12   拆卸变速器固定螺栓 A 和 B

3.14),如果铆钉深度低于 0.30 mm,应更换离合器片。

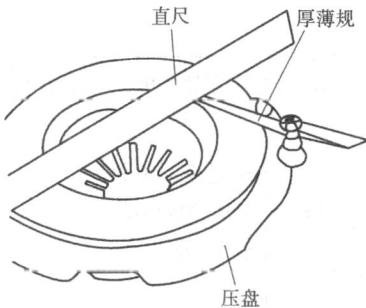

图 3.13   离合器压盘平面的检查

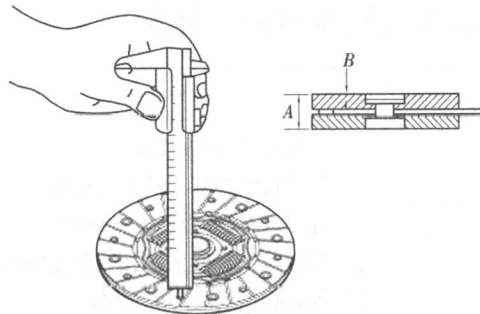

图 3.14   离合器摩擦片厚度 A 的测量

3. 检测结果分析

若测得的结果超出规定范围,说明离合器的磨损过度,离合器磨损过度的原因如下:

①正常损耗。手动挡的汽车使用年限时长过久,离合器磨损出现油耗增高,挂挡打滑(可从汽车的行驶里程来判断)。

②异常损耗。一些新手或驾驶习惯不好的驾驶员,经常使汽车保持较高转速,经常保持半离合状态。

三、注意事项

(1)压盘测量平面度时应将刀口尺多转动几次测量以保证测量的精准度。

(2)使用刀口尺时注意使用安全,刀口尺有一定重量,在使用过程中不允许滑落到地上损坏刀口的平整。

(3)从动盘测量跳动量时应注意磁性表座与百分表的安装,转动从动盘测量时尽量缓慢匀速地转动。

四、技能训练记录

请结合检测过程记录相关检测结果及数据,并对检测结果进行分析判断。

车型		发动机型号		
汽车 VIN 码		排量		
	压盘平面度	膜片弹簧磨损深度	从动盘端面跳动量	摩擦片铆钉深度
第一次				
第二次				
第三次				
判断				
结论及分析				

五、考核要点与评分标准

序号	评分项	得分条件	配分/分	评分要求	得分/分	测评结果
1	安全/6S/态度	□1. 能进行工位 6S 操作 □2. 能进行设备和工具安全检查 □3. 能进行车辆/设备安全防护 □4. 能进行工具清洁、校准、存放操作 □5. 能进行"三不落地"操作	15	未完成 1 项扣 3 分,扣分不超过 15 分		□合格 □不合格

续表

序号	评分项	得分条件	配分/分	评分要求	得分/分	测评结果
2	专业技术能力	□1. 能正确分解离合器总成 □2. 能正确测量压盘平面度 □3. 能正确测量膜片弹簧深度 □4. 能正确测量从动盘圆跳动量 □5. 能正确测量摩擦片铆钉深度 □6. 能正确安装使用磁性表座 □7. 能正确进行复测	35	未完成 1 项扣5 分,扣分不超过 35 分		□合格 □不合格
3	工具及设备使用能力	□1. 能正确使用维修工具 □2. 能正确安装使用磁性表座 □3. 能正确使用测量工具	15	未完成 1 项扣5 分,扣分不超过 15 分		□合格 □不合格
4	资料、信息查询能力	□1. 能正确使用维修手册查询资料 □2. 能正确填写车辆相关信息 □3. 能在规定时间内查询所需资料 □4. 能正确记录检测结果及数据	20	未完成 1 项扣5 分,扣分不超过 20 分		□合格 □不合格
5	数据判读和分析能力	□1. 能分析离合器磨损是否正常 □2. 能得出正确的维修结论	10	未完成 1 项扣5 分,扣分不得超过 10 分		□合格 □不合格
6	表单填写与报告撰写能力	□1. 字迹清晰 □2. 语句通顺 □3. 无错别字 □4. 无涂改 □5. 无抄袭	5	未完成 1 项扣1 分,扣分不得超过 5 分		□合格 □不合格
7		如出现安全事故本技能不合格				
8		总评				

技能训练 2　手动变速器总成拆装

一、设备及工具准备

(1)设备准备:手动变速器。

(2)工量具准备:常用工具、润滑油、抹布等。

手动变速器的检修

二、操作方法

(1)拆除变速器壳体的螺栓,注意使用相同规格的套筒进行拆装。

(2)螺栓拆除后分离壳体需注意内换挡杆位置,可能会出现挡杆脱离卡住壳体,应先将挡杆拨动到合适位置再分离壳体。

（3）取出手动变速器的输入轴，并对其各齿轮、同步环、轴承进行拆装（图3.15）。

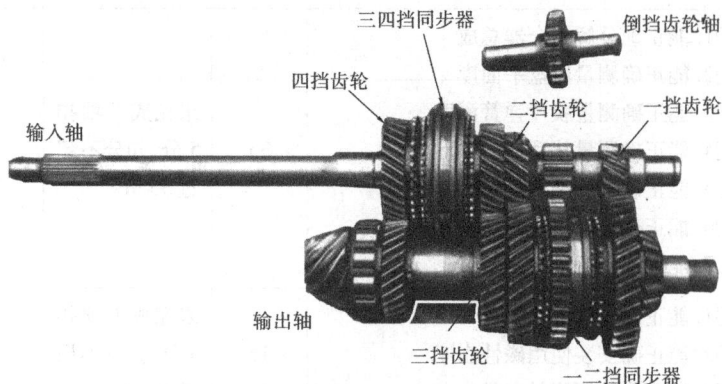

图3.15　手动变速器结构图

（4）安装时注意各齿轮、同步环、轴承的润滑，还需注意同步环与轴承、齿轮的方向、配合位置，一定要安装到位，否则输入轴放不进壳体内。

（5）安装壳体时注意换挡杆的位置，壳体螺栓的扭力大小。

三、注意事项

（1）拆装时注意变速器壳体的配合间隙。

（2）拆装挡位齿轮时需注意对挡位齿轮的分辨。

（3）拆装时要对各个部件进行润滑保护。

（4）拆装需注意壳体内的换挡杆位置，可能会出现卡住壳体无法分离和安装。

四、技能训练记录

请结合检测过程记录相关检测结果及数据，并对检测结果进行分析判断。

变速器型号			
	标准值	实测值	是否合格
一挡主动齿轮间隙			
二挡从动齿轮间隙			
三挡从动齿轮间隙			
四挡从动齿轮间隙			
五挡从动齿轮间隙			
倒挡主动齿轮间隙			

五、考核要点与评分标准

序号	评分项	得分条件	配分/分	评分要求	得分/分	测评结果
1	安全/6S/态度	□1. 能进行工位 6S 操作 □2. 能进行设备和工具安全检查 □3. 能进行车辆/设备安全防护 □4. 能进行工具清洁、校准、存放操作 □5. 能进行"三不落地"操作	15	未完成 1 项扣3 分，扣分不超过 15 分		□合格 □不合格
2	专业技术能力	□1. 能完成变速器分解 □2. 能正确测量一挡主动齿轮间隙 □3. 能正确测量二挡从动齿轮间隙 □4. 能正确测量三挡从动齿轮间隙 □5. 能正确测量四挡从动齿轮间隙 □6. 能正确测量五挡从动齿轮间隙 □7. 能正确测量倒挡主动齿轮间隙 □8. 能完成变速器安装	40	未完成 1 项扣5 分，扣分不超过 40 分		□合格 □不合格
3	工具及设备使用能力	□1. 能正确使用维修工具 □2. 能正确润滑各部件	10	未完成 1 项扣5 分，扣分不超过 10 分		□合格 □不合格
4	资料、信息查询能力	□1. 能正确使用维修手册查询资料 □2. 能正确填写车辆相关信息 □3. 能在规定时间内查询所需资料 □4. 能正确记录检测结果及数据	20	未完成 1 项扣5 分，扣分不超过 20 分		□合格 □不合格
5	数据判读和分析能力	□1. 能分析变速器是否正常 □2. 能得出正确的结论	10	未完成 1 项扣5 分，扣分不得超过 10 分		□合格 □不合格
6	表单填写与报告撰写能力	□1. 字迹清晰 □2. 语句通顺 □3. 无错别字 □4. 无涂改 □5. 无抄袭	5	未完成 1 项扣1 分，扣分不得超过 5 分		□合格 □不合格
7		如出现安全事故本技能不合格				
8		总评				

任务 3.2　行驶系统拆装

3.2.1　作用

接受由发动机经传动系统传来的转矩,并通过驱动轮与路面附着作用,转化为汽车行驶的驱动力,将全车各部件连成一个整体,支承汽车的总质量,传递并承受路面作用于车轮上的各种力及其力矩。

3.2.2　基本组成

1)悬架

悬架由螺旋弹簧和减振器组成(图 3.16),螺旋弹簧主要起缓冲作用,它具有的优点有:无须润滑、不忌泥污;安置它所需汽车的纵向空间很小;本身质量也轻。减振器主要起减振作用,它与螺旋弹簧并联安装,可以加速衰减车身的振动。其基本工作原理是利用液体流动的阻力来消耗冲击振动的能量。当车身与车轮之间相对运动时,减振器内的油液反复地从一个腔室通过一些狭小的孔隙流入另一个腔室。此时,孔隙与油液间的摩擦以及油液分子间的内摩擦便形成了对车身振动的阻尼力,从而使车身的振动能量转化成为热能,并被油液和减振器壳体所吸收,然后散发到大气中。

2)车桥

车桥(也称车轴)通过悬架和车架(或承载式车身)相连,两端安装汽车车轮。其功能是传递车架(或承载式车身)与车轮之间各方向作用力。车桥可以是整体式的,犹如一个巨大的杠铃,两端通过悬架系统支撑着车身,因此整体式车桥通常与非独立悬架配合;车桥也可以是断开式的,像两把雨伞插在车身两侧,再各自通过悬架系统支撑车身,所以断开式车桥与独立悬架配用。根据驱动方式的不同,车桥也分成转向桥、驱动桥、转向驱动桥和支持桥四种。其中转向桥和支持桥都属于从动桥。大多数汽车采用前置后驱动(FR),因此前桥作为转向桥,后桥作为驱动桥;而前置前驱动(FF)汽车则前桥成为转向驱动桥,后桥充当支持桥。

3)车轮

汽车的车轮是由轮胎、轮毂组成的一个整体。

4)车架

车架是跨接在汽车前后车桥上的框架式结构,俗称大梁,是汽车的基体。一般由两根纵梁和几根横梁组成,经由悬挂装置、前桥、后桥支承在车轮上。车架必须具有足够的强度和刚度以承受汽车的载荷和从车轮传来的冲击。车架的功用是支撑、连接汽车的各总成,使各总成保持相对正确的位置,并承受汽车内外的各种载荷。

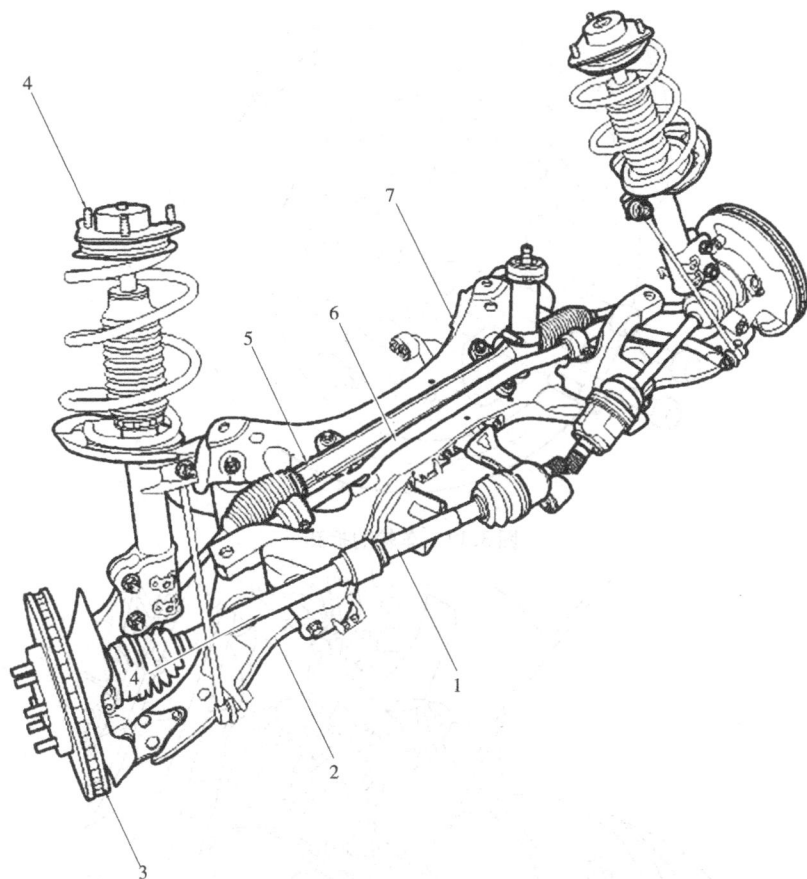

图 3.16   前悬架结构图

1—驱动轴;2—下臂;3—前制动盘;4—前减振器总成;5—转向器;6—前稳定杆;7—副车架

技能训练 1   悬架检修

一、设备及工具准备

(1)设备准备:车辆或汽车底盘实验台。

(2)工量具准备:常用工具、减振弹簧压缩机等。

二、操作方法

(1)拆卸车轮和轮胎(拆卸车轮和轮胎时应按对角顺序拆卸车轮螺母,注意不要损坏轮毂螺栓),如图 3.17 所示。

(2)拆下固定螺栓,从前减振器总成上拆卸轮速传感器支架 A,如图 3.18 所示。

图 3.17　车轮的拆卸

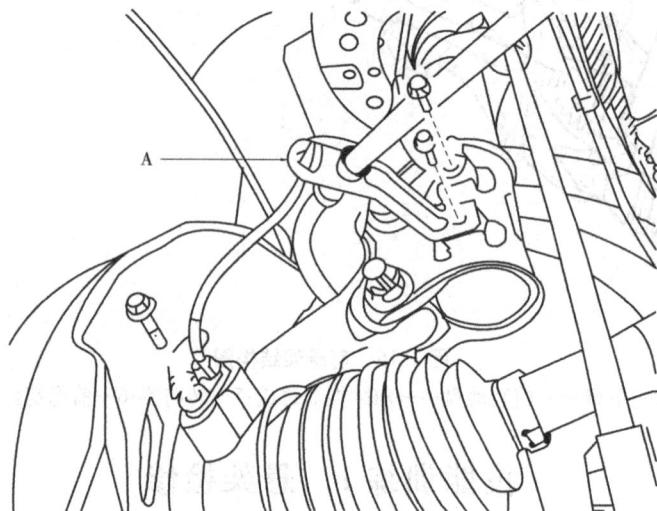

图 3.18　支架固定螺栓的拆卸

（3）拧下螺母后,从前减振器总成 A 分离稳定杆连接杆 B,如图 3.19 所示。

（4）拧下螺栓和螺母,从转向节总成分离前减振器总成,如图 3.20 所示。

（5）拧下减振器上固定螺母盖 A、B,如图 3.21 所示。

（6）拧下减振器固定螺母 A,然后拆卸前减振器总成,如图 3.22 所示。

（7）减振器分解:使用弹簧压缩器将螺旋弹簧压缩,不要过度压缩弹簧,拆下自锁螺母 A,取下安装绝缘体 B,如图 3.23 所示。

图 3.19   稳定杆连接杆的拆卸

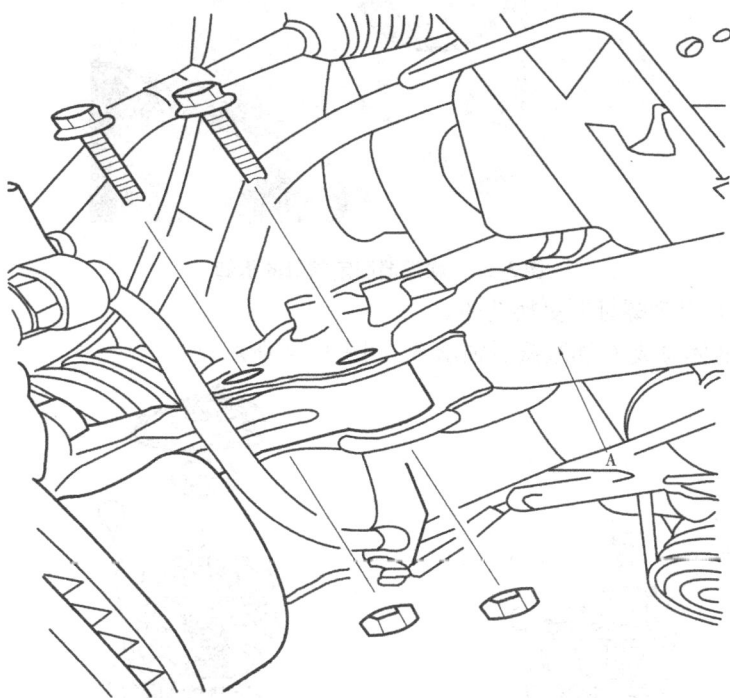

图 3.20   减振器与转向节螺栓螺母的拆卸

图3.21　减振器车身螺母盖的拆卸

图3.22　减振器固定螺母的拆卸

注意:安装时,自锁螺母要更换新的。

(8)拆卸绝缘体总成 A 和减振器轴承 B,如图3.24所示。

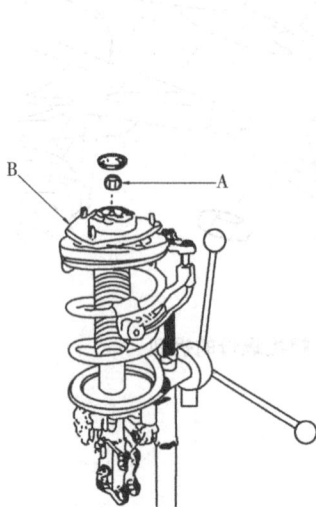

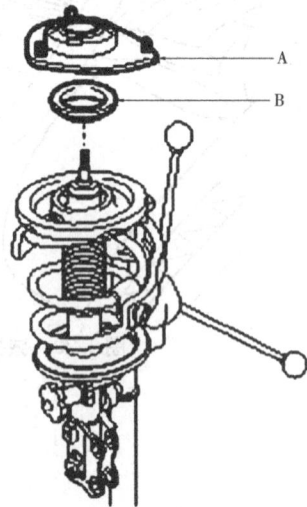

图3.23　减振器自锁螺母的拆卸

图3.24　绝缘体总成和减振器轴承的拆卸

（9）取出弹簧上座 A 和垫 B，如图 3.25 所示。

（10）取下防尘罩 A 和缓冲橡胶块 B，如图 3.26 所示。

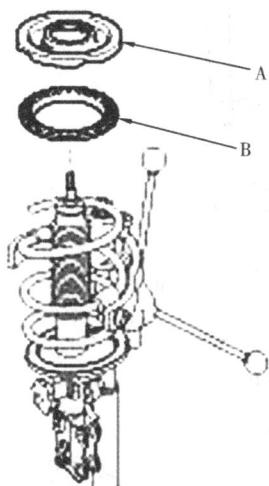

图 3.25　弹簧上座和垫的拆卸

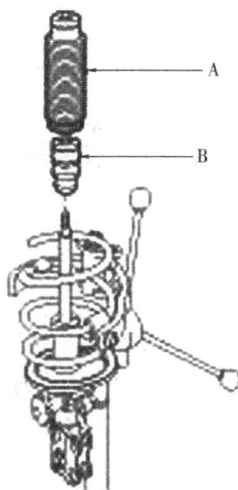

图 3.26　缓冲橡胶块和防尘罩的拆卸

（11）取出螺旋弹簧 A 和弹簧下垫块 B，如图 3.27 所示。

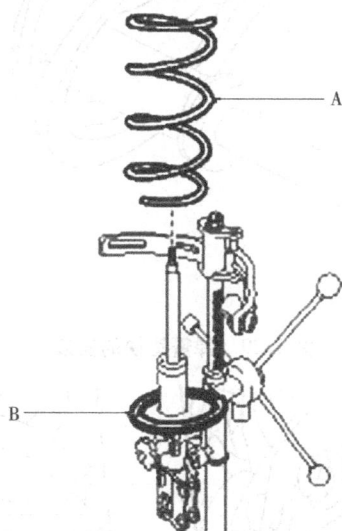

图 3.27　螺旋弹簧和弹簧垫块的拆卸

（12）在安装螺旋弹簧时应将螺旋弹簧下端 A 正确地安装在下弹簧座垫 B 上，如图 3.28 所示。安装弹簧垫块 C 时要将凸出部位 A 装配进弹簧座的孔 B 里，如图 3.29 所示。

（13）更换减振器或螺旋弹簧。

（14）安装时按拆卸相反顺序将前支柱装配并将总成安装到车上。

（15）拧下固定螺栓和螺母，从后桥上分离减振器 A，如图 3.30 所示。

（16）拆卸减振器上部螺栓 A，如图 3.31 所示。

（17）将减振器取下后一并取出螺旋弹簧。

（18）更换螺旋弹簧和减振器后，按拆卸相反顺序进行总成的安装。

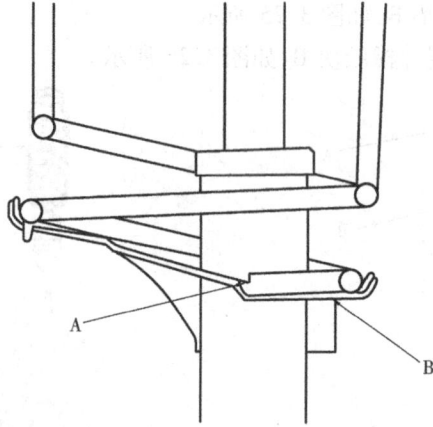

图 3.28　螺旋弹簧的安装

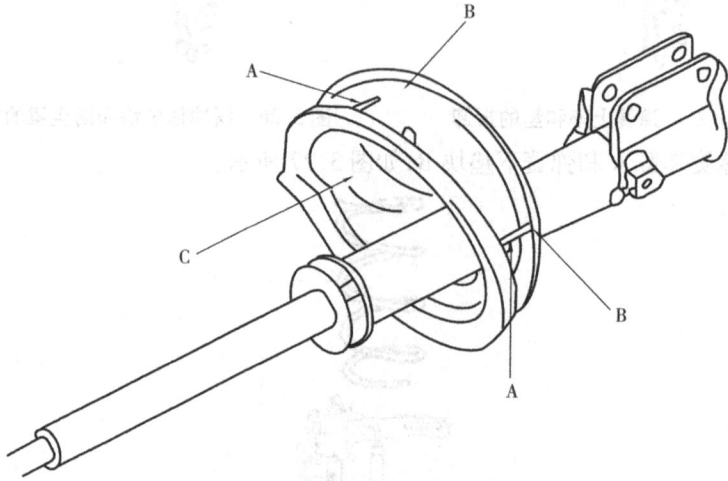

图 3.29　弹簧垫块的安装

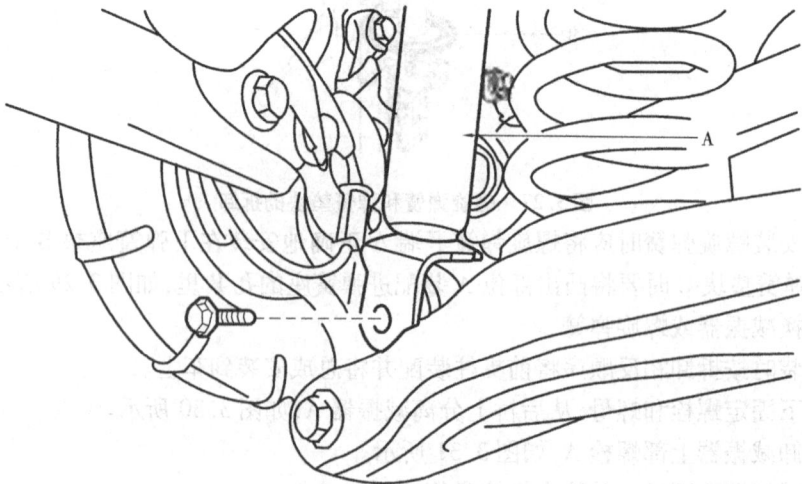

图 3.30　减振器下部螺栓和螺母的拆卸

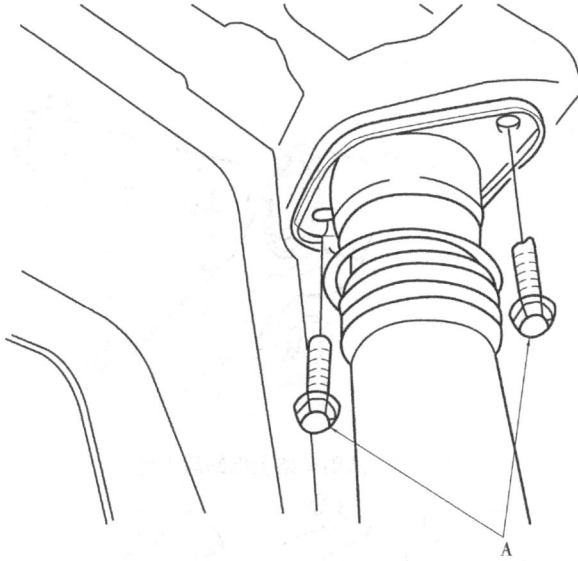

图 3.31   减振器上部螺栓的拆卸

（19）拧下固定螺栓和螺母，从后桥上拆卸后上臂 A，如图 3.32 所示。

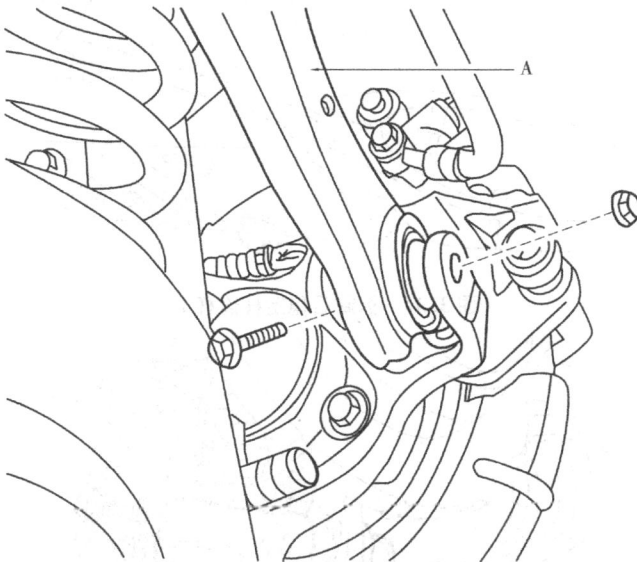

图 3.32   从后桥上拆卸后上臂

（20）拧下固定螺栓和螺母，从副车架拆卸后上臂 A，如图 3.33 所示。

（21）按拆卸时的相反顺序进行安装。安装后上臂，使字母"R"朝向车后。

（22）拧下固定螺母，从后下臂 A 拆卸后稳定杆连杆 B，如图 3.34 所示。

（23）拧下固定螺栓和螺母，从后桥拆卸后下臂，如图 3.35 所示。

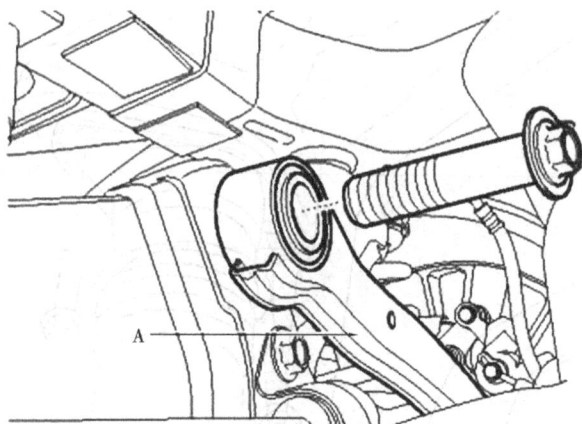

图 3.33　从副车架上拆卸后上臂

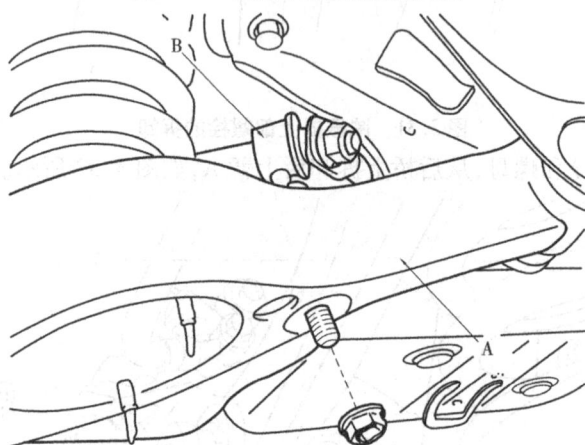

图 3.34　拆卸后稳定杆连杆 B

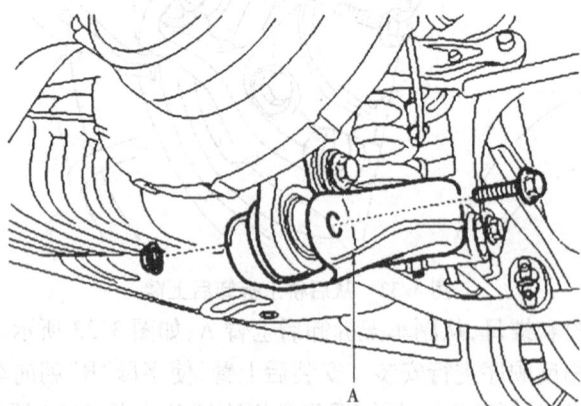

图 3.35　拆卸后下臂

(24)拧下固定螺栓和螺母,拆卸后下臂 B 和副车架 A,如图 3.36 所示。

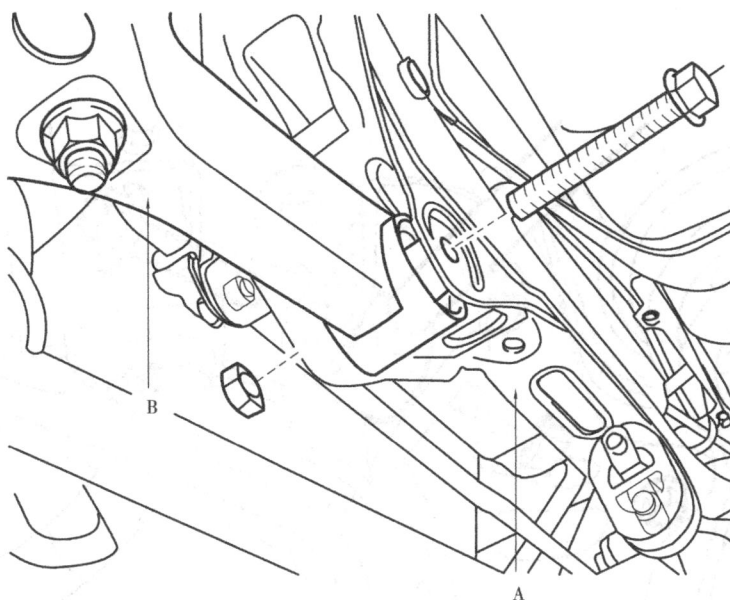

图 3.36　拆卸后下臂 B 和副车架 A

（25）按拆卸时的相反顺序进行安装。

（26）拆卸开口销,拧下槽顶螺母,从后桥上分离后辅助臂 A,如图 3.37 所示。

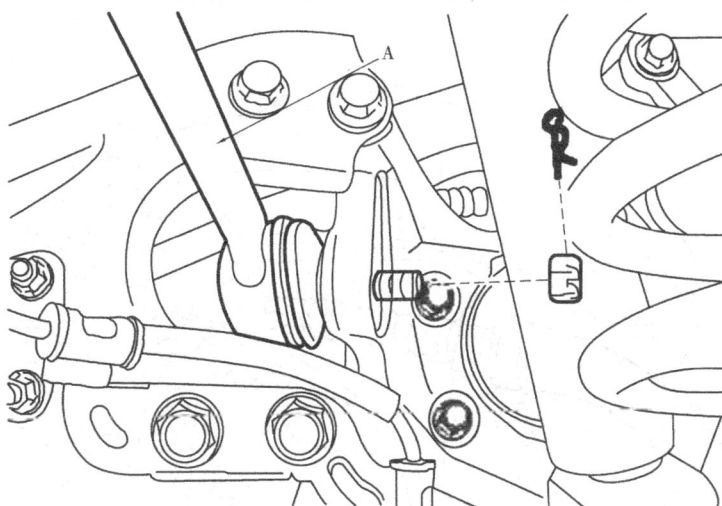

图 3.37　从后桥上分离后辅助臂 A

（27）拧下固定螺栓和螺母,从副车架拆卸后辅助臂 A,如图 3.38 所示。

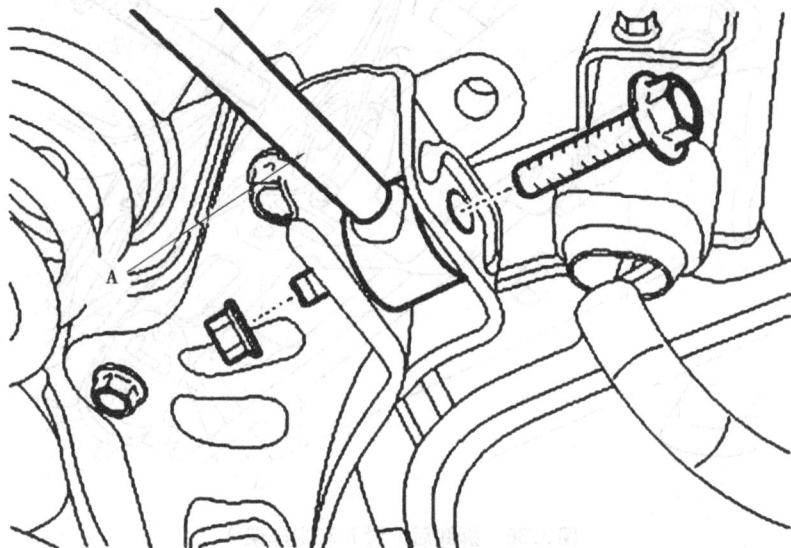

图 3.38　从副车架拆卸后辅助臂 A

(28)从后制动器总成分离驻车制动拉线 A,如图 3.39 所示。

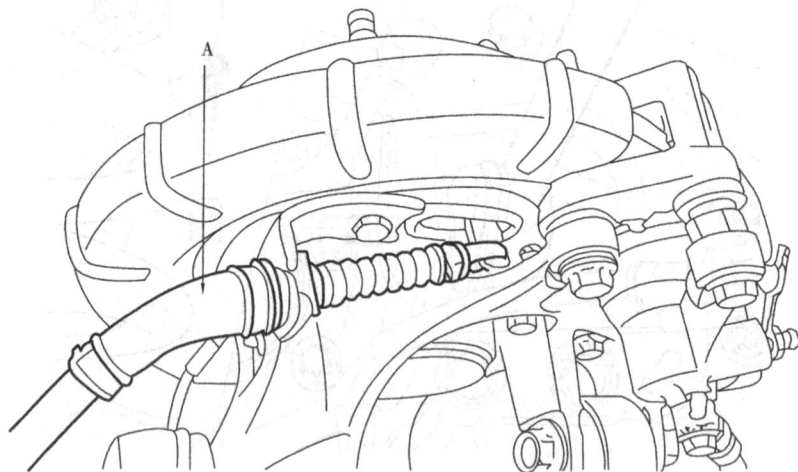

图 3.39　从后制动器总成分离驻车制动拉线 A

(29)拧下驻车制动拉线支架固定螺母 A 和纵臂固定螺栓 B,从后桥拆卸纵臂,如图 3.40 所示。

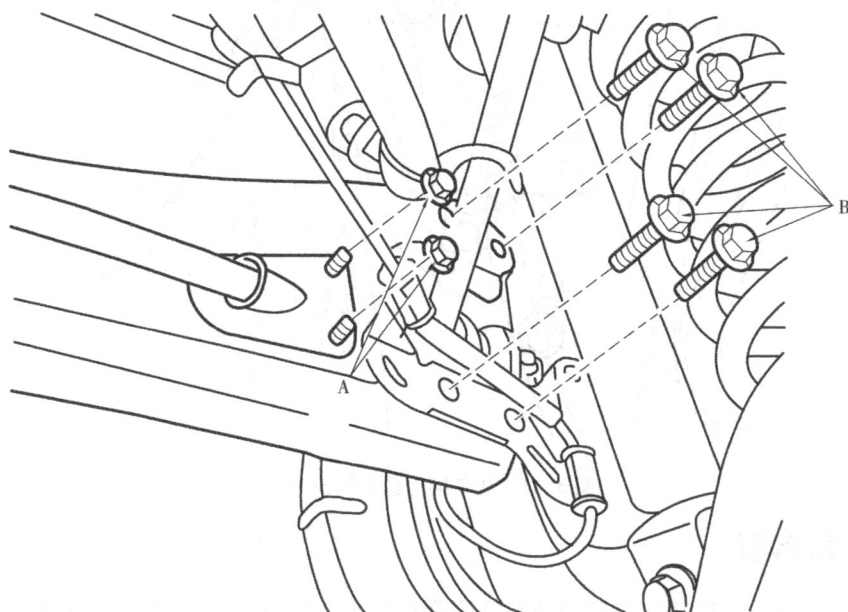

图 3.40　拧下固定螺母 A 和固定螺栓 B

(30)拧下驻车制动拉线支架固定螺栓 A 和高度传感器支架固定螺栓 B,如图 3.41 所示。

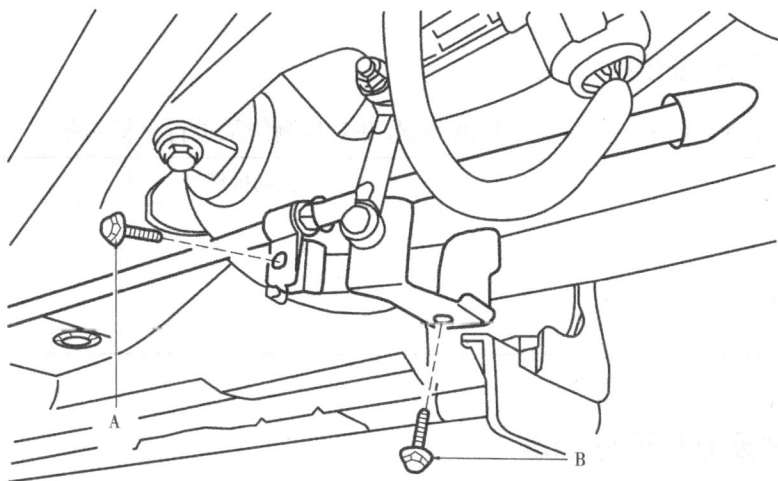

图 3.41　拧下固定螺栓 A 和固定螺栓 B

(31)拧下固定螺栓,从车架上拆卸纵臂 A,如图 3.42 所示。

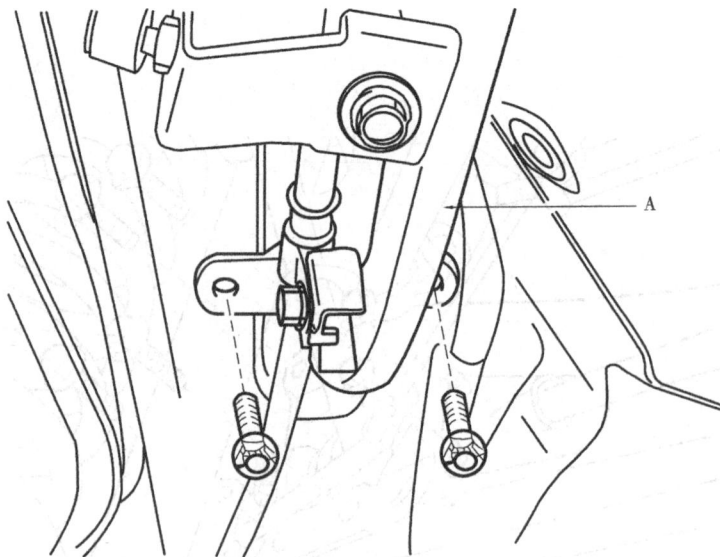

图 3.42　从车架上拆卸纵臂 A

三、注意事项

（1）拆卸悬架各连接部件时应当注意各个部件的装配位置,最好在拆卸时做好相应标记,防止装配时出现位置偏差导致装配不到位。

（2）在使用减振弹簧压缩机时需注意减振弹簧的位置安放到位,防止弹簧弹出发生安全事故。

四、技能训练记录

请结合检测过程记录相关检测结果及数据,并对检测结果进行分析判断。

车型		发动机型号	
排量			
描述拆卸过程			

五、考核要点与评分标准

序号	评分项	得分条件	配分/分	评分要求	得分/分	测评结果
1	安全/6S/态度	□1.能进行工位 6S 操作 □2.能进行设备和工具安全检查 □3.能进行车辆/设备安全防护 □4.能进行工具清洁、校准、存放操作 □5.能进行"三不落地"操作	15	未完成 1 项扣 3 分,扣分不超过 15 分		□合格 □不合格

续表

序号	评分项	得分条件	配分/分	评分要求	得分/分	测评结果
2	专业技术能力	□1.能正确拆装车轮轮胎 □2.能做好悬架连接部位置标记 □3.能正确拆装前悬架连接部 □4.能正确使用减振弹簧压缩机 □5.能正确拆装后悬架连接部 □6.能正确安装到位 □7.能正确进行复检	35	未完成1项扣5分,扣分不超过35分		□合格 □不合格
3	工具及设备使用能力	□1.能正确使用维修工具 □2.能正确做好连接部标记 □3.能正确使用减振弹簧压缩机	15	未完成1项扣5分,扣分不超过15分		□合格 □不合格
4	资料、信息查询能力	□1.能正确使用维修手册查询资料 □2.能正确填写车辆相关信息 □3.能在规定时间内查询所需资料 □4.能正确记录检测结果及数据	20	未完成1项扣5分,扣分不超过20分		□合格 □不合格
5	数据判读和分析能力	□1.能自述拆卸流程 □2.能写出拆卸过程	10	未完成1项扣5分,扣分不得超过10分		□合格 □不合格
6	表单填写与报告撰写能力	□1.字迹清晰 □2.语句通顺 □3.无错别字 □4.无涂改 □5.无抄袭	5	未完成1项扣1分,扣分不得超过5分		□合格 □不合格
7		如出现安全事故本技能不合格				
8		总评				

技能训练2 车轮动平衡机的使用

一、设备及工具准备

(1)设备准备:车辆和动平衡机。
(2)工量具准备:常用拆装工具等。

二、操作方法

1.测量条件

(1)动平衡机设备完整。

车轮动平衡

137

（2）轮胎表面纹路干净。

（3）轮胎尺寸大小的测量与设置。

（4）动平衡机开启前,预转动轮胎,使开启动平衡机转动时让轮胎受力均匀。

（5）各质量的动平衡块准备充足。

2.主要检测步骤

（1）使用拆装钳,取下安装在轮辋边缘上的平衡块,如图3.43所示。

（2）清除轮胎上的异物,如图3.44所示。

图 3.43　拆除平衡块

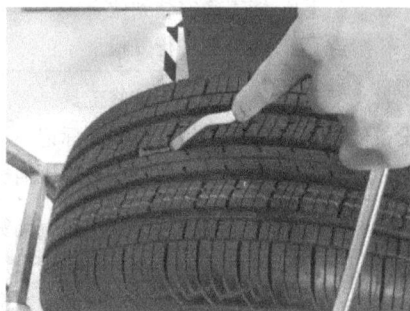

图 3.44　清除轮胎上的异物

（3）使用轮胎气压表,检查轮胎气压是否符合规定要求,如图3.45所示。

（4）选择与车轮中心孔匹配的轴心定位锥体并安装到平衡旋转轴上,如图3.46所示。

图 3.45　测轮胎胎压

图 3.46　安装轴心定位锥体

（5）将车轮中心孔对正平衡机旋转轴,安装到平衡旋转轴上,如图3.47所示。

（6）将快换螺母旋紧到平衡轴上,如图3.48所示。

图 3.47　将车轮安装在平衡旋转轴上

图 3.48　旋紧快换螺母

（7）打开位于主机箱后侧的电源开关,如图3.49所示。

（8）从主机箱右侧拉出"A"距离测量尺，测量主机箱到轮辋边缘的距离，如图 3.50 所示。

图 3.49　打开电源

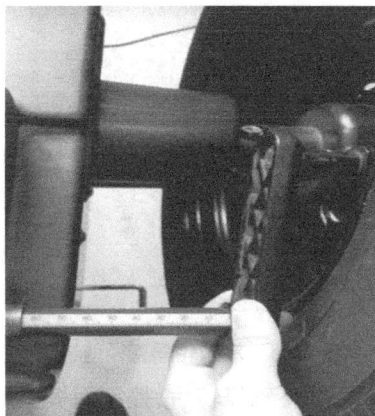

图 3.50　测量主机箱到轮辋边缘的距离

（9）将测量值输入控制面板上的"A"距离设置显示器，如图 3.51 所示。

（10）使用宽度测量尺，测量轮辋两边缘间的宽度值，如图 3.52 所示。

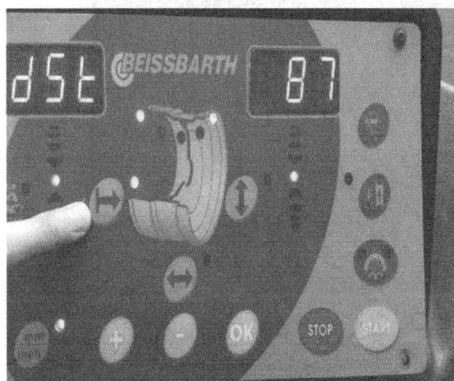

图 3.51　输入测量值

图 3.52　测量轮辋两边缘的宽度值

（11）将测量的轮辋宽度值输入控制面板上的宽度设置显示器，如图 3.53 所示。

（12）查找位于轮胎胎侧上的轮胎规格，确定轮辋直径，如图 3.54 所示。

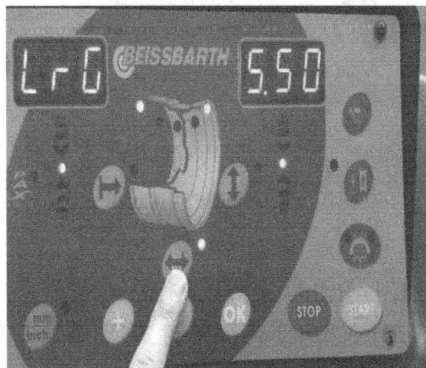

图 3.53　输入测量宽度值

图 3.54　轮胎规格

（13）将轮辋直径输入控制面板上的轮辋直径设置显示器，如图 3.55 所示。

（14）拉下防护罩，罩在轮胎上方。平衡旋转轴自动旋转，如图 3.56 所示。

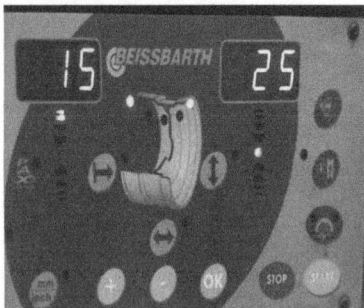

图 3.55　输入轮辋直径值

图 3.56　拉下防护罩

（15）待平衡旋转轴停转后，控制面板上的数值显示屏显示的数字即为轮胎的不平衡量，如图 3.57 所示。

（16）抬起防护罩后，用手缓慢转动轮胎，当其中一组不平衡点定位指示灯变绿时，停止转动轮胎，如图 3.58 所示。

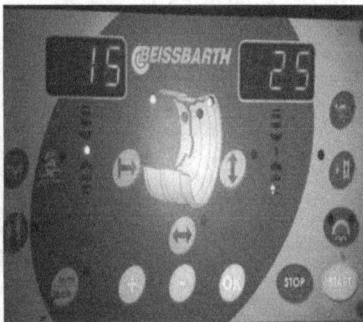

图 3.57　读轮胎的不平衡量

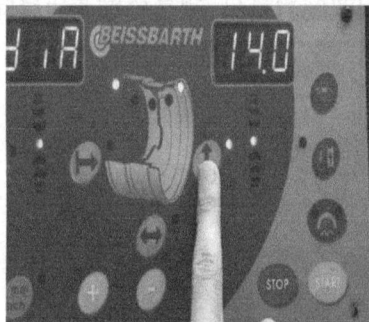

图 3.58　寻找不平衡点

（17）根据显示器显示的数值，选择相应质量的平衡块，如图 3.59 所示。

（18）使用拆装钳，将相应质量的平衡块安装到轮辋外侧最高点的边缘上，如图 3.60 所示。

图 3.59　平衡块

图 3.60　安装平衡块

（19）再次用手缓慢转动轮胎，确定轮辋另一侧的不平衡点位置，如图 3.61 所示。

（20）根据显示器显示的数值，选择相应质量的平衡块，然后使用拆装钳，将平衡块安装在轮辋内侧最高点的边缘上，如图 3.62 所示。

图 3.61 查找另一侧不平衡点

图 3.62 选装平衡块

(21)落下防护罩,平衡轴自动旋转,如图 3.63 所示。

(22)待平衡轴停转后,观察控制面板上的数值显示屏,是否显示轮辋两侧的数据均为"00"。如果显示数据均为"00",则车轮动平衡检测完毕;如果显示数据不为"00",则重复上述操作步骤,直到显示数据均为"00"为止,如图 3.64 所示。

图 3.63 检测完毕

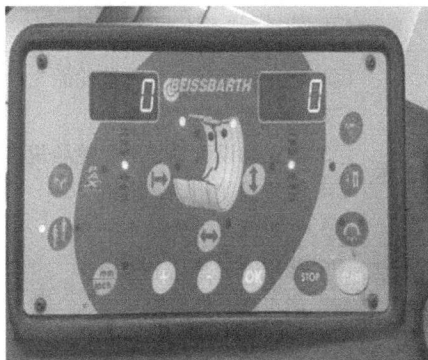

图 3.64 复检

(23)关闭电源,整理工位。

3. 检测结果分析

动平衡机测出一条轮胎可能会有几处都需要添加平衡块,可能出现的原因是:

(1)车辆停止的时候转向盘没有回正,使轮胎单点受力过大。

(2)车辆未停在平路上,使轮胎出现平衡差。

(3)汽车轮毂出现形变,使轮胎出现平衡差。

三、注意事项

(1)将轮胎安装到动平衡机上时要将轮胎锁紧。

(2)在开启电源进行测量前,先预转动轮胎,防止动平衡机转动时轮胎出现位置变化影响最终测量。

(3)安装动平衡块时务必安装到位,要将平衡块扣在轮毂上。

四、技能训练记录

请结合检测过程记录相关检测结果及数据,并对检测结果进行分析判断。

车型		轮胎规格		
	左前轮	右前轮	左后轮	右后轮
添加平衡块质量				
结论及分析				

五、考核要点与评分标准

序号	评分项	得分条件	配分/分	评分要求	得分/分	测评结果
1	安全/6S/态度	□1. 能进行工位 6S 操作 □2. 能进行设备和工具安全检查 □3. 能进行车辆/设备安全防护 □4. 能进行工具清洁、校准、存放操作 □5. 能进行"三不落地"操作	15	未完成 1 项扣 3 分,扣分不超过 15 分		□合格 □不合格
2	专业技术能力	□1. 能正确使用工具拆装轮胎 □2. 能正确测量轮胎规格 □3. 能正确设置动平衡机轮胎规格 □4. 能正确使用动平衡机 □5. 能正确找出轮胎不平衡点 □6. 能正确安装动平衡块 □7. 能正确安装轮胎	35	未完成 1 项扣 5 分,扣分不超过 35 分		□合格 □不合格
3	工具及设备使用能力	□1. 能正确使用维修工具 □2. 能正确找出轮胎规格 □3. 能正确使用扭力扳手给轮胎打扭力	15	未完成 1 项扣 5 分,扣分不超过 15 分		□合格 □不合格
4	资料、信息查询能力	□1. 能正确使用维修手册查询资料 □2. 能正确填写车辆相关信息 □3. 能在规定时间内查询所需资料 □4. 能正确记录检测结果及数据	20	未完成 1 项扣 5 分,扣分不超过 20 分		□合格 □不合格
5	数据判读和分析能力	□1. 能分析轮胎是否正常 □2. 能得出正确的维修结论	10	未完成 1 项扣 5 分,扣分不得超过 10 分		□合格 □不合格
6	表单填写与报告撰写能力	□1. 字迹清晰 □2. 语句通顺 □3. 无错别字 □4. 无涂改 □5. 无抄袭	5	未完成 1 项扣 1 分,扣分不得超过 5 分		□合格 □不合格
7		如出现安全事故本技能不合格				
8		总评				

技能训练 3　轮胎拆装机的使用

一、设备及工具准备

(1)设备准备:车辆和轮胎拆装机。
(2)工量具准备:扭力扳手、十字扳手等。

二、操作方法

(1)对轮胎进行放气处理,如图 3.65 所示。
(2)清除车轮上的异物和平衡块,以免发生危险,如图 3.66 所示。

图 3.65　轮胎放气

图 3.66　清除异物

(3)将轮胎垂直放在分离铲与机座橡胶垫之间,把分离铲移向轮胎,踩下分离铲踏板,分离铲在气体压力作用下使轮胎松动,如图 3.67 所示。(注意:轮胎要垂直放置,防止分离铲损伤轮辋。)

(4)将轮辋固定在工作盘上(注意:轮辋正面朝上),如图 3.68 所示。

图 3.67　分离轮胎、轮辋

图 3.68　固定轮辋

（5）在轮辋边缘涂少许润滑剂。按下升降杆,使拆装器接触轮辋边缘。

（6）以拆卸器的一端为支点,用杠杆撬起轮胎外缘,踩下工作盘旋转踏板,使工作盘和轮胎一起旋转,使轮胎上缘脱离轮辋,如图3.69所示。

（7）用同样的方法把轮胎下边缘也拆下,使轮胎与轮辋彻底脱离,如图3.70所示。

图3.69　分离轮胎上缘

图3.70　分离轮胎下缘

三、注意事项

（1）注意轮胎拆装机的使用安全,特别是在使用分离铲时。

（2）在撬动轮胎使其与轮毂分离时注意撬棍的使用安全。

四、考核要点与评分标准

序号	评分项	得分条件	配分/分	评分要求	得分/分	测评结果
1	安全/6S/态度	□1.能进行工位6S操作 □2.能进行设备和工具安全检查 □3.能进行车辆/设备安全防护 □4.能进行工具清洁、校准、存放操作 □5.能进行"三不落地"操作	15	未完成1项扣3分,扣分不超过15分		□合格 □不合格
2	专业技术能力	□1.能完成轮胎拆卸 □2.能正确使用分离铲 □3.能正确使用拆卸器 □4.能正确撬动轮胎分离轮毂 □5.能正确剥离轮胎 □6.能正确安装轮胎	42	未完成1项扣7分,扣分不超过42分		□合格 □不合格
3	工具及设备使用能力	□1.能正确使用维修工具 □2.能正确使用轮胎拆装机	8	未完成1项扣4分,扣分不超过8分		□合格 □不合格

续表

序号	评分项	得分条件	配分/分	评分要求	得分/分	测评结果
4	资料、信息查询能力	☐1. 能正确使用维修手册查询资料 ☐2. 能正确填写车辆相关信息 ☐3. 能在规定时间内查询所需资料 ☐4. 能正确记录检测结果及数据	20	未完成1项扣5分,扣分不超过20分		☐合格 ☐不合格
5	数据判读和分析能力	☐1. 能正确操作轮胎拆装机 ☐2. 能写出轮胎剥离过程	10	未完成1项扣5分,扣分不得超过10分		☐合格 ☐不合格
6	表单填写与报告撰写能力	☐1. 字迹清晰 ☐2. 语句通顺 ☐3. 无错别字 ☐4. 无涂改 ☐5. 无抄袭	5	未完成1项扣1分,扣分不得超过5分		☐合格 ☐不合格
7		如出现安全事故本技能不合格				
8		总评				

技能训练 4　车轮定位测量及调整

一、设备及工具准备

(1)设备准备:车辆和四轮定位仪。

(2)工量具准备:常用工具、车辆挡块等。

二、操作方法

1. 车辆初检

(1)检查车辆停放位置,检查车辆在举升机上停放整体是否周正,如图 3.71 所示。

图 3.71　正确停放车辆

（2）车辆及相关信息识别记录，找到车辆 VIN 号码、生产日期、胎压、轮胎型号、车牌号等如图 3.72 所示。

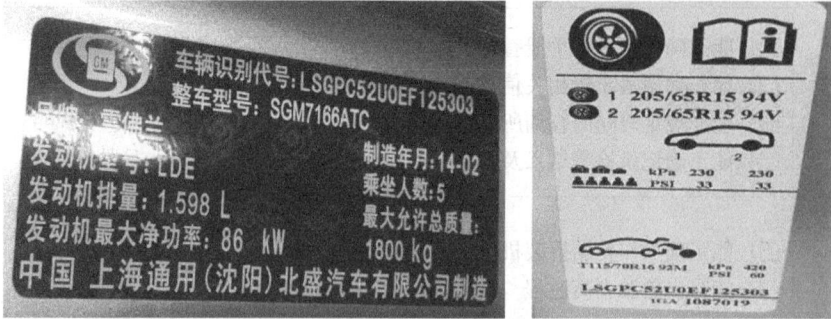

图 3.72　识别车辆信息

（3）准备工作驾驶员座椅，安装防护三件套，将挡位置于 N 挡并释放驻车制动，如图 3.73 所示。

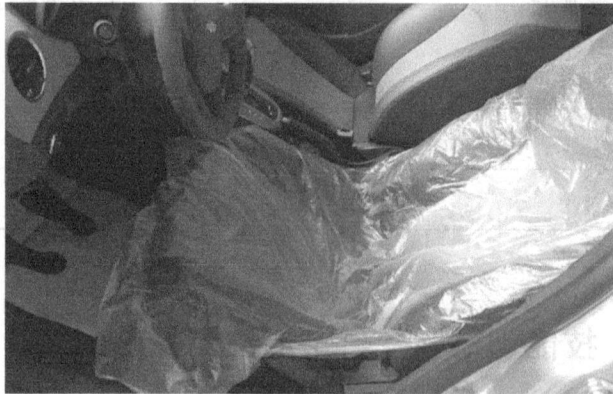

图 3.73　安装防护三件套

（4）在定位仪电脑程序中根据客户信息和相关记录建立车辆的档案，如图 3.74 所示。

（5）检查轮胎轮辋有无变形，轮胎有无异常磨损、胎压和标准值是否一致，型号与原厂是否一致，如图 3.75 所示。

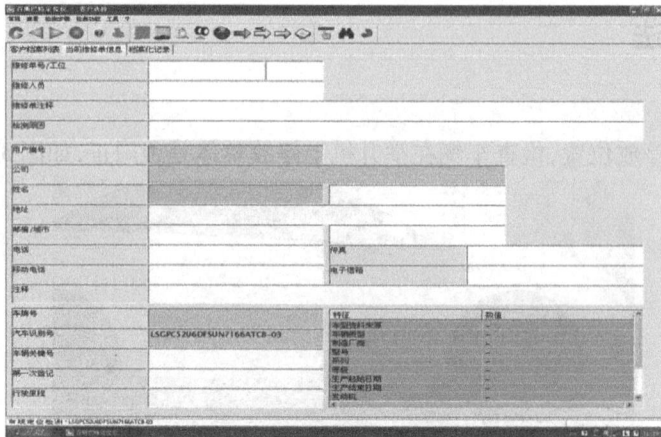

图 3.74　建立车辆档案

图 3.75　检查轮胎轮辋

(6)根据前面车辆相关数据完成车型数据选择。

①选择数据库,如图 3.76 所示。

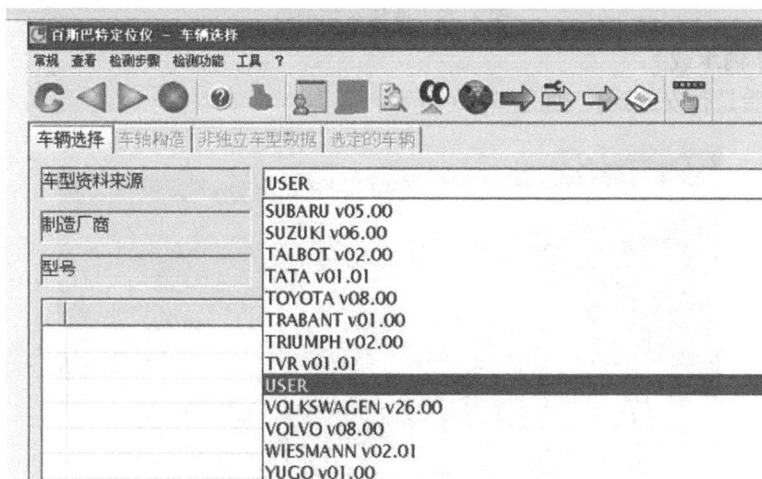

图 3.76　选择数据库

②选择生产厂家,如图 3.77 所示。

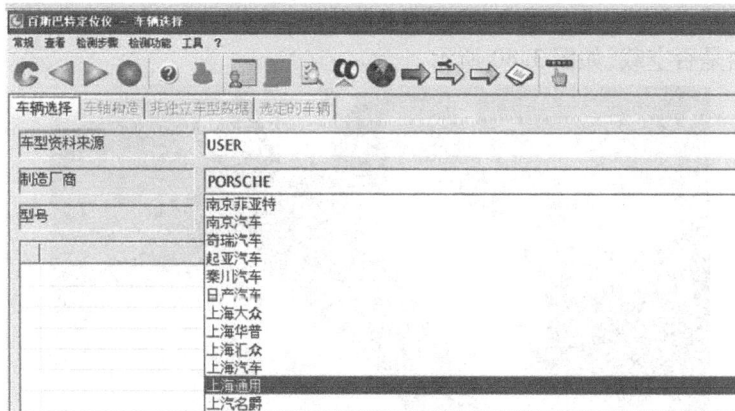

图 3.77　选择厂家

③选择车辆型号,如图 3.78 所示。

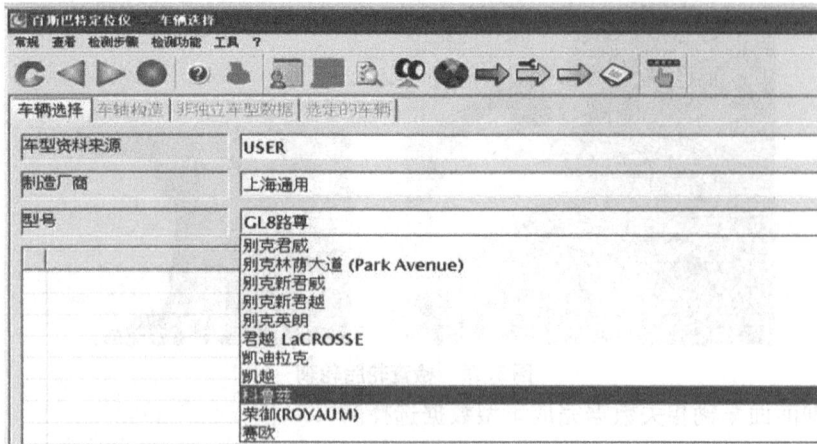

图 3.78　选择车辆型号

(7)检查车辆承载。

①检查备胎是否安放到位,如图 3.79 所示。

图 3.79　检查备胎是否安放到位

②驾驶室内是否空载,如图 3.80 所示。

图 3.80　驾驶室内空载

（8）目视车身外观，检查车身是否有严重撞击变形。

（9）录入车辆数据，如图 3.81 所示。

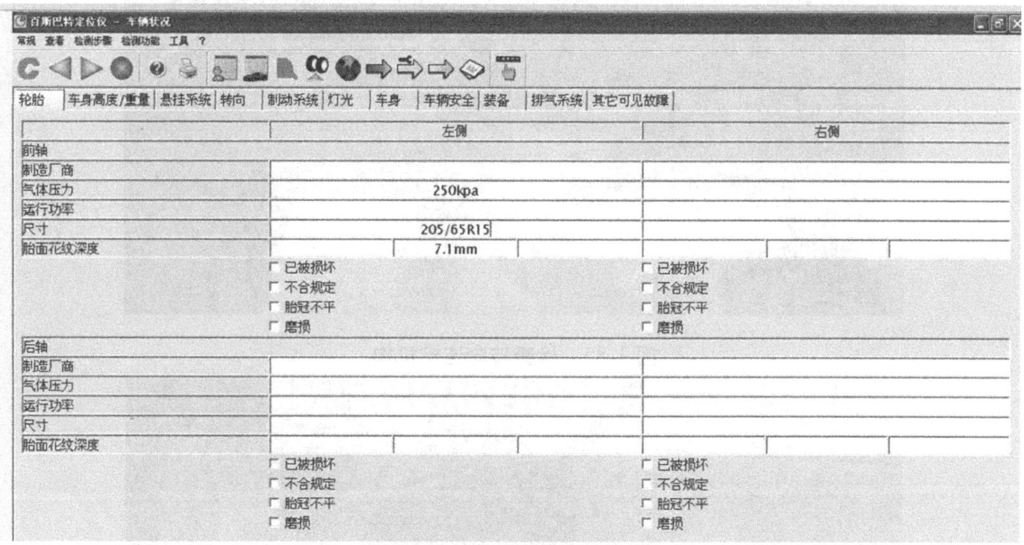

图 3.81　录入车辆数据

2. 底盘检查

（1）举升机大剪高位落锁，如图 3.82 所示。

图 3.82　举升、落锁

（2）检查转向连接机构，检查左右转向横拉杆及球头，检查转向机左右护套，如图 3.83 所示。

（3）检查前轴悬架左右前下控制臂前衬套、前稳定杆有无弯曲或损坏、左右下控制臂、左右下控制臂后衬套是否漏油或变形损坏，如图 3.84 所示。

（4）检查后轴悬架，后减振器是否变形、漏油、损坏，弹簧是否有明显锈蚀、损坏，如图3.85 所示。

图 3.83　检查转向连接机构

图 3.84　检查前轴悬架

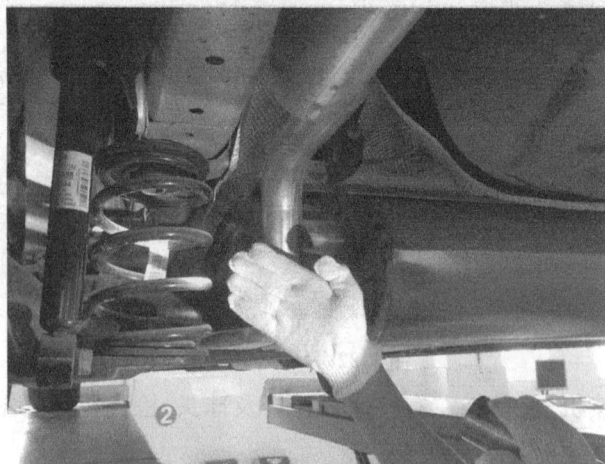

图 3.85　检查后轴悬架

3. 定位仪定位准备

（1）举升机大剪落最低锁位，如图 3.86 所示。

图3.86　举升机落最低锁位

（2）安装卡具。

①根据轮胎型号来确定卡爪尺寸并进行调整，释放上卡爪螺栓，如图3.87所示。

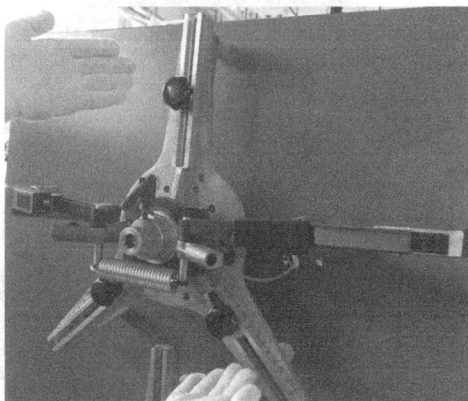

图3.87　确定卡爪尺寸

②调整夹紧臂，如图3.88所示。

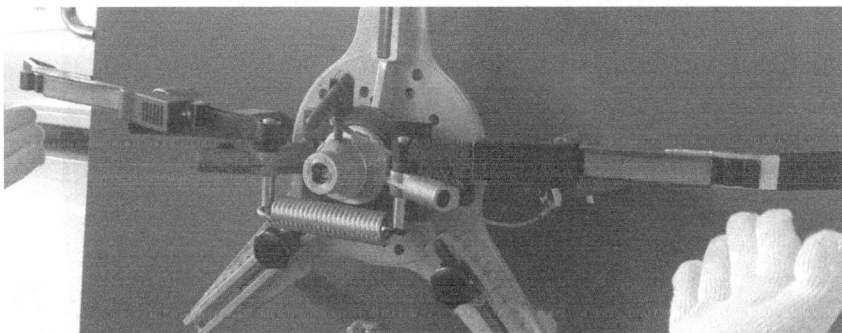

图3.88　调整夹紧臂

③安装加力杆，如图3.89所示。

④安装到车轮上面，如图3.90所示。

（3）安装传感器。

①确认传感器编号后安装传感器，如图3.91所示。

②调整水平锁止传感器，如图3.92所示。

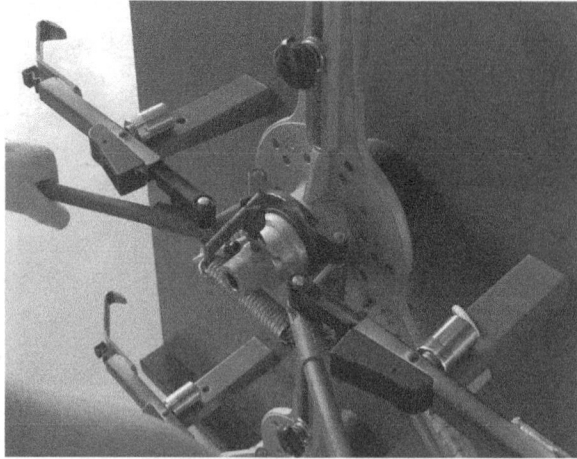

图 3.89　安装加力杆

图 3.90　安装到车轮上

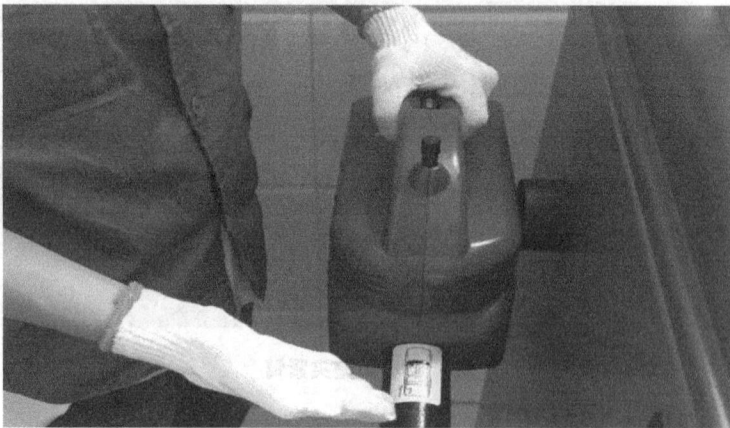

图 3.91　安装传感器

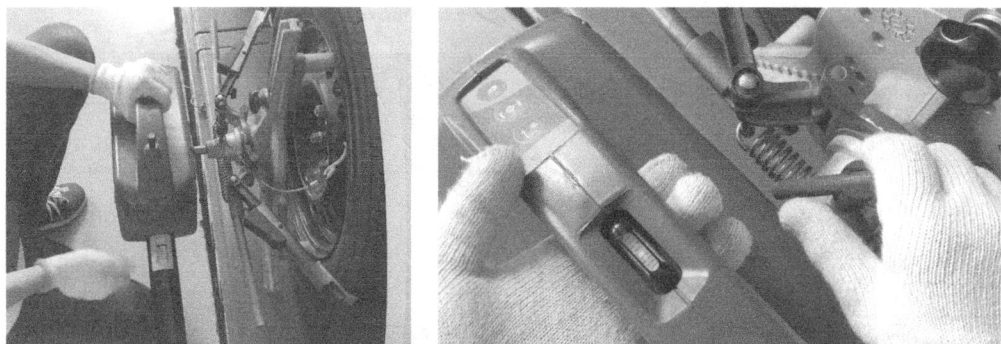

图 3.92　调整传感器

（4）安装线缆前先检查线缆有无损坏，如图 3.93 所示。

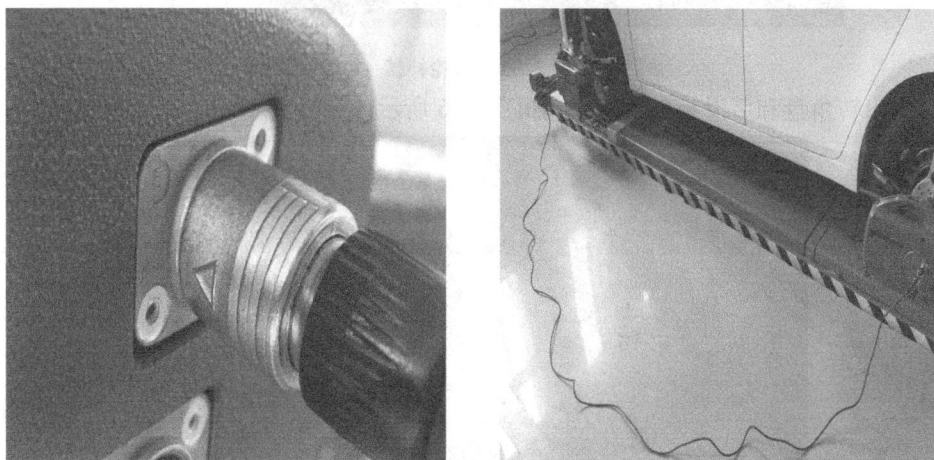

图 3.93　检查线缆

4.卡具、轮毂偏位补偿

（1）升起二次举升机，车轮悬空 10 cm 左右，如图 3.94 所示。

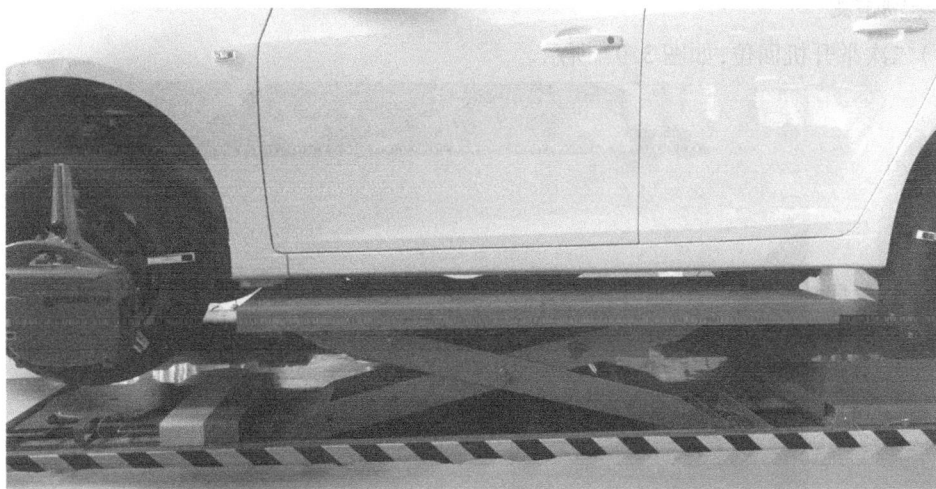

图 3.94　举升车辆、车轮悬空

（2）车轮补偿，如图 3.95 所示。

图 3.95　车轮补偿

（3）拔出转角盘和后滑板的固定销，如图 3.96 所示。

图 3.96　拔出固定销

5. 车辆检测

（1）二次举升机回位，如图 3.97 所示。

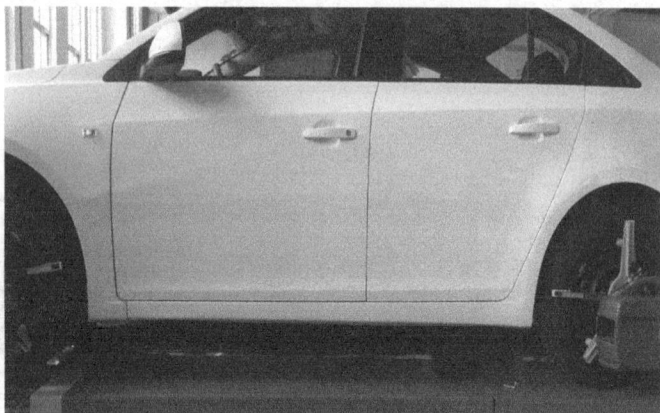

图 3.97　举升机回位

（2）调整前检测的准备工作，安装刹车销到位，锁住脚刹车踏板，如图 3.98 所示。

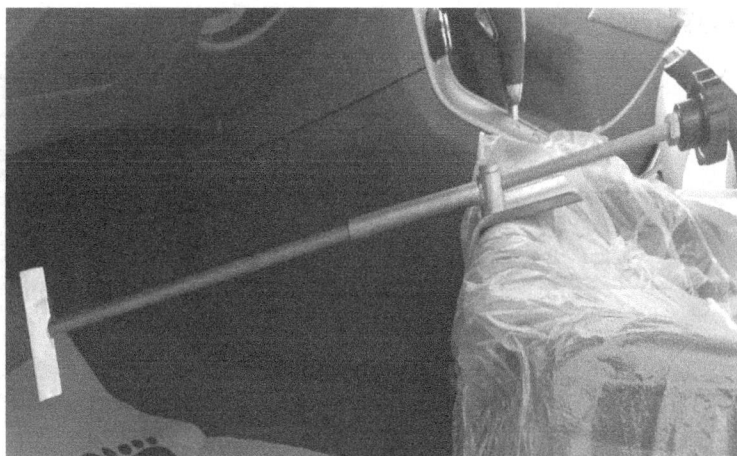

图 3.98　安装刹车销

（3）按照程序检测车辆，如图 3.99 所示。

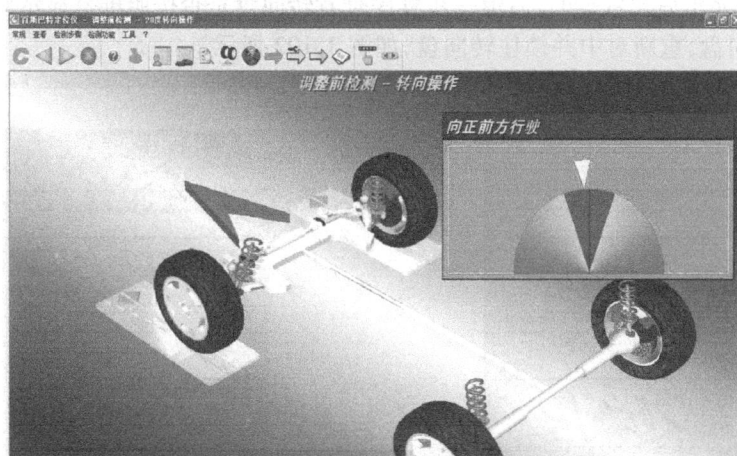

图 3.99　按程序检测车辆

（4）按照屏幕提示锁定转向盘，如图 3.100 所示。

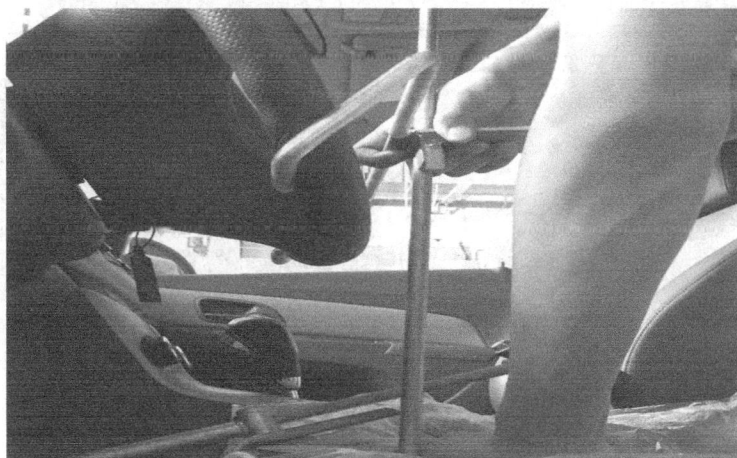

图 3.100　锁定转向盘

（5）将四个传感器调整水平，如图3.101所示。

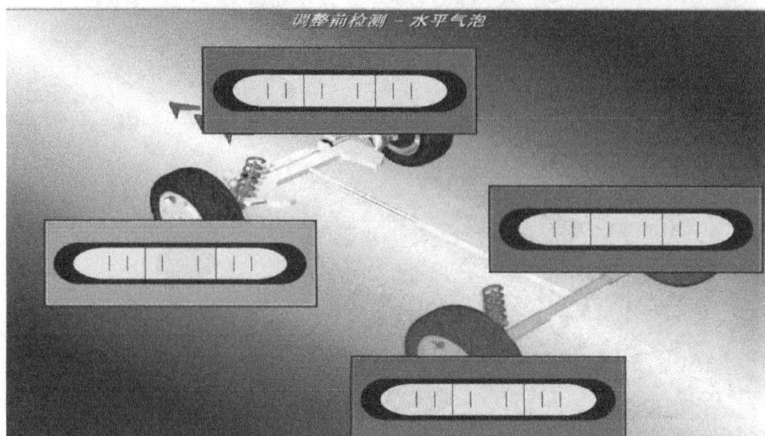

图3.101 调整传感器

（6）当屏幕显示后轮数据时，后退一步程序查看转向盘是否按照屏幕显示对中，如偏出需要再次调整转向盘，重新对中并锁住转向盘，如图3.102所示。

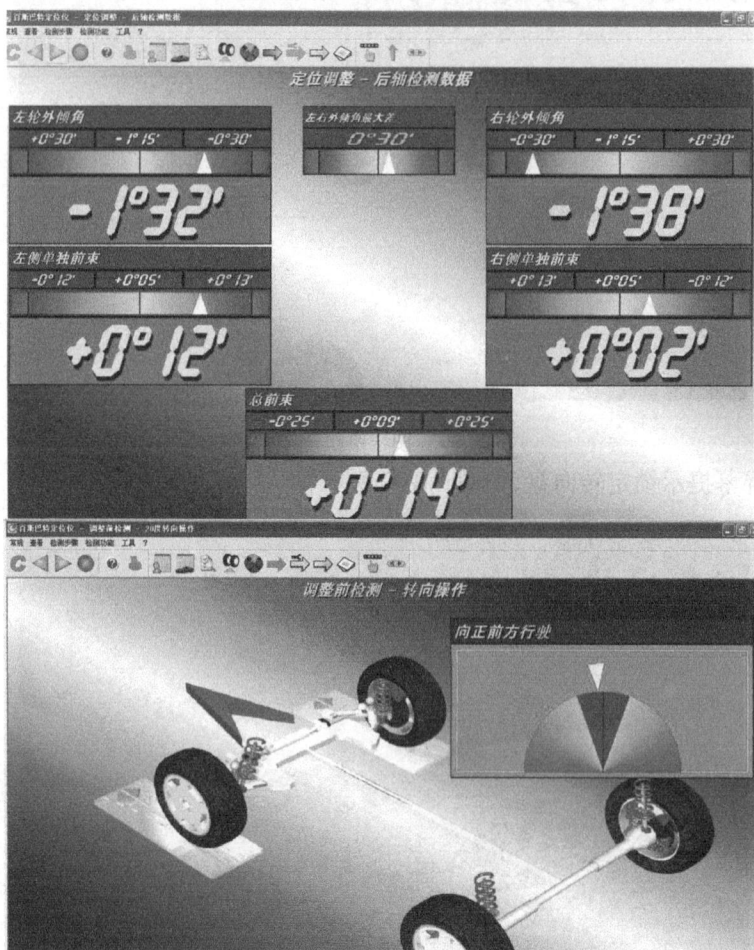

图3.102 再次调整转向盘

6. 定位调整

（1）举升机大剪高位落锁，如图 3.103 所示。

图 3.103　举升机高位落锁

（2）根据检测数据来调整车辆，如图 3.104 所示。
将数据从红色区间调整到绿色区间。

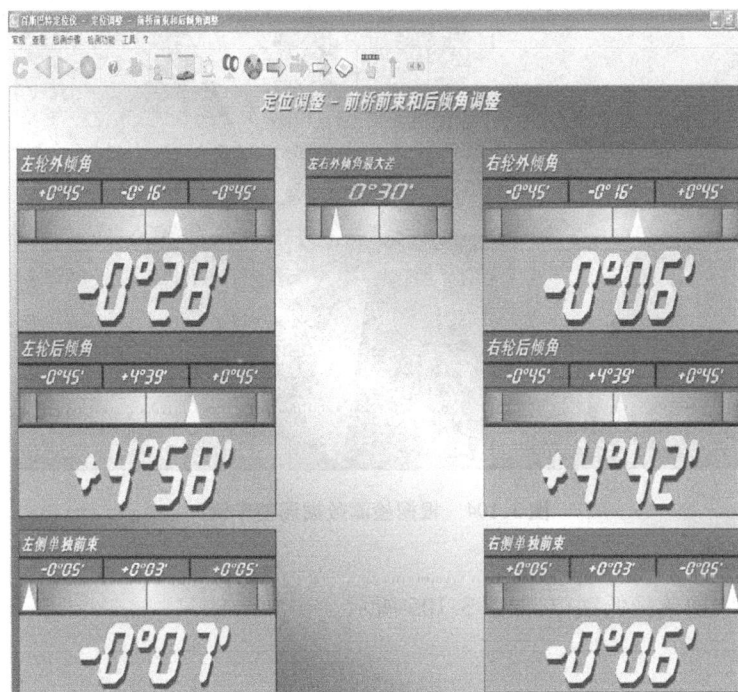

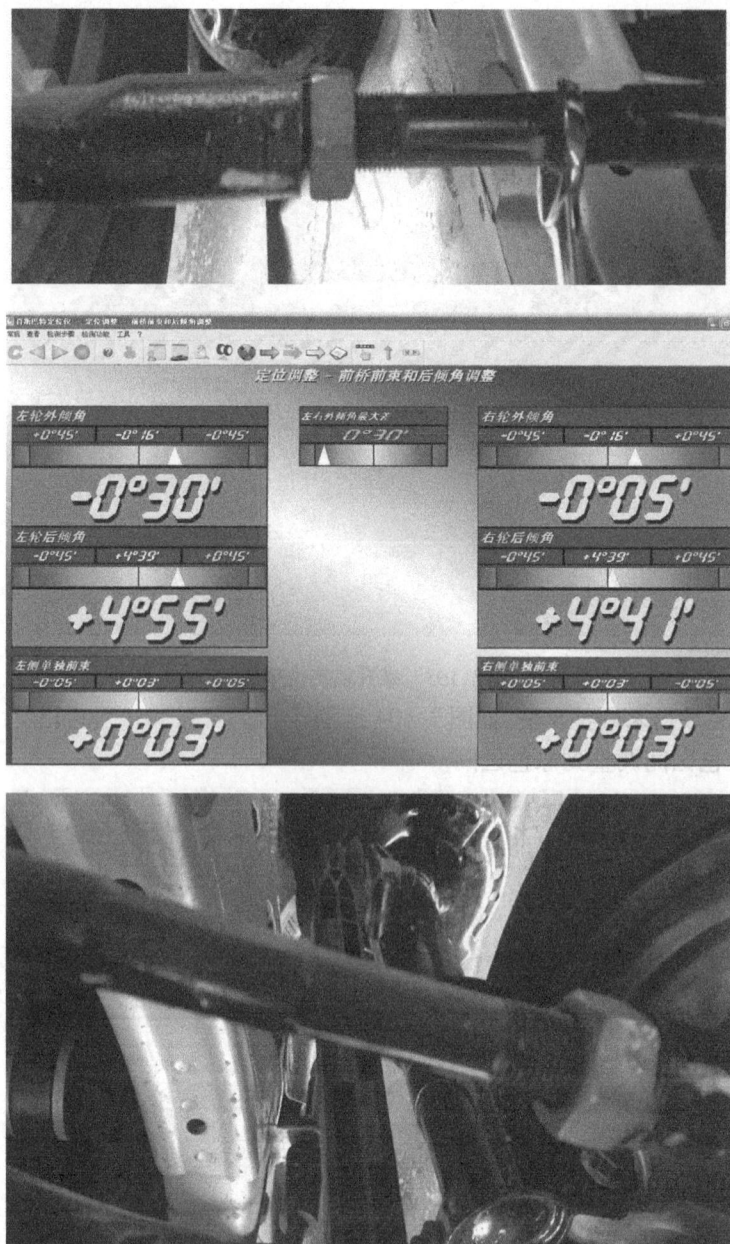

图 3.104　根据检测数据调整车辆

7.调整后检测

（1）举升机大剪落最低锁位,如图 3.105 所示。

图 3.105　举升机落最低锁位

（2）按照程序检测车辆，如图 3.106 所示。

图 3.106　按程序检测车辆

（3）打印检测报告，如图 3.107 所示。

（4）传感器放回到机柜充电，如图 3.108 所示。

（5）卡具收回后发至工件车，如图 3.109 所示。

图 3.107　打印检测报告

图 3.108　传感器放回到机柜充电

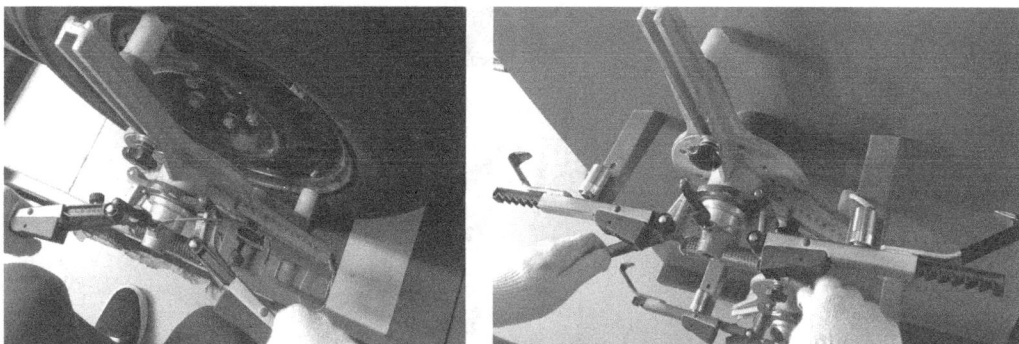

图 3.109　卡具收回

8. 设备还原,举升机最终回到最低位置

(1)升起小剪使车轮悬空,如图 3.110 所示。

图 3.110　升起车辆

(2)插入转角盘和后滑板的固定销将其固定,如图 3.111 所示。

图 3.111　用转角盘和固定销固定

(3)举升机复位,如图 3.112 所示。

图 3.112　举升机复位

（4）定位仪及其附件复位，如图 3.113 所示。

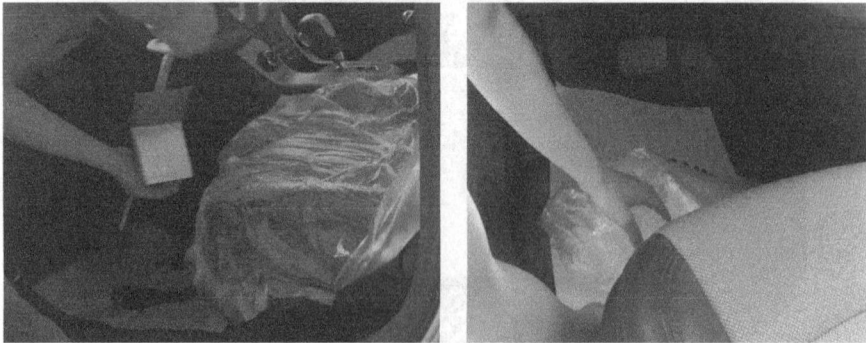

图 3.113　复位工具

三、注意事项

（1）安装定位仪器时注意调整好水平位置。
（2）连接仪器线缆防止打结，出现数据中断。

四、技能训练记录

请结合检测过程记录相关检测结果及数据，并对检测结果进行分析判断。

车型		发动机型号	
VIN 码		排量	
左轮外倾角			
左轮后倾角			
左侧单独前束			
左右外倾角最大差			
右轮外倾角			
右轮后倾角			
右侧单独前束			

五、考核要点与评分标准

序号	评分项	得分条件	配分/分	评分要求	得分/分	测评结果
1	安全/6S/态度	□1. 能进行工位 6S 操作 □2. 能进行设备和工具安全检查 □3. 能进行车辆/设备安全防护 □4. 能进行工具清洁、校准、存放操作 □5. 能进行"三不落地"操作	15	未完成 1 项扣 3 分,扣分不超过 15 分		□合格 □不合格
2	专业技术能力	□1. 能正确安装卡具 □2. 能正确安装定位仪器 □3. 能正确操作四轮定位仪器系统 □4. 能正确调整转动盘 □5. 能正确调整定位偏差	35	未完成 1 项扣 7 分,扣分不超过 35 分		□合格 □不合格
3	工具及设备使用能力	□1. 能正确使用维修工具 □2. 能正确使用四轮定位仪器 □3. 能正确调整四轮偏差	15	未完成 1 项扣 5 分,扣分不超过 15 分		□合格 □不合格
4	资料、信息查询能力	□1. 能正确使用维修手册查询资料 □2. 能正确填写车辆相关信息 □3. 能在规定时间内查询所需资料 □4. 能正确记录检测结果及数据	20	未完成 1 项扣 5 分,扣分不超过 20 分		□合格 □不合格
5	数据判读和分析能力	□1. 能分析汽车四轮偏差是否正常 □2. 能得出正确的维修结论	10	未完成 1 项扣 5 分,扣分不得超过 10 分		□合格 □不合格
6	表单填写与报告撰写能力	□1. 字迹清晰 □2. 语句通顺 □3. 无错别字 □4. 无涂改 □5. 无抄袭	5	未完成 1 项扣 1 分,扣分不得超过 5 分		□合格 □不合格
7		如出现安全事故本技能不合格				
8		总评				

任务 3.3　转向系统检修

3.3.1　作用

转向系统是指由驾驶员操纵,能实现转向轮偏转和复位的一套机构。转向系的作用是根据需要使转向轮发生偏转,适时地改变汽车的行驶方向确保汽车稳定安全正常驾驶。

3.3.2 基本组成

汽车转向系统按转向动力源的不同分为机械转向系和动力转向系两大类。

机械转向系以驾驶员的体力作为转向动力源,系统所有传动件都是机械的,如图 3.114 所示。机械转向系由转向操纵机构、机械转向器和转向传动机构三大部分组成。从转向盘到机械转向器之间的一系列零件称为转向操纵机构,它主要包括转向盘、转向轴、转向轴管、万向节等;从机械转向器到转向轮之间的零件称为转向传动机构,它主要包括转向横拉杆、转向节臂、转向减振器等。

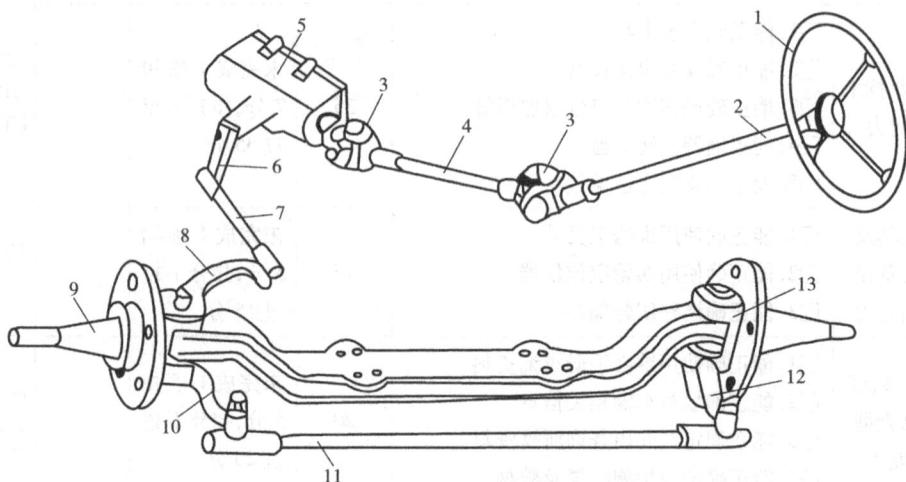

图 3.114　机械转向系的组成
1—转向盘;2—转向轴;3—转向万向节;4—转向传动轴;5—转向器;
6—转向摇臂;7—转向直拉杆;8—转向节臂;9—左转向节;
10,12—左右梯形臂;11—转向横拉杆;13—右转向节

动力转向系是在机械转向系统的基础上,增加了一套液压助力装置,动力转向系一般由转向动力装置和转向机械装置(机械转向器、转向操纵机构和转向传动机构)组成。其中,转向动力装置主要由转向控制阀、转向动力缸、转向油泵(叶片泵)、油罐等构成。目前,轿车和重型载货汽车广泛应用动力转向系。

3.3.3 转向传动机构

转向传动机构的作用是将转向器输出的力和运动传给左右两侧转向轮,使转向轮偏转实现转向。非独立悬架配用的转向传动机构主要包括转向摇臂、转向直拉杆、转向横拉杆、转向节臂和左、右梯形臂等机件,独立悬架配用的转向机构主要包括转向横拉杆、转向节臂等机件,各传动杆件之间采用球头连接。

技能训练 1　车辆转向器的拆卸

一、设备及工具准备

(1)设备准备:车辆。

(2)工量具准备:维修工具车、扭力扳手、台虎钳、铜棒、手压机、车轮挡块、抹布、防护三件套等。

二、车辆转向器拆装

转向系总成如图 3.115 所示。

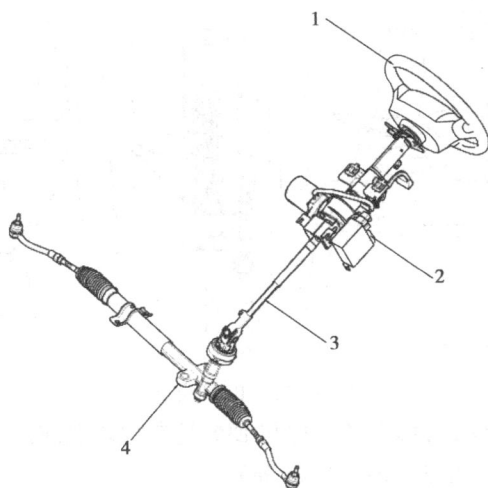

电动助力转向
系统的检测

图 3.115　转向系总成

1—转向盘;2—转向柱和 EPS 控制模块总成;

3—万向节总成;4—转向器

(1)拧下螺栓,拆卸安全气囊总成,如图 3.116 所示。

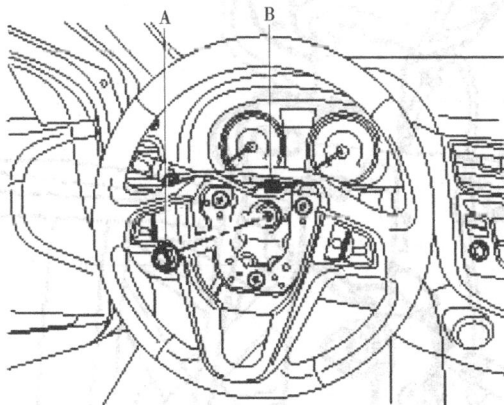

图 3.116　安全气囊总成

（2）拧下锁止螺母，分离连接器，拆卸转向盘。拆卸时不要敲击转向盘，这会损坏转向柱。

（3）拧下螺钉，拆卸转向柱上护罩与下护罩。

（4）分离连接器，拆卸时钟弹簧。

（5）分离连接器。

（6）拧下螺钉，拆卸组合开关。

（7）拆卸仪表板侧盖、保险丝盒盖与下部防撞板。

（8）拧下螺栓，分离转向器小齿轮的万向节总成。

（9）分离连接到转向柱与 EPS 控制模块总成的所有连接器。

（10）拆卸 BCM 装置，如图 3.117 所示。

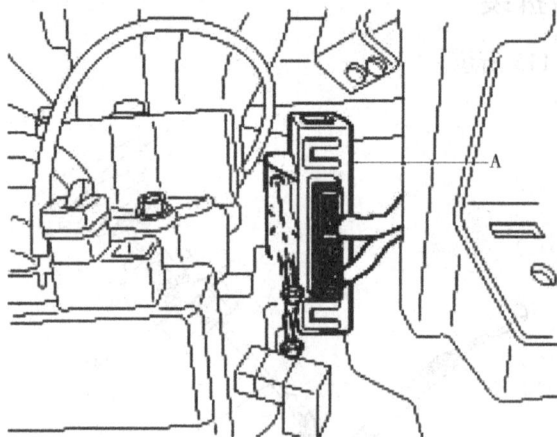

图 3.117　BCM 装置

（11）拧下装配螺栓与螺母，拆卸转向柱与 EPS 控制模块总成。

（12）拆卸前轮和轮胎（88.3～107.9 N·m）。

（13）拧下螺母后，从前支柱总成 A 分离稳定器连杆 B，如图 3.118 所示。

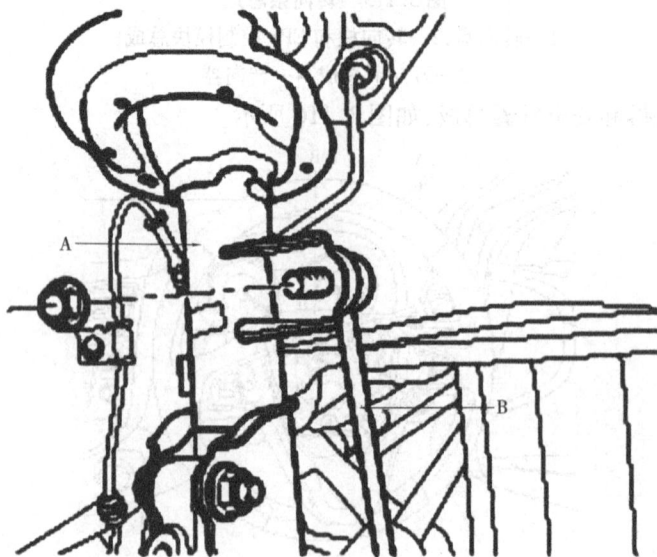

图 3.118　分离稳定器连杆

（14）拧下螺母,从前桥拆卸横拉杆末端 A(15.7 ~ 33.3 N·m)。

（15）拧下螺母,拆卸下摆臂 A,如图 3.119 所示。

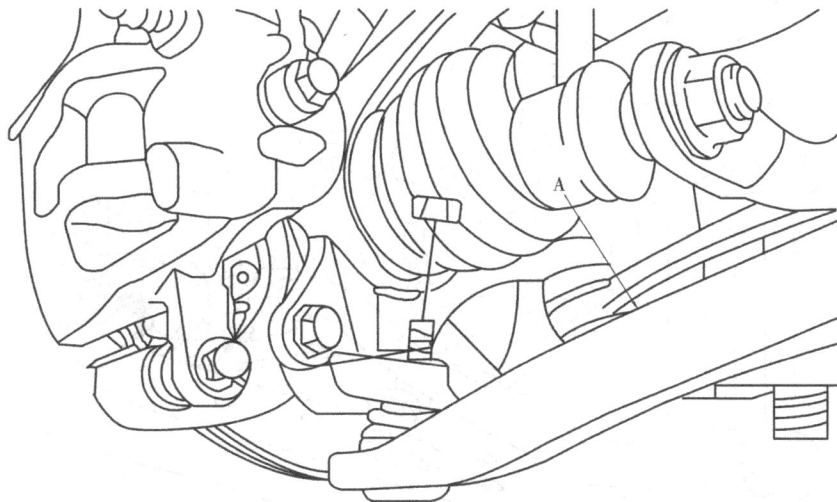

图 3.119　下摆臂

（16）拧松螺栓 A,从转向器小齿轮分离万向节总成。

（17）通过拧下滚子杆装配螺母与螺母,从车身上拆卸横梁。

（18）拧下螺栓与螺母,拆卸前副车架 A,如图 3.120 所示。

（19）通过拧下装配螺栓,从前副车架上拆卸转向器 A(58.8 ~ 78.8 N·m),如图 3.121 所示。

（20）按拆卸的相反顺序安装。

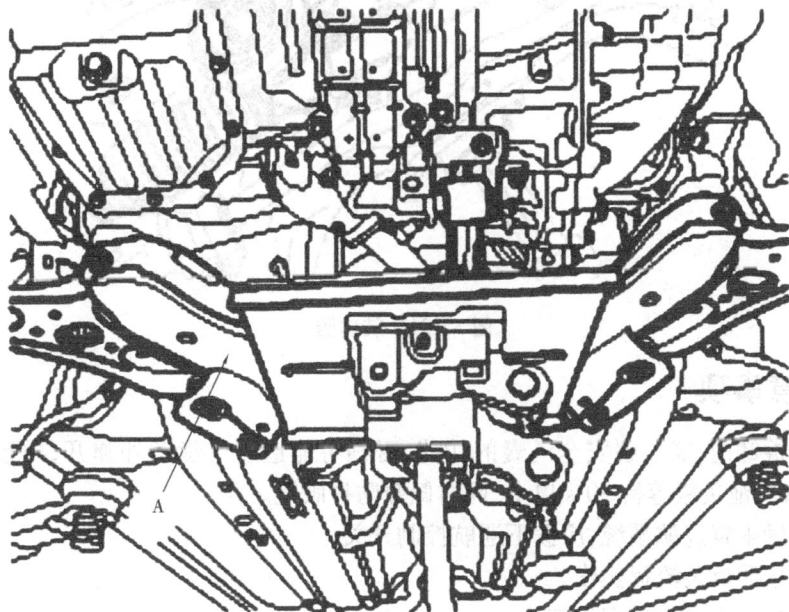

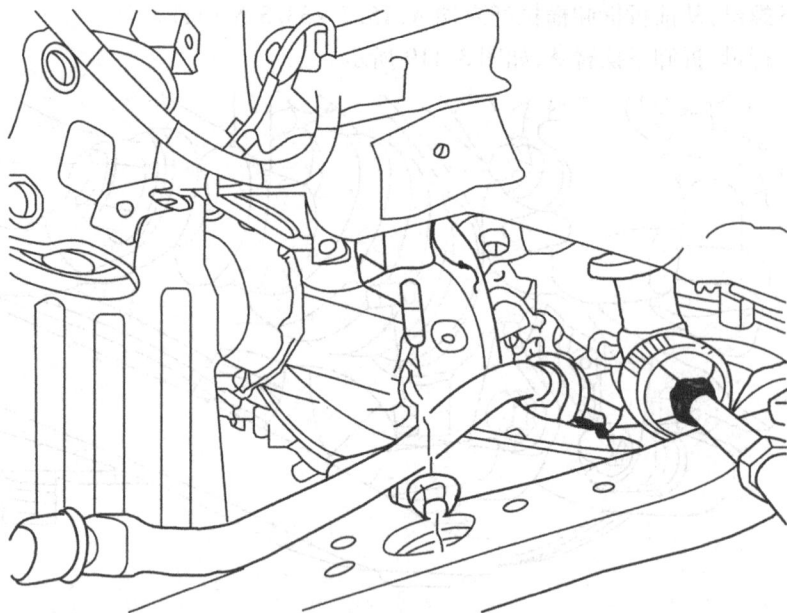

图 3.120　前副车架

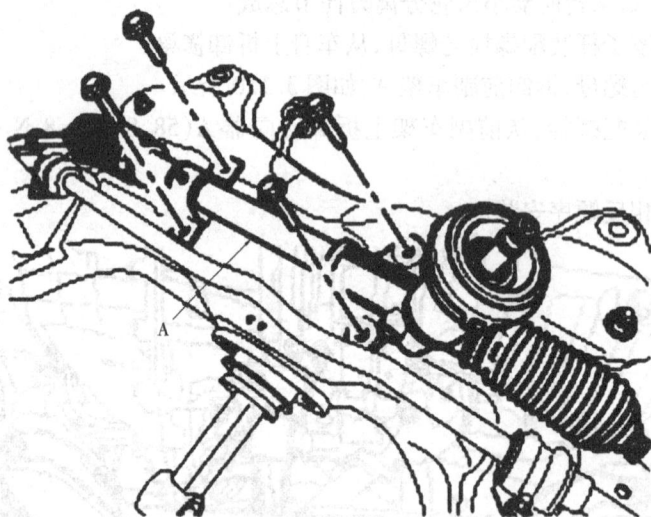

图 3.121　转向器

三、注意事项

（1）气囊拆卸前，需了解安全气囊的功能，否则可能造成气囊意外弹开，导致事故发生。维修时断开蓄电池负极等待 30 s 以上，同时佩戴防护眼镜。

（2）如车辆配置巡航系统，应拨下巡航控制开关。

（3）严格按照拆装流程操作。

（4）注意各装配标记和润滑部位。

四、技能训练记录

请结合检测过程记录相关检测结果及数据,并对检测结果进行分析判断。

车型		发动机型号	
VIN 码		排量	
项目	情况记录(是否损坏、变形、分裂)		
转向柱	□正常/□不正常		
转向球头	□正常/□不正常		
倾斜支架	□正常/□不正常		
安全气囊总成	□正常/□不正常		
判定结果	□合格/□不合格		
维修意见			

五、考核要点与评分标准

序号	评分项	得分条件	配分/分	评分要求	得分/分	测评结果
1	安全/6S/态度	□1. 能进行工位 6S 操作 □2. 能进行设备和工具安全检查 □3. 能进行车辆/设备安全防护 □4. 能进行工具清洁、校准、存放操作 □5. 能进行"三不落地"操作	15	未完成 1 项扣 3 分,扣分不超过 15 分		□合格 □不合格
2	专业技术能力	□1. 能正确检查蓄电池电压 □2. 能正确安装后车轮挡块 □3. 能正确防护三件套 □4. 能正确分离蓄电池负极导线,至少等待 30 s 再进行其他操作 □5. 能正确拆装安全气囊总成 □6. 能正确拆卸组合开关 □7. 能正确拆卸 BCM 装置 □8. 能正确拆卸转向柱与 EPS 控制模块总成 □9. 能正确拆装转向器 □10. 能正确拆装横拉杆 □11. 能正确拆装下摆臂 □12. 能正确拆装副车架 □13. 能正确按照顺序拆装 □14. 能正确进行复测	35	未完成 1 项扣 5 分,扣分不超过 35 分		□合格 □不合格

续表

序号	评分项	得分条件	配分/分	评分要求	得分/分	测评结果
3	工具及设备使用能力	□1.能正确使用维修工具 □2.能正确使用测量工具 □3.能正确使用拆装工具	15	未完成1项扣5分,扣分不超过15分		□合格 □不合格
4	资料、信息查询能力	□1.能正确使用维修手册查询资料 □2.能正确填写车辆相关信息 □3.能在规定时间内查询所需资料 □4.能正确记录检测结果及数据	20	未完成1项扣5分,扣分不超过20分		□合格 □不合格
5	数据判读和分析能力	□1.能分析零部件是否正常 □2.能得出正确的维修结论	10	未完成1项扣5分,扣分不得超过10分		□合格 □不合格
6	表单填写与报告撰写能力	□1.字迹清晰 □2.语句通顺 □3.无错别字 □4.无涂改 □5.无抄袭	5	未完成1项扣1分,扣分不得超过5分		□合格 □不合格
7		如出现安全事故本技能不合格				
8		总评				

技能训练 2　齿轮齿条式转向器分解

一、设备及工具准备

(1)设备准备:车辆、举升机。

(2)工量具准备:维修工具车、车轮挡块、抹布、防护三件套、接油盆、清洗剂、润滑脂、气动扳手、扭力扳手、手电筒、手套等。

二、转向器分解

齿轮齿条转向器如图 3.122 所示。

(1)从横拉杆 A 上拆卸横拉杆端部 B,如图 3.123 所示。

(2)从球头 A 拆卸防尘套 B,如图 3.124 所示。

(3)拆卸波纹管箍带 A,如图 3.125 所示。

(4)拆卸波纹管夹 A,如图 3.126 所示。

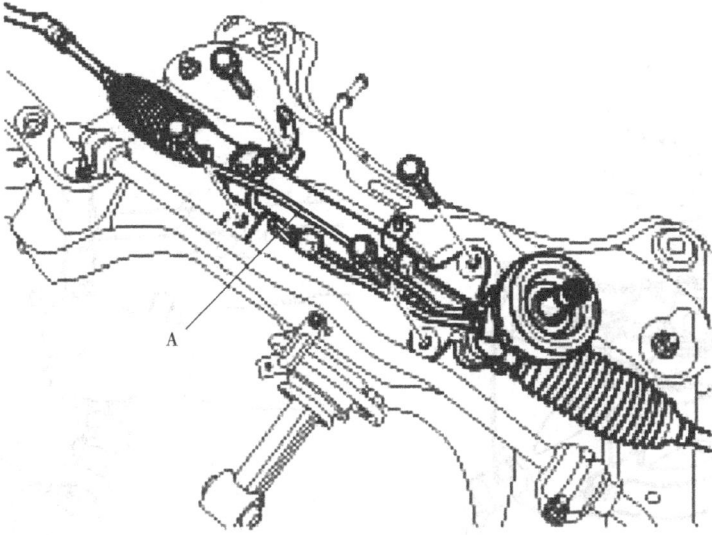

图 3.122　齿轮齿条转向器

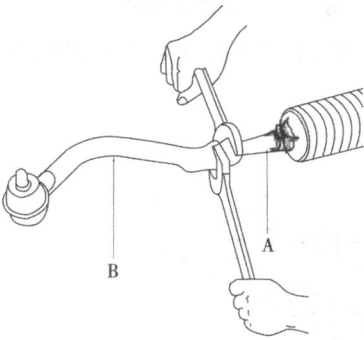

图 3.123　拆卸横拉杆

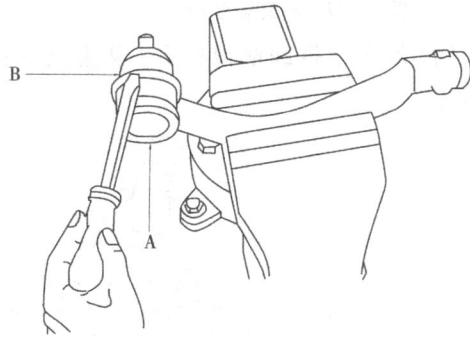

图 3.124　拆卸球头防尘套

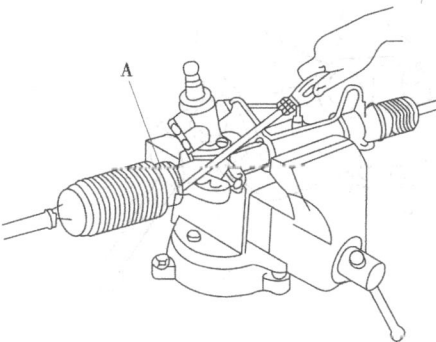

图 3.125　拆卸波纹管箍带

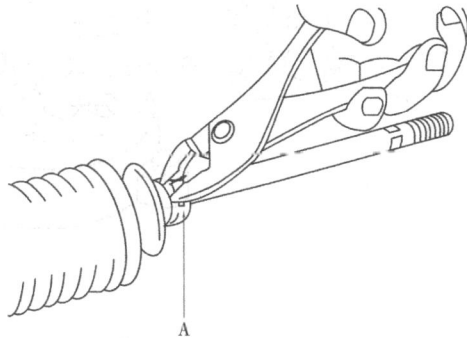

图 3.126　拆卸波纹管夹

（5）朝横拉杆方向拉出波形管。更换波纹管时,检查齿条是否生锈。

（6）从转向器上拆卸供油管 A,如图 3.127 所示。

（7）缓慢移动齿条,排放齿条壳中的液体。

（8）用凿子松动固定横拉杆 B 和齿条 C 的有耳垫圈 A,如图 3.128 所示。

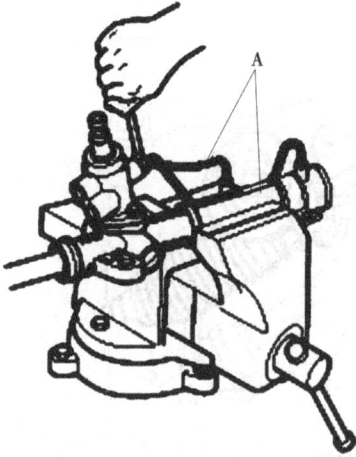

图 3.127　拆卸供油管

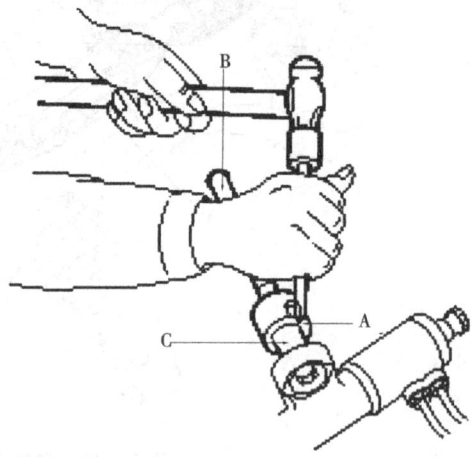

图 3.128　松动单垫圈

(9)从齿条 A 上拆卸横拉杆 B。从齿条 A 拆卸横拉杆 B 时,注意不要扭曲齿条,如图 3.129 所示。

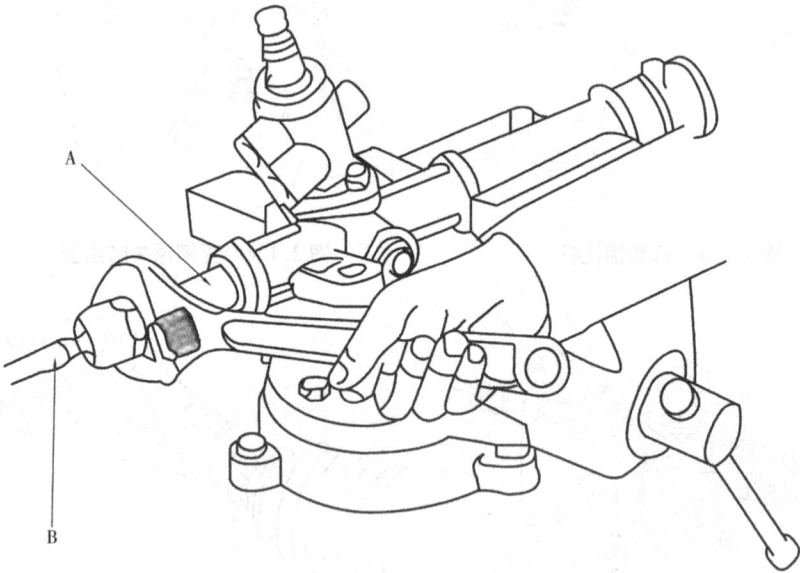

图 3.129　拆卸横拉杆

(10)拆卸压块锁止螺母 A,如图 3.130 所示。

(11)使用 14 mm 套筒扳手 A 拆卸塞 B,如图 3.131 所示。

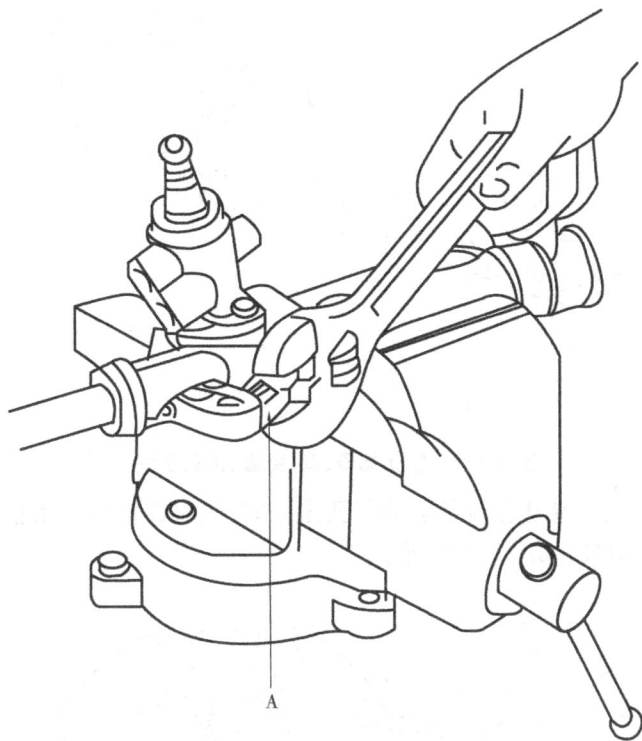

图 3.130   拆卸压块锁止螺母

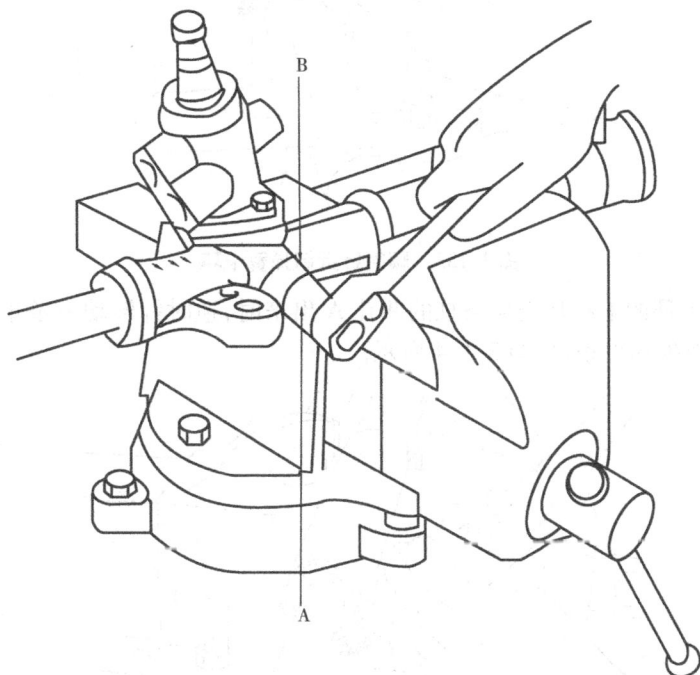

图 3.131   拆卸塞

(12)从转向器上拧下锁止螺母 A、塞 B、弹簧 C 和齿条压块 D,如图 3.132 所示。

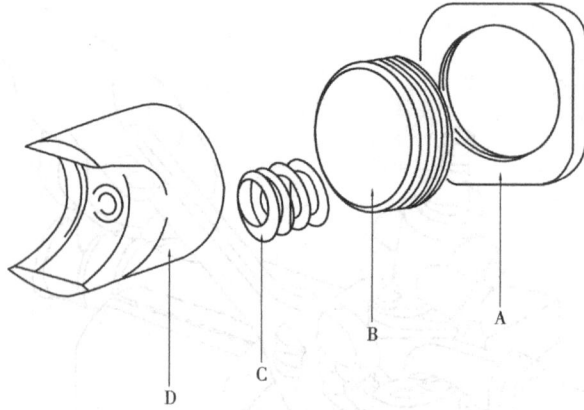

图 3.132　锁止螺母、塞、弹簧、齿条压块

(13)当弹簧卡环的末端从壳齿条缸的凹孔出来时,顺时针转动齿条止动器 A,拆卸弹簧卡环。注意不要损坏齿条,如图 3.133 所示。

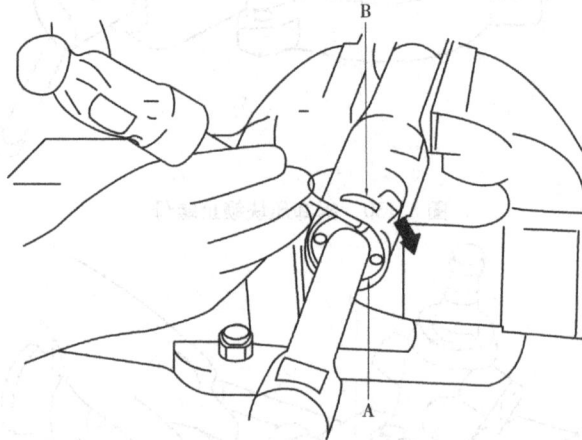

图 3.133　顺时针拆卸弹簧卡环

(14)当弹簧卡环的末端从壳齿条缸的凹孔 A 出来时,逆时针转动齿条止动器 B,拆卸弹簧卡环。注意不要损坏齿条,如图 3.134 所示。

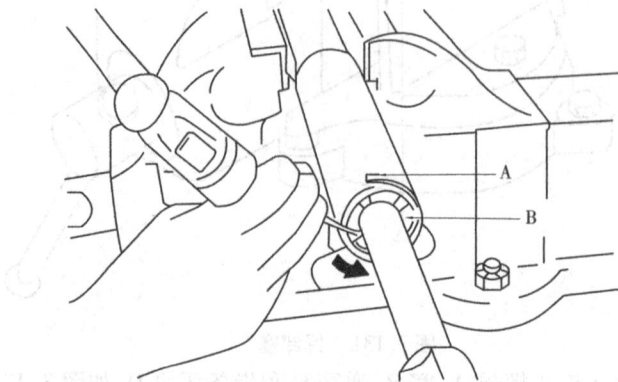

图 3.134　逆时针拆卸弹簧卡环

（15）从齿条壳上拆卸齿条衬套和齿条。

（16）从齿条壳 B 上拆卸 O 形环 A,如图 3.135 所示。

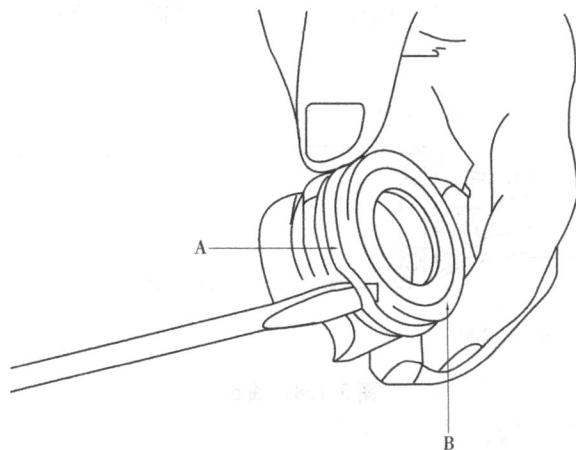

图 3.135 拆卸 O 形环

（17）从齿条壳 A 上分离油封 B,如图 3.136 所示。

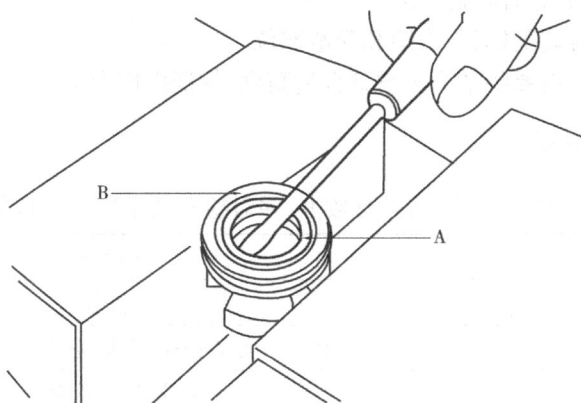

图 3.136 分离油封

（18）用软锤子从阀体壳 B 拆卸阀体 A,如图 3.137 所示。

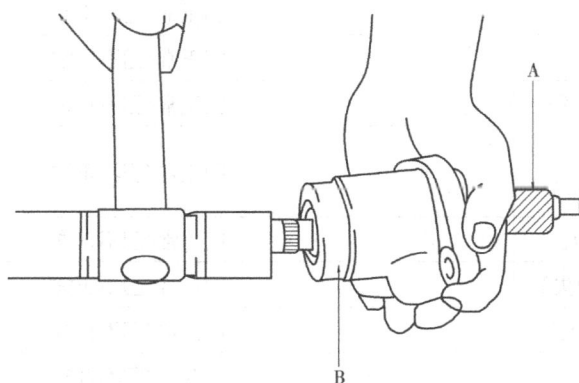

图 3.137 阀体

（19）使用专用工具，从阀体壳拆卸油封和滚珠轴承。

（20）从齿条壳上拆卸油封和O形环。避免损坏齿条壳内的小齿轮阀缸。

（21）使用专用工具，从齿条壳拆卸油封A。注意不要损坏齿条壳内的齿条缸，如图3.138所示。

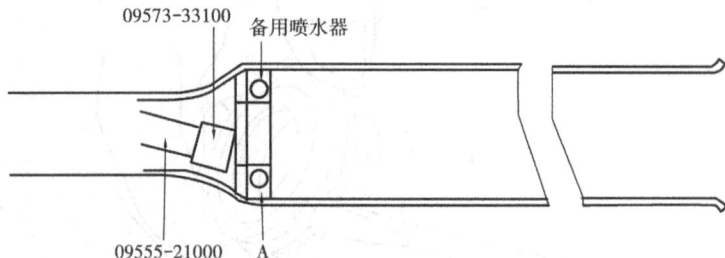

图3.138　油封

（22）按分解的反顺序组装。

三、注意事项

（1）拆装时，应严格按照流程操作。

（2）拆装时，注意各装配标记、力矩和润滑部位。

（3）使用举升机时，需要将举升机举到合适高度，保证操作安全。

四、技能训练记录

请结合检测过程记录相关检测结果及数据，并对检测结果进行分析判断。

车型		发动机型号	
VIN码		排量	
项目	情况记录（是否损坏、磨损、弯曲、分裂、老化）		
检查齿条、齿面	□正常/□不正常		
检查油封接触面	□正常/□不正常		
检查齿条是否弯曲	□正常/□不正常		
检查油封、油封环	□正常/□不正常		
检查小齿轮齿面	□正常/□不正常		
检查油封接触面、密封环	□正常/□不正常		
检查轴承转动 （是否咬粘或有异常噪声）	□正常/□不正常		
检查轴承间隙是否过大	□正常/□不正常		
检查轴承的滚子（是否缺失）	□正常/□不正常		
检查齿条壳、衬套和缸孔	□正常/□不正常		
判断	□合格/□不合格		
结论及分析			

五、考核要点与评分标准

序号	评分项	得分条件	配分/分	评分要求	得分/分	测评结果
1	安全/6S/态度	□1. 能进行工位 6S 操作 □2. 能进行设备和工具安全检查 □3. 能进行车辆/设备安全防护 □4. 能进行工具清洁、校准、存放操作 □5. 能进行"三不落地"操作	15	未完成 1 项扣 3 分,扣分不超过 15 分		□合格 □不合格
2	专业技术能力	□1. 能正确安装后车轮挡块 □2. 能正确安装防护三件套 □3. 能正确检查蓄电池电压 □4. 能正确检查齿条、齿面是否损坏或磨损 □5. 能正确检查油封接触面是否损坏 □6. 能正确检查齿条是否弯曲或扭曲 □7. 检查油封、油封环是否损坏或磨损 □8. 检查小齿轮齿面是否损坏或磨损 □9. 检查轴承转动时是否咬粘或有异常噪声 □10. 检查轴承间隙是否过大 □11. 检查滚针轴承的滚子是否缺失 □12. 检查齿条壳、衬套和缸孔是否损坏、分裂或老化 □13. 能正确进行判断	35	未完成 1 项扣 5 分,扣分不超过 35 分		□合格 □不合格
3	工具及设备使用能力	□1. 能正确使用维修工具 □2. 能正确使用测量工具 □3. 能正确使用拆装工具	15	未完成 1 项扣 5 分,扣分不超过 15 分		□合格 □不合格
4	资料、信息查询能力	□1. 能正确使用维修手册查询资料 □2. 能正确填写车辆相关信息 □3. 能在规定时间内查询所需资料 □4. 能正确记录检测结果及数据	20	未完成 1 项扣 5 分,扣分不超过 20 分		□合格 □不合格
5	数据判读和分析能力	□1. 能分析零部件是否正常 □2. 能得出正确的维修结论	10	未完成 1 项扣 5 分,扣分不得超过 10 分		□合格 □不合格

续表

序号	评分项	得分条件	配分/分	评分要求	得分/分	测评结果
6	表单填写与报告撰写能力	□1. 字迹清晰 □2. 语句通顺 □3. 无错别字 □4. 无涂改 □5. 无抄袭	5	未完成 1 项扣1 分,扣分不得超过 5 分		□合格 □不合格
7		如出现安全事故本技能不合格				
8		总评				

技能训练 3　转向拉杆及球头检查与更换

一、设备及工具准备

(1)设备准备:车辆或实验台架、举升机。

(2)工量具准备:工具车、车轮挡块、抹布、防护三件套、气动扳手、扭力扳手、手电筒、手套等。

二、操作方法

1. 测量条件

(1)车辆在空载时,轮胎气压符合规定要求。

(2)悬架系统性能正常。

(3)车辆停放在水平地面上进行检查调整。

2. 主要检测步骤

(1)拆卸。

①准备工具,并检查工具。

②拆卸车轮。

③拆卸转向横拉杆及球头。

④分解拉杆及球头。

⑤更换转向球头。

(2)转向拉杆及球头的检查。

检查转向拉杆有无腐蚀、断裂、弯曲变形,检查球头防尘套是否破裂漏油,检查球头是否变形。

(3)检测结果分析。

①横拉杆杆体有无裂纹、弯曲,其直线度误差一般应小于 2 mm,否则应校直,直拉杆 8 字孔磨损不超过 2 mm。

②各螺纹部位不应有损坏,与螺塞配合不松旷,否则应更换。

③球头销、球座体及钢碗无裂纹、不起槽;球头销颈部磨损不超过 1 mm,球面磨损失圆小于 0.50 mm,螺纹完好;弹簧不应有弹力减弱或折断。

(4)防尘装置应齐全有效。

(5)转向拉杆球头销预紧度的调整。

①组装横、直拉杆总成时,注意在球头销、球碗表面涂抹润滑油。

②组装直拉杆时,用弯头扳手将调整螺塞拧到底后,再退回 1/4 圈左右,并使开口销孔对准,然后穿入开口销锁止螺塞。

③组装横拉杆时,将螺塞拧到底,再退回 1/4 ~ 1/2 圈,装上开口销锁止螺塞。

三、注意事项

机械转向系中由于维护调整不当、磨损、碰撞变形等原因,会使转向器过紧、转向传动机构和转向操纵机构松旷、变形、发卡等,造成转向沉重、行驶跑偏、单边转向不足、低速摆头、高速摆头等故障。在维修作业中必须严格按照维修手册指导作业。

四、技能训练记录

请结合检测过程记录相关检测结果及数据,并对检测结果进行分析判断。

车型		发动机型号	
VIN 码		排量	
项目	情况记录		
检查拉杆有无腐蚀、断裂、弯曲变形	□正常/□不正常		
检查球头防尘套是否破裂漏油,是否变形	□正常/□不正常		
检查转向助力液液位是否过低	□正常/□不正常		
检查转向液压油箱中是否有泡沫	□正常/□不正常		
判断	□合格/□不合格		
结论及分析			

五、考核要点与评分标准

序号	评分项	得分条件	配分/分	评分要求	得分/分	测评结果
1	安全/6S/态度	□1. 能进行工位 6S 操作 □2. 能进行设备和工具安全检查 □3. 能进行车辆/设备安全防护 □4. 能进行工具清洁、校准、存放操作 □5. 能进行"三不落地"操作	15	未完成 1 项扣 3 分,扣分不超过 15 分		□合格 □不合格
2	专业技术能力	□1. 能正确安装后车轮挡块 □2. 能正确安装防护三件套 □3. 能正确检查拉杆有无腐蚀、断裂、弯曲变形 □4. 能正确检查球头防尘套是否破裂漏油,是否变形 □5. 能正确检查转向助力液液位是否过低 □6. 能正确检查转向液压油箱中是否有泡沫 □7. 能正确进行判断	35	未完成 1 项扣 5 分,扣分不超过 35 分		□合格 □不合格
3	工具及设备使用能力	□1. 能正确使用维修工具 □2. 能正确使用工具测量 □3. 能正确使用拆装工具	15	未完成 1 项扣 5 分,扣分不超过 15 分		□合格 □不合格
4	资料、信息查询能力	□1. 能正确使用维修手册查询资料 □2. 能正确填写车辆相关信息 □3. 能在规定时间内查询所需资料 □4. 能正确记录检测结果及数据	20	未完成 1 项扣 5 分,扣分不超过 20 分		□合格 □不合格
5	数据判读和分析能力	□1. 能分析零件是否正常 □2. 能得出正确的维修结论	10	未完成 1 项扣 5 分,扣分不得超过 10 分		□合格 □不合格
6	表单填写与报告撰写能力	□1. 字迹清晰 □2. 语句通顺 □3. 无错别字 □4. 无涂改 □5. 无抄袭	5	未完成 1 项扣 1 分,扣分不得超过 5 分		□合格 □不合格
7		如出现安全事故本技能不合格				
8		总评				

任务 3.4　制动系统检修

汽车制动系统是汽车安全行驶的保障。在宽阔平坦、车流、人流少的路况中,在保证安全行驶的前提下,可以提高汽车行驶速度,从而提高运输效率和经济效益;在进入弯道、路面不平、两车交会,遇到障碍物时,汽车要能在尽可能短的距离内降低车速或停车;在长下坡时,要求能将车速控制在安全范围内;对停驶的车辆,特别是在坡道上停驶的车辆,要保证驻留原地不动。因此,在汽车上应设置有制动系统。

汽车制动系统是指对汽车某些部分(主要是车轮)施加一定的力,从而对其进行一定程度的强制制动的一系列专门装置。

制动系统由制动助力器、制动总泵、制动踏板、制动器(盘式或鼓式)、ABS 防抱死制动系统、ABS 泵、ABS 轮速传感器、驻车制动器等组成,如图 3.139 所示。

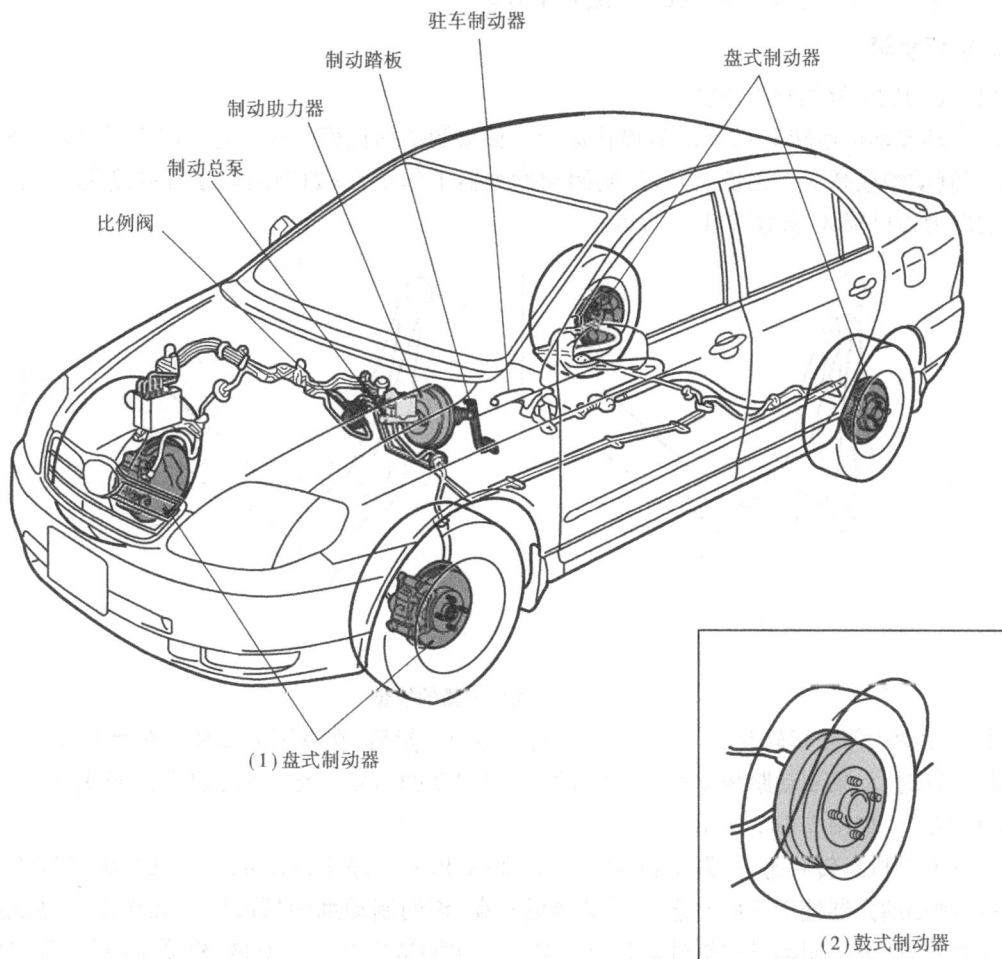

(1) 盘式制动器

(2) 鼓式制动器

图 3.139　制动系统的组成

技能训练 1　制动助力器检修

一、设备及工具准备

（1）设备准备：车辆。

（2）工量具准备：工具车、钢直尺、车轮挡块、抹布、防护三件套、制动液回收装置等。

二、操作方法

1.测量条件

（1）车辆处于熄火状态并停放在水平地面上进行检查调整。

（2）检查的间隔为行驶 10 000 km 或 6 个月。

2.操作步骤

（1）制动助力器的检查方法。

①启动发动机运转 1～2 min 后停止运转。如果制动踏板第一次可完全踩下，但接下来踩时，每次制动踏板高度都逐步上升，说明制动助力器工作正常；如果制动踏板高度无变化，说明制动助力器已损坏，如图 3.140 所示。

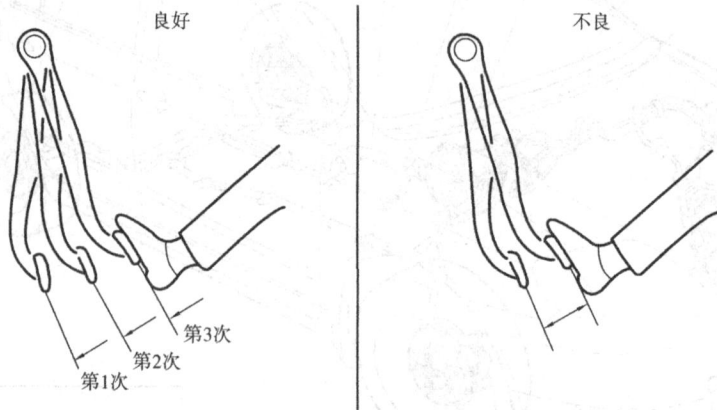

图 3.140　制动助力器的检查

②在发动机停止运转状态下，数次踩动制动踏板。然后，在踩下制动踏板的状态下，启动发动机。这时，如果制动踏板略微向下移动，说明制动助力器工作正常；如果无变化，说明制动助力器损坏，如图 3.141 所示。

③在发动机运转状态下，踩下制动踏板并保持 30 s 后停止发动机。如果踏板高度不变化，说明制动助力器处于良好状态。如果踏板升高，说明制动助力器故障。如果以上测试执行三次都良好，说明制动助力器性能良好。如果三次测试中有一次不良，检测单向阀、真空软管和制动助力器是否存在故障，如图 3.142 所示。

④分离助力器上的制动助力器真空软管（内装单向阀）。启动发动机并使其怠速运转，软管应获得真空。如果不能获得真空，单向阀就不能正常工作，则更换制动加力器真空软管和单向阀并重复测试。

发动机停止时　　　　　　　　发动机运转时

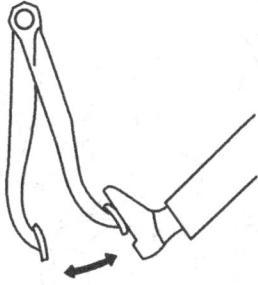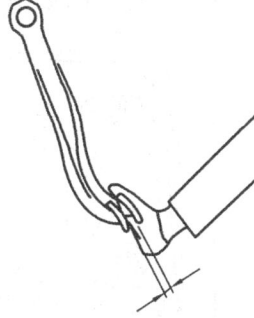

图 3.141　制动助力器检测

良好　　　　　　　　　　　　不良

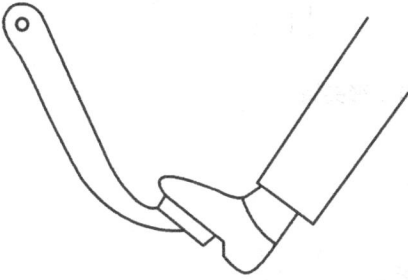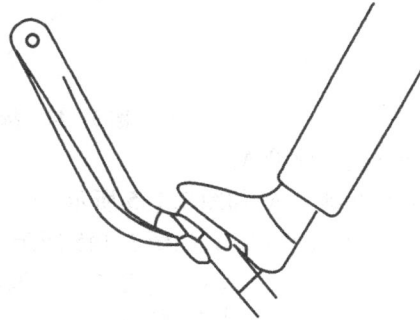

图 3.142　踩下制动踏板检测单向阀、真空软管和制动助力器是否存在故障

（2）制动助力器的拆装。

①将点火开关转至"OFF"。

②从制动助力器上分离真空软管 A，如图 3.143 所示。

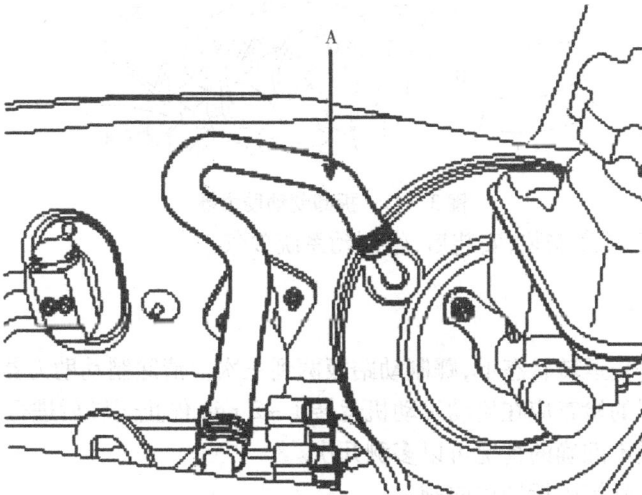

图 3.143　分离真空软管

③拆卸主缸。

④拆卸卡销 A 和 U 形夹销 B,如图 3.144 所示。

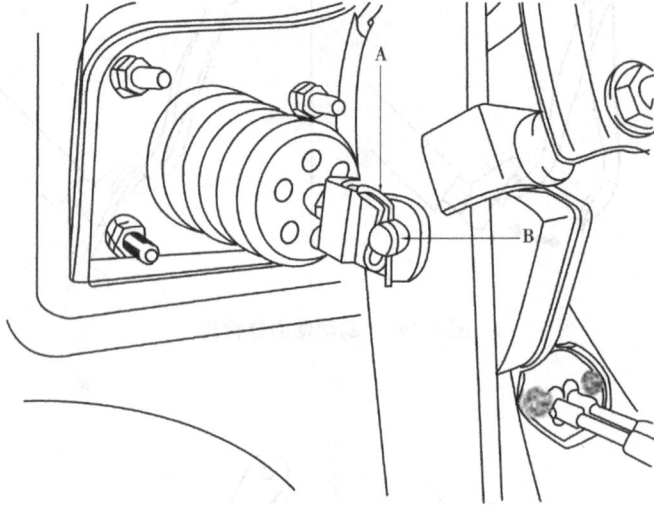

图 3.144 拆卸卡销和 U 形夹销

⑤拧下固定螺母 A。

⑥拆卸制动管 A,如图 3.145 所示。

⑦拆卸制动助力器 B,如图 3.145 所示。

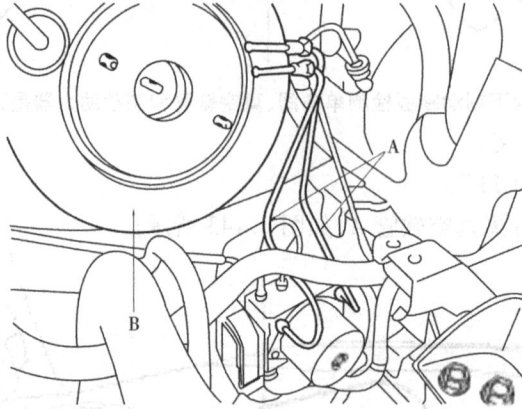

图 3.145 拆卸制动助力器

⑧按拆卸的相反顺序安装,安装后,给制动系统放气。

三、注意事项

(1)在发动机停止运转状态下,踩制动踏板两到三次。清除制动助力器内的真空。

(2)制动助力器的检查应在启动发动机运转 1~2 min 停止运转后进行。

(3)如遇到测量不准确的情况可以多测几次。

(4)不要从真空软管中拆卸单向阀。

(5)安装卡销前,必须在连接销上涂润滑脂。

四、技能训练记录

请结合检测过程记录相关检测结果及数据,并对检测结果进行分析判断。

车型		发动机型号	
VIN 码		排量	
项目	情况记录		
启动发动机运转 1～2 min 后熄火踩制动踏板			
制动踏板第一次是否可以完全踩下			
第一次踩制动踏板后高度是否上升			
第二次踩制动踏板后高度是否上升			
第三次踩制动踏板后高度是否上升			
发动机熄火后多次踩制动踏板,然后踩下制动踏板,启动发动机			
制动踏板是否略微向下移动			
发动机运转时,踩下制动踏板,然后熄火,保持踩下制动踏板状态 30 s			
制动踏板高度是否变化			
判断			
结论及分析			

五、考核要点与评分标准

序号	评分项	得分条件	配分/分	评分要求	得分/分	测评结果
1	安全/6S/态度	□1. 能进行工位 6S 操作 □2. 能进行设备和工具安全检查 □3. 能进行车辆/设备安全防护 □4. 能进行工具清洁、校准、存放操作 □5. 能进行"三不落地"操作	15	未完成 1 项扣 3 分,扣分不超过 15 分		□合格 □不合格

续表

序号	评分项	得分条件	配分/分	评分要求	得分/分	测评结果
2	专业技术能力	□1.能正确检查蓄电池电压 □2.能正确安装后车轮挡块 □3.能正确在启动发动机运转 1~2 min 后熄火踩制动踏板检查制动助力器 □4.能正确在发动机熄火后多次踩制动踏板,然后踩下制动踏板,启动发动机检查制动助力器 □5.能正确在发动机运转时,踩下制动踏板,然后熄火,保持踩下制动踏板状态 30 s 检查制动助力器 □6.能正确分离真空软管 □7.能正确拆卸主缸 □8.能正确拆卸制动管 □9.能正确拆卸制动助力器 □10.能正确判断零件是否正常	35	未完成 1 项扣 5 分,扣分不超过 35 分		□合格 □不合格
3	工具及设备使用能力	□1.能正确使用维修工具 □2.能正确使用测量工具 □3.能正确使用拆装工具	15	未完成 1 项扣 5 分,扣分不超过 15 分		□合格 □不合格
4	资料、信息查询能力	□1.能正确使用维修手册查询资料 □2.能正确填写车辆相关信息 □3.能在规定时间内查询所需资料 □4.能正确记录检测结果及数据	20	未完成 1 项扣 5 分,扣分不超过 20 分		□合格 □不合格
5	数据判读和分析能力	□1.能分析各零件是否正常 □2.能得出正确的维修结论	10	未完成 1 项扣 5 分,扣分不得超过 10 分		□合格 □不合格
6	表单填写与报告撰写能力	□1.字迹清晰 □2.语句通顺 □3.无错别字 □4.无涂改 □5.无抄袭	5	未完成 1 项扣 1 分,扣分不得超过 5 分		□合格 □不合格
7		如出现安全事故本技能不合格				
8		总评				

技能训练2   盘(鼓)式制动器检修

一、设备及工具准备

(1)设备准备:车辆、举升机。

(2)工量具准备:维修工具车、车轮挡块、抹布、防护三件套、磁力表座及百分表等。

二、操作方法

1.测量条件

(1)车辆处于熄火状态并停放在水平地面上进行检查调整。

(2)检查的间隔为行驶10 000 km或6个月。

2.主要步骤

(1)盘式制动器的拆装。

①安装车轮挡块、安装前格栅布及翼子板布,如图3.146所示。

图3.146   安装车轮挡块、安装前格栅布及翼子板布

②取下轮毂装饰罩、预松轮胎螺栓,如图3.147所示。

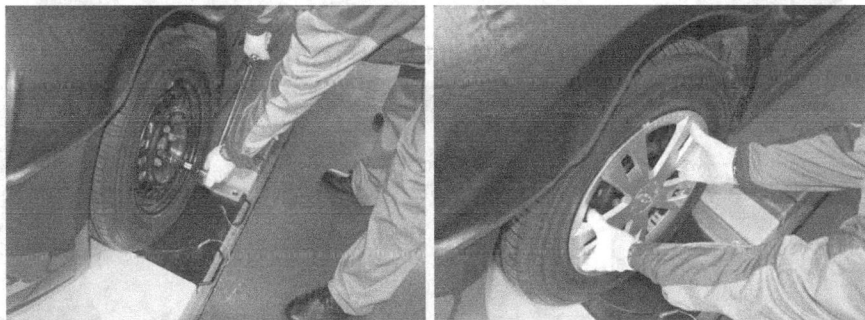

图3.147   取下轮毂装饰罩、预松轮胎螺栓

③举升车辆至合适位置,拆下车轮,如图3.148所示。

④拆卸制动卡钳安装螺栓,取下制动卡钳(注意:只能用酒精清洁制动钳),如图3.149所示。

⑤取出制动摩擦片,如图3.150所示。

图 3.148 举升车辆、拆下车轮

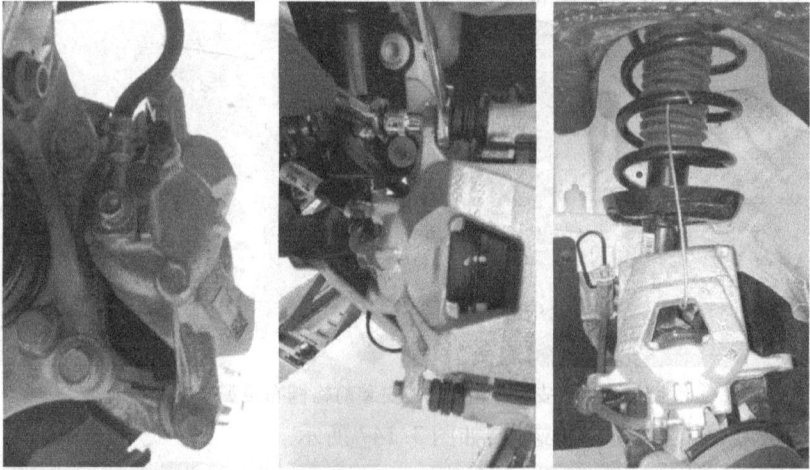

图 3.149 拆卸制动卡钳安装螺栓、取下制动卡钳

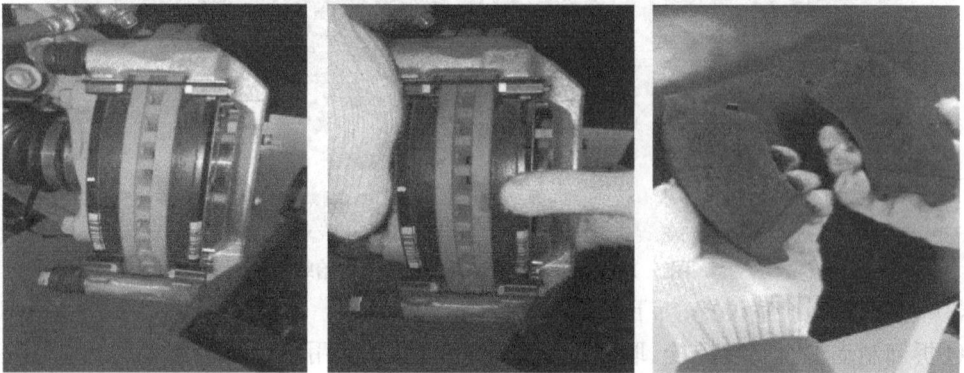

图 3.150 取出制动摩擦片

⑥制动摩擦片、制动摩擦盘的检查。一般来说,制动盘厚度及圆跳动量在距离制动盘边缘 5 mm 处测量(不是绝对的,不同车型要求不一样)(图 3.151、图 3.152、图 3.153)。

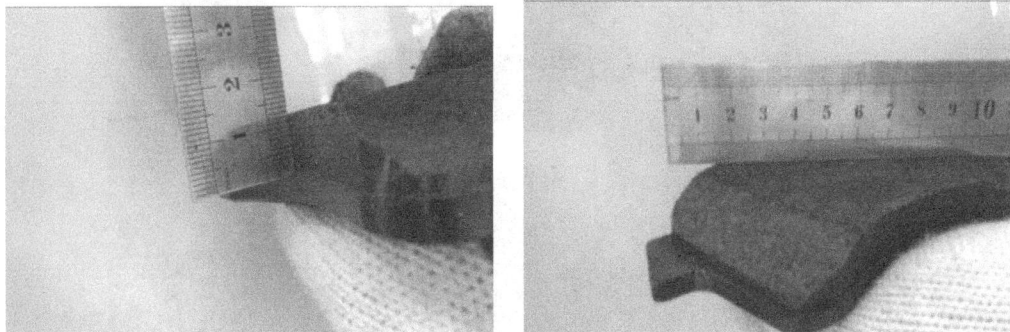

图 3.151　制动摩擦片厚度及平面度检查

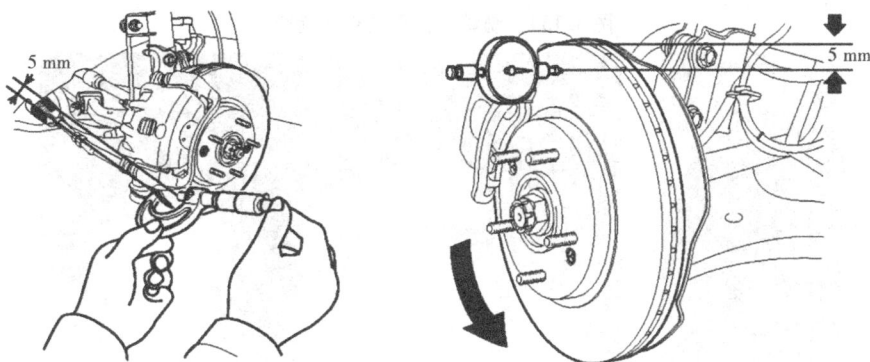

图 3.152　制动盘厚度及圆跳动检查

图 3.153　制动盘圆跳动检查

⑦制动卡钳导向销的检查,如图 3.154 所示。

⑧制动片固定弹簧及活塞检查,如图 3.155 所示。

⑨安装与拆除顺序相反。

图 3.154　制动卡钳导向销的检查

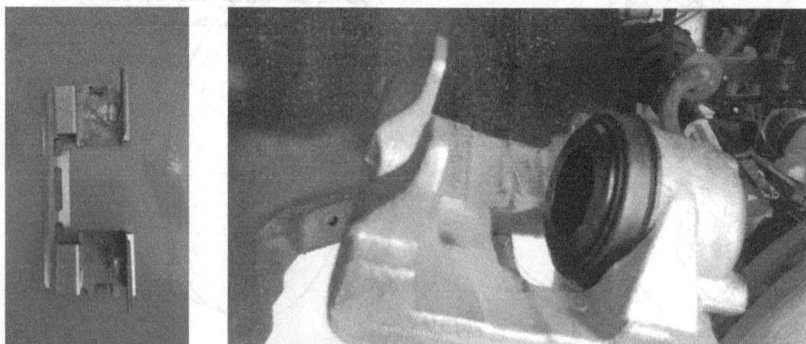

图 3.155　制动片固定弹簧及活塞检查

（2）鼓式制动器的拆装。

①基本准备工作（安装车轮挡块、翼子板布、松开驻车制动）。

②取下轮毂装饰罩及预松轮胎螺栓。

③举升车辆至合适位置并拆下车轮。

④取下制动鼓。

⑤拆卸调节器总成。

注意：切勿拉长调节器弹簧，如果过度拉伸弹簧，可能发生损坏。

⑥拆卸制动蹄片弹簧。

⑦取下制动蹄片。

⑧安装与拆除顺序相反。

（3）检查及测量。

检查制动鼓内表面是否存在严重锈蚀或点蚀、开裂、严重变蓝、缺失配重等情况，如果出现任何一种现象，都要对制动鼓进行修复或更换。将千分尺表头与制动鼓内表面呈 90°接触，且距离制动鼓外边缘约 19 mm 处，测量并记录制动鼓的径向跳动量，如果制动鼓的径向跳动量超过规格，则制动鼓需要进行表面修整或更换。

鼓式制动器
的检修

三、技能训练记录

请结合检测过程记录相关检测结果及数据,并对检测结果进行分析判断。

车型		发动机型号	
VIN 码		排量	
项目		情况记录	
盘式制动器摩擦片有无油污、裂纹、脱落、磨损是否均匀		□正常/□不正常	
测量盘式制动器制动盘厚度		□正常/□不正常	
测量盘式制动器摩擦片厚度		□正常/□不正常	
检查鼓式制动器调节器执行器弹簧是否存在弹簧弯曲、变形、腐蚀		□正常/□不正常	
检查鼓式制动器调节器是否弯曲、开裂、过度磨损或损坏		□正常/□不正常	
检查鼓式制动器调节器执行器杆是否弯曲、开裂磨损、断裂		□正常/□不正常	
检查鼓式制动器弹簧是否弯曲、变形、断裂、磨损		□正常/□不正常	
检查鼓式制动器车轮制动分泵护套是否磨损、泄漏		□正常/□不正常	
判断		□合格/□不合格	
结论及分析			

四、考核要点与评分标准

序号	评分项	得分条件	配分/分	评分要求	得分/分	测评结果
1	安全/6S/态度	□1.能进行工位 6S 操作 □2.能进行设备和工具安全检查 □3.能进行车辆/设备安全防护 □4.能进行工具清洁、校准、存放操作 □5.能进行"三不落地"操作	15	未完成 1 项扣 3 分,扣分不超过 15 分		□合格 □不合格

续表

序号	评分项	得分条件	配分/分	评分要求	得分/分	测评结果
2	专业技术能力	□1. 能正确检查蓄电池电压 □2. 能正确安装后车轮挡块 □3. 能正确检查鼓式制动器调节器执行器杆 □4. 能正确检查鼓式制动器弹簧 □5. 能正确检查鼓式制动器车轮制动分泵护套 □6. 能正确检查盘式制动器摩擦片有无油污、裂纹、脱落、磨损是否均匀 □7. 能正确测量盘式制动器摩擦片厚度	35	未完成1项扣5分,扣分不超过35分		□合格 □不合格
3	工具及设备使用能力	□1. 能正确使用维修工具 □2. 能正确使用测量工具 □3. 能正确使用拆装工具	15	未完成1项扣5分,扣分不超过15分		□合格 □不合格
4	资料、信息查询能力	□1. 能正确使用维修手册查询资料 □2. 能正确填写车辆相关信息 □3. 能在规定时间内查询所需资料 □4. 能正确记录检测结果及数据	20	未完成1项扣5分,扣分不超过20分		□合格 □不合格
5	数据判读和分析能力	□1. 能分析各零件是否正常 □2. 能得出正确的维修结论	10	未完成1项扣5分,扣分不得超过10分		□合格 □不合格
6	表单填写与报告撰写能力	□1. 字迹清晰 □2. 语句通顺 □3. 无错别字 □4. 无涂改 □5. 无抄袭	5	未完成1项扣1分,扣分不得超过5分		□合格 □不合格
7		如出现安全事故本技能不合格				
8		总评				

技能训练3　驻车制动器检修

一、设备及工具准备

（1）设备准备:车辆。

（2）工量具准备:维修工具车、车用万用表、车轮挡块、抹布、防护三件套、制动液回收装置、电筒等。

二、操作步骤

1.测量条件

（1）车辆处于熄火状态并停放在水平地面上进行检查调整。

（2）车辆停放在水平地面上进行检查调整。

（3）使用举升机时,应按照相关要求、流程正确使用。

驻车制动系统
的检修

制动液的更换

2.主要检测步骤

（1）驻车制动杆行程检查。

检查驻车制动杆行程时,驻车制动杆行程在预定的槽数内(拉动时可以听到"咔嗒"声,一般为 6～8 次)。如果不符合标准,调整驻车制动杆的行程。当驻车制动器杆行程超出规定值时,则应先调整后制动蹄片或驻车制动蹄片的间隙,然后调整驻车制动杆行程,如图 3.156 所示。

（2）指示灯的工作情况。

在点火开关位于"ON"时,检查以确保当驻车制动杆操作时,在拉动杆到达第一个槽口前,指示灯就已经发光,如图 3.156 所示。

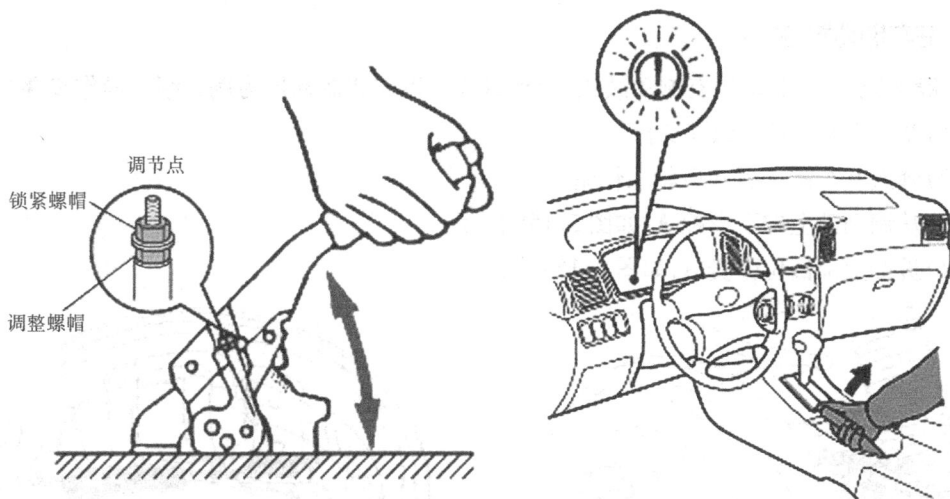

图 3.156　驻车制动杆行程检查及驻车制动指示灯检查

（3）驻车制动杆行程调整。

调整驻车制动杆行程之前,确保驻车制动蹄片间隙已经调整好。

驻车制动行程杆调整步骤,如图 3.157 所示,其中,驻车制动杆类型 A 为中央手柄类型,B 为拉杆类型,C 为踏板类型。

①松开锁止螺母。

②转动调整螺母或者调整六角螺栓直到驻车制动杆或者踏板行程已经正确。

③上紧锁止螺母。

④检查驻车制动杆行程时,驻车制动杆行程在预定的槽数内(拉动时可以听到"咔嗒"声,一般为 6～8 次)。

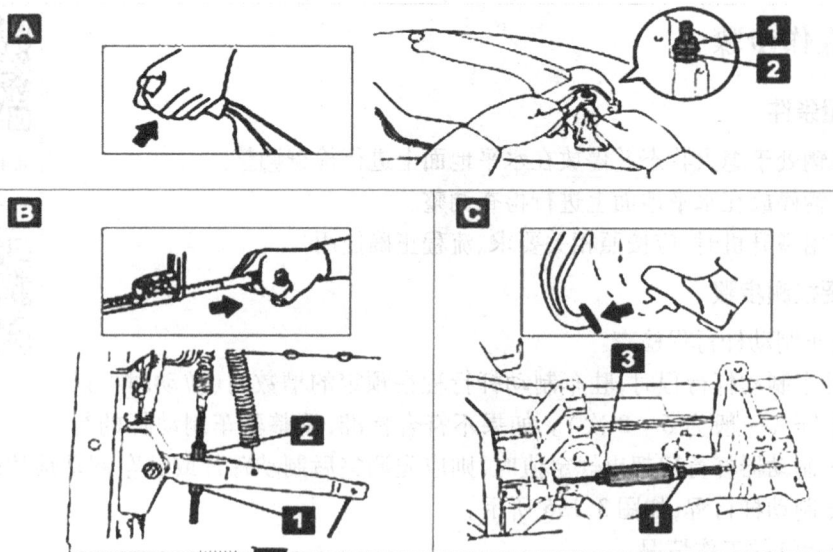

图 3.157　调整驱车制动行程杆

1—锁止螺母;2—调整螺母;3—调整六角螺栓

3.驻车制动器的拆装

一般来说,驻车制动器有制动鼓式、制动盘式。以鼓式制动器为例介绍。操作步骤为:

(1)举升车辆,确保稳固支撑。

(2)释放驻车制动拆卸后轮和轮胎。

(3)从制动鼓上拧下螺栓 A,如图 3.158 所示。

(4)拆卸上部回位弹簧 A,如图 3.159 所示。

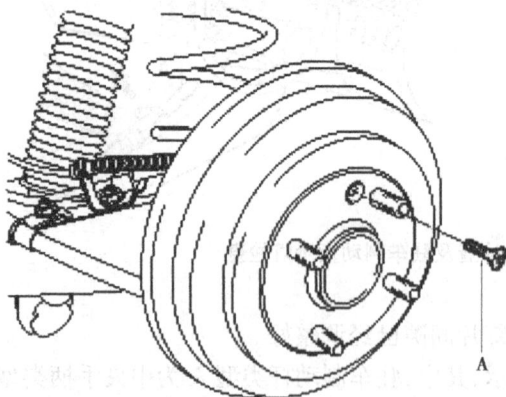

图 3.158　拧下制动鼓上螺栓

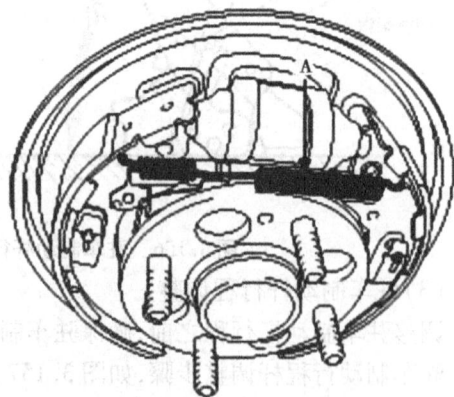

图 3.159　拆卸上部回位弹簧

(5)拆卸下部回位弹簧 B,如图 3.160 所示。

(6)拆卸制动蹄固定弹簧 A 和制动蹄固定销 B,然后拆卸制动蹄 C,如图 3.161 所示。

(7)一定不要损坏分泵上的防尘盖。

(8)拆卸驻车制动拉线 A,然后拆卸制动蹄 B,如图 3.162 所示。

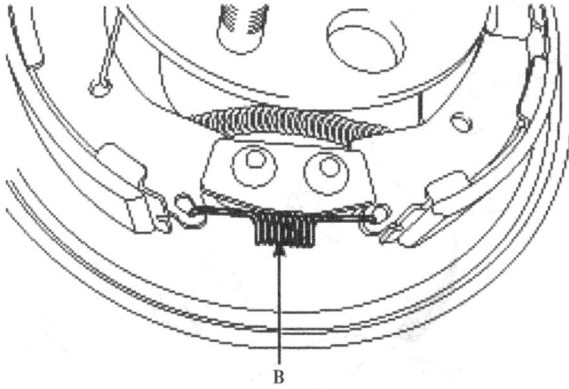

图 3.160   拆卸下部回位弹簧

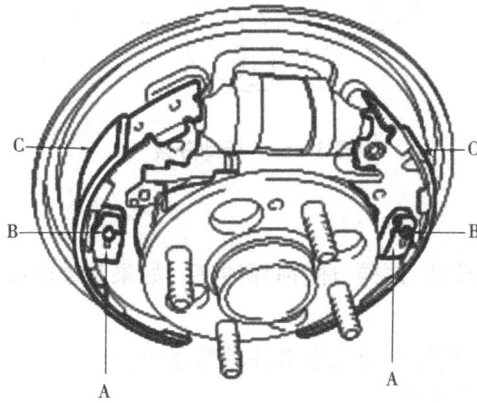

图 3.161   拆卸制动蹄

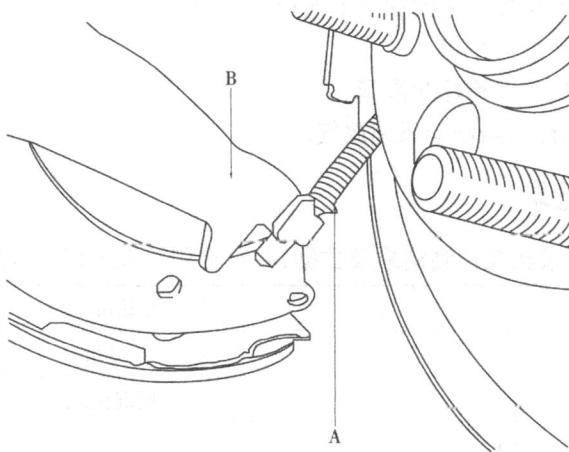

图 3.162   拆卸驻车制动拉线

（9）从分泵 B 上分离制动管路 A。从制动底板 D 上拧下螺栓 C 并拆卸分泵 B,如图 3.163所示。

（10）安装顺序与拆解顺序相反。

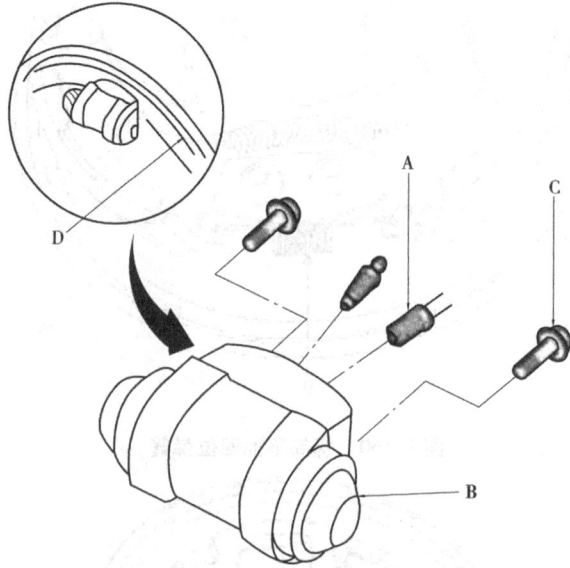

图 3.163 拆卸分泵

三、注意事项

（1）禁止向车辆喷洒制动油，这样可能损坏油漆。如果制动油接触到油漆，立即用水清洗干净。

（2）为防止制动液溅出，用碎布或毛巾盖住软管接头。

（3）仅使用纯正轮缸专用螺栓。

（4）轮缸和后板之间需要涂密封胶。

（5）安装时需要在调整器总成的螺纹上涂抹润滑脂。

（6）注意不要损坏轮缸防尘盖。

（7）不要在制动摩擦片上涂抹润滑脂。

（8）如果已经拆卸分泵，给制动系统放气。

四、技能训练记录

请结合检测过程记录相关检测结果及数据，并对检测结果进行分析判断。

车型		发动机型号	
VIN 码		排量	
项目		情况记录	
在点火开关位于"ON"时，拉动杆到达第一个槽口前，指示灯是否发光		□是/□否	
上部回位弹簧是否损坏		□是/□否	
下部回位弹簧是否损坏		□是/□否	

项目	情况记录
驻车制动拉线是否磨损	□是/□否
制动管路是否漏液	□是/□否
分泵上的防尘盖是否损坏	□是/□否
判断	□合格/□不合格
结论及分析	

五、考核要点与评分标准

序号	评分项	得分条件	配分/分	评分要求	得分/分	测评结果
1	安全/6S/态度	□1. 能进行工位 6S 操作 □2. 能进行设备和工具安全检查 □3. 能进行车辆/设备安全防护 □4. 能进行工具清洁、校准、存放操作 □5. 能进行"三不落地"操作	15	未完成 1 项扣 3 分,扣分不超过 15 分		□合格 □不合格
2	专业技术能力	□1. 能正确检查蓄电池电压 □2. 能正确安装后车轮挡块 □3. 能正确安装车辆防护三件套 □4. 能正确检查上部回位弹簧是否损坏 □5. 能正确检查下部回位弹簧是否损坏 □6. 能正确检查驻车制动拉线是否磨损 □7. 能正确检查制动管路是否漏液 □8. 能正确判断分泵上的防尘盖是否损坏 □9. 能正确判断零件是否正常	35	未完成 1 项扣 5 分,扣分不超过 35 分		□合格 □不合格
3	工具及设备使用能力	□1. 能正确使用维修工具 □2. 能正确使用测量工具 □3. 能正确使用拆装工具	15	未完成 1 项扣 5 分,扣分不超过 15 分		□合格 □不合格
4	资料、信息查询能力	□1. 能正确使用维修手册查询资料 □2. 能正确填写车辆相关信息 □3. 能在规定时间内查询所需资料 □4. 能正确记录检测结果及数据	20	未完成 1 项扣 5 分,扣分不超过 20 分		□合格 □不合格
5	数据判读和分析能力	□1. 能分析各零件是否正常 □2. 能得出正确的维修结论	10	未完成 1 项扣 5 分,扣分不得超过 10 分		□合格 □不合格

续表

序号	评分项	得分条件	配分/分	评分要求	得分/分	测评结果
6	表单填写与报告撰写能力	□1. 字迹清晰 □2. 语句通顺 □3. 无错别字 □4. 无涂改 □5. 无抄袭	5	未完成 1 项扣 1 分,扣分不得超过 5 分		□合格 □不合格
7		如出现安全事故本技能不合格				
8		总评				

职业功能 *4*

汽车电器检修

　　本部分为汽车维修工(中级)国家职业技能标准中的职业功能四,主要涉及电源系统、启动系统及车身电气系统的拆装检测,共包括 6 个工作内容,18 个技能点。

工作内容
　　　任务4.1　蓄电池检修
　　　任务4.2　启动系统检修
　　　任务4.3　充电系统检修
　　　任务4.4　照明、信号及仪表系统检修
　　　任务4.5　辅助电气系统检修
　　　任务4.6　空调系统检修

任务4.1　蓄电池检修

4.1.1　蓄电池技术状况检测

由于充放电过程中电解液密度和蓄电池端电压发生变化,在使用中可以通过测量电池带负载能力和电池端电压来判断充放电程度。加强对蓄电池的日常维护,合理使用蓄电池,使蓄电池经常处于完好状态,能延长蓄电池的使用寿命。

1)蓄电池外部检查

(1)检查蓄电池封胶有无开裂和损坏,极柱有无破损,壳体有无泄漏,如有问题,则应修复或更换。

(2)检查蓄电池外部有无泥污,如有灰尘泥污则用温水清洗,再用碱水清洗。

(3)检查蓄电池极柱有无氧化,如有氧化则用钢丝刷或极柱接头清洗器除去极柱和接头的氧化物,并涂一层薄薄的工业凡士林或润滑脂。

(4)检查蓄电池的观察孔,蓄电池的电量观察孔如图4.1所示。绿色表示电量正常,黑色表示电量小或者没有电,白色(或者浅黄色)表示蓄电池有故障。

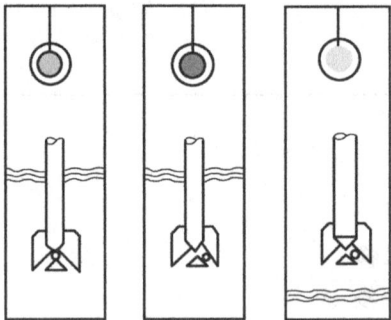

图4.1　蓄电池的电量观察孔

2)蓄电池开路电压的检查

开路电压检测用来确定蓄电池的状态。要想获得准确的检测结果,蓄电池必须保持稳定。若蓄电池刚补充完电,至少应等待10 min,让蓄电池的电压稳定,才能进行测量。将万用表选到电压挡,接在蓄电池两电极柱,跨接时认准极性,如图4.2所示。测量开路电压,读数要精确到0.1 V。

3)放电电压检查

高率放电计模拟接入起动机负荷,测量蓄电池在接近起动机启动电流放电时的端电压,用以判断蓄电池的放电程度和启动能力。高率放电计结构如图4.3所示。

测量时应将两夹钳紧压在蓄电池的正、负极柱上,蓄电池会通过放电电阻放电,表针指示蓄电池的技术状况和放电端电压。电压表的读数就是大负荷放电情况下蓄电池所能保持的端电压。技术状况良好的蓄电池,用高率放电计测量时,额定电压为12 V蓄电池应在9.6 V以上,并保持稳定,如图4.4所示。

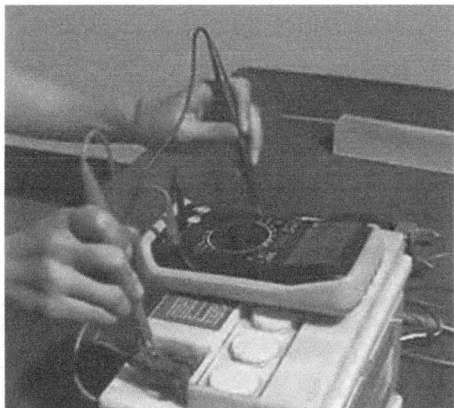

图 4.2　测量蓄电池电压

图 4.3　高率放电计

图 4.4　蓄电池高率放电计测量

4.1.2　蓄电池充电

蓄电池的工作原理就是化学能与电能的相互转化,当蓄电池将化学能转化为电能而向外供电时,称为放电过程;当蓄电池与外界直流电源相连而将电能转化为化学能储存起来时,称为充电过程。

充电是蓄电池使用过程中的一个重要环节。新启用的蓄电池或修复的蓄电池在使用前必须进行初次充电;使用中的蓄电池也要进行补充充电,特别是在汽车充电系统发生故障而导致蓄电池充电不足的情况下;在存放期间,每 3 个月也要进行一次放电、充电循环处理,以保持蓄电池一定的容量,延长其使用寿命。

1)充电设备

蓄电池由于损耗会亏电,可以对其进行电量补充。汽车上的充电设备是由发电机驱动的交流发电机。车下充电多采用硅整流充电机、晶闸管整流充电机和智能充电机等,各种充电机如图 4.5 所示。

2)蓄电池的充电

蓄电池是直流电源,必须用直流电源对其进行充电。充电时,充电电源的正极接蓄电池的正极,充电电源的负极接蓄电池的负极。

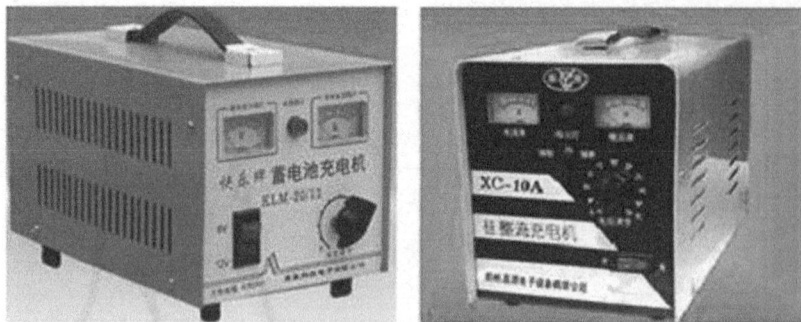

图 4.5　各种充电机

充电时,首先连接蓄电池与充电机,将电流调节到最小值,按下相应电压按键;然后启动电源开关,调节电流调节旋钮,使电流表读数逐步增大到所需的充电电流,此时电压表指示充电电压,充电指示灯点亮。蓄电池充足电后会自动停机,并发出警报声。若设备有故障时,充电机会自动断电,红色指示灯点亮。此时应切断交流电源,消除故障,然后再充电。

技能训练 1　检测蓄电池

一、设备及工具准备

(1)设备准备:蓄电池。
(2)工量具准备:万用表、高率放电计。

二、操作方法

1. 外观检查

目视检查电池外部有无破损、漏液及变形;电池端子有无漏液、熔损及破损;电池极柱有无氧化。

2. 蓄电池观察孔检查

免维护蓄电池内部一般装有一只小型密度计,通过顶端的检查孔观察其颜色可判断蓄电池的技术状况。

电眼显示	判定	处理	状态显示器 INDICATOR
绿色	正常	/	● 良好 OK
黑色	补充电	补充电	◐ 需充电 CHARGE BATTERY
白色	电液不足	更换电池	○ 更换电池 REPLACE BATTERY

3. 静态电压的检查

①将万用表选到直流电压挡。

②万用表红表笔接蓄电池正极柱,黑表笔接蓄电池负极柱。测得蓄电池的静态电压不小于 12.5 V 为正常。

4. 蓄电池的放电检查

(1)技术标准。

一般技术状况良好的蓄电池,用高率放电计测量时,单体电池电压应在 1.5 V 以上,并在 5 s 内保持稳定;如果 5 s 内电压迅速下降或某一单体电池电压比其他单体电池低 0.1 V 以上时,表示该单体电池有故障,应进行修理。

(2)检测步骤。

用蓄电池高率放电计测量蓄电池空载端电压方法:将两夹钳紧压在蓄电池的正、负极柱上,按压高率放电计测试开关并保持 5 s 后放开,观察大负荷放电情况下蓄电池能保持的端电压,待测试仪上的指针静止不动后读出读数,此读数即为蓄电池的端电压(图 4.6)。迅速读取指示数值,取下针状电极停止放电。

图 4.6　高率放电计测量
蓄电池带负载能力

①负载电流 100 A,最小电压不得低于 10.0 V。

②若低于 10.0 V 说明蓄电池过放电或是已损坏。

三、注意事项

①在进行蓄电池放电电压检测时,为防止被损坏,要求被测蓄电池存电 75% 以上,若开路电压低于 12.4 V,应先充足电,再做测试。连续检查必须间隔 1 min 后再次测量。

②在进行蓄电池放电电压检测时,测试过程不大于 5 s。

四、技能训练记录

请结合检测过程记录相关检测结果及数据,并对检测结果进行分析判断。

检查项目	标准	检查结果	处理方法
蓄电池观察孔颜色	绿色(电量充足)		
	黑色(充电量小或没有电)		
	黄色或无色(电解液达到临界状态)		
蓄电池壳体是否损坏	壳体完好,有无液体溢出		
接线柱(正极)	是否圆滑有无烧蚀		
接线柱(负极)	是否圆滑有无烧蚀		
静态电压			
放电电压			

五、考核要点与评分标准

序号	评分项	得分条件	配分/分	评分要求	得分/分	测评结果
1	安全/6S/态度	□1. 能进行工位6S操作 □2. 能进行设备和工具安全检查 □3. 能进行车辆/设备安全防护 □4. 能进行工具清洁、校准、存放操作 □5. 能进行"三不落地"操作	15	未完成1项扣3分,扣分不超过15分		□合格 □不合格
2	专业技术能力	□1. 能正确检查蓄电池外观 □2. 能正确测量蓄电池静态电压 □3. 能正确测量蓄电池放电电压	45	未完成1项扣15分,扣分不超过35分		□合格 □不合格
3	工具及设备使用能力	□1. 能正确使用维修工具 □2. 能正确使用万用表 □3. 能正确使用高率放电计	15	未完成1项扣5分,扣分不超过15分		□合格 □不合格
4	资料、信息查询能力	□1. 能正确使用维修手册查询资料 □2. 能正确记录检测结果及数据	10	未完成1项扣5分,扣分不超过20分		□合格 □不合格
5	数据判读和分析能力	□1. 能分析测量值是否正常 □2. 能得出正确的结论	10	未完成1项扣5分,扣分不得超过10分		□合格 □不合格
6	表单填写与报告撰写能力	□1. 字迹清晰 □2. 语句通顺 □3. 无错别字 □4. 无涂改 □5. 无抄袭	5	未完成1项扣1分,扣分不得超过5分		□合格 □不合格
7		如出现安全事故本技能不合格				
8		总评				

技能训练2　蓄电池充电

一、设备及工具准备

(1)设备准备:蓄电池。

(2)工量具准备:充电机。

二、操作方法

(1)将充电机的负极接入蓄电池的负极上。

（2）选择合适的充电正极线。12 V 的蓄电池选用 12 V 正极线,24 V 的蓄电池选用 24 V 正极线,将选用的充电机的正极线接入蓄电池的正极上(图 4.7)。

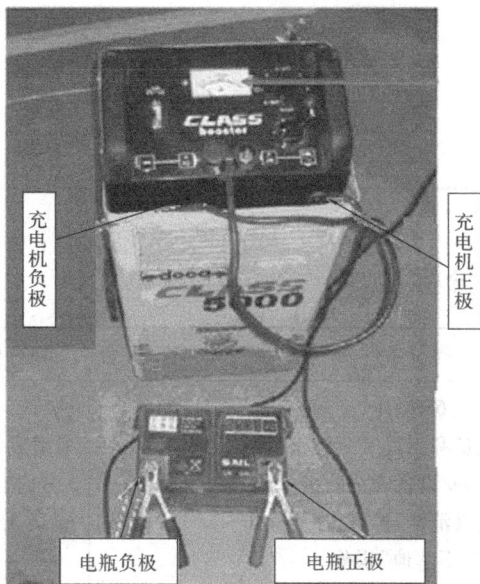

图 4.7　充电机的使用

（3）选择合适的充电电压。如果给 12 V 的蓄电池充电,则将选择按钮按下 12 V,如果给 24 V 的蓄电池充电,则将选择按钮按下 24 V。

（4）打开充电机电源。

（5）调整旋钮位置,选择合适的挡位开始充电。

（6）充电完成后,关闭挡位开关,将充电机的正负极从蓄电池上取下,并关闭充电机电源。

三、注意事项

（1）将充电机与蓄电池连接充电时,应将蓄电池的正负极对应充电机的正负极相连,一定不能接反。

（2）充电时,导线必须连接可靠。充电时,应先接牢电池线,再打开充电机的电源开关。停止充电时,应先切断电源,再拆下电池线。在充电过程中,不要连接或断开充电机引线。

（3）在充电过程中,要密切观察各单格电池的电压和密度变化,及时判断其充电程度和技术状况。

（4）充电时蓄电池温度不应超过 45 ℃,否则要采取降温、暂时减小充电电流或降低充电电压等措施。

（5）充电过程的前 3 h,应注意及时观察并调整充电电流,以防止电流过大烧毁充电机或造成其他事故。

四、技能训练记录

请结合检测过程记录相关步骤。

蓄电池电压		蓄电池额定容量	
操作步骤			

五、考核要点与评分标准

序号	评分项	得分条件	配分/分	评分要求	得分/分	测评结果
1	安全/6S/态度	□1. 能进行工位 6S 操作 □2. 能进行设备和工具安全检查 □3. 能进行车辆/设备安全防护 □4. 能进行工具清洁、校准、存放操作 □5. 能进行"三不落地"操作	15	未完成 1 项扣 3 分,扣分不超过 15 分		□合格 □不合格
2	专业技术能力	□1. 能正确连接充电机 □2. 能正确选择充电电压 □3. 能正确完成蓄电池充电	45	未完成 1 项扣 5 分,扣分不超过 45 分		□合格 □不合格
3	工具及设备使用能力	□能正确使用充电机	15	未完成 1 项扣 15 分,扣分不超过 15 分		□合格 □不合格
4	资料、信息查询能力	□1. 能正确填写蓄电池相关信息 □2. 能正确记录操作步骤	10	未完成 1 项扣 5 分,扣分不超过 10 分		□合格 □不合格
5	数据判读和分析能力	□1. 能正确判定蓄电池状态 □2. 能正确判定充电完成状态	10	未完成 1 项扣 5 分,扣分不得超过 10 分		□合格 □不合格
6	表单填写与报告撰写能力	□1. 字迹清晰 □2. 语句通顺 □3. 无错别字 □4. 无涂改 □5. 无抄袭	5	未完成 1 项扣 1 分,扣分不得超过 5 分		□合格 □不合格
7		如出现安全事故本技能不合格				
8		总评				

任务 4.2　启动系统检修

启动系统一般是由蓄电池、起动机、启动继电器、点火开关等部件组成,如图 4.8 所示。启动系的作用就是通过起动机将蓄电池的电能转化为机械能,通过传动装置将电磁转矩传递给发动机飞轮,驱动飞轮旋转,实现发动机的启动。

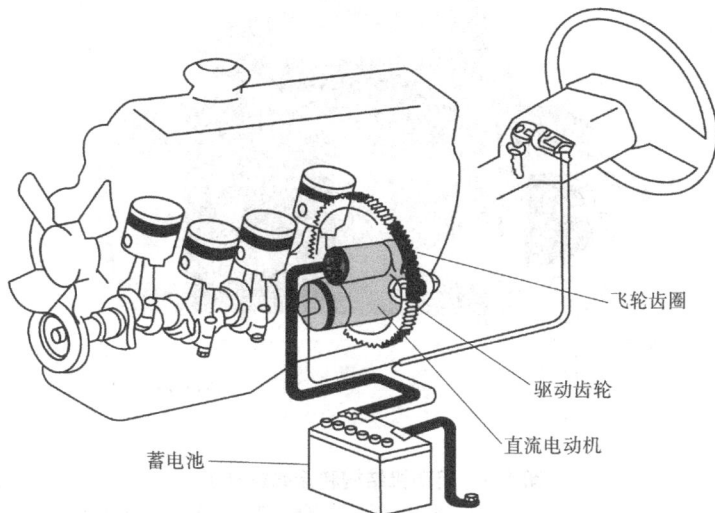

图 4.8　启动系统

4.2.1　起动机的拆解

起动机是启动系统的核心部件,由直流电动机、传动机构和控制装置三大部分组成。起动机的结构和接线柱端子如图 4.9 所示,直流电动机的作用是产生转矩。传动机构的作用是在发动机启动时,使起动机驱动齿轮啮入飞轮齿圈,将起动机转矩传给发动机曲轴;而在发动机启动后,使驱动齿轮打滑与飞轮齿圈自动脱开。控制装置也叫电磁开关,它是用来接通和切断起动机与蓄电池之间的电路。

起动机主要零部件如图 4.10 所示。

电枢用来产生电磁转矩,它由铁芯、电枢绕组、电枢轴及换向器组成。

磁极由铁芯和激磁绕组构成,产生磁场,励磁绕组一端接在外壳的绝缘接线柱上,另一端与两个非搭铁电刷相连。

电刷与电刷架的作用是将电流引入电枢,使电枢产生连续转动。

1)起动机的拆解

起动机拆解的原则是从外到内的顺序进行。起动机解体前应清洁外部的油污和灰尘,然后按下列步骤进行解体:

(1)拆下防尘罩,用铁丝钩提起电刷弹簧,将电刷取出,拆下电枢轴上止推圈处的卡簧。

(2)用扳手旋出两紧固穿心螺栓,取下前端盖,抽出电枢。

(3)拆下电磁开关主接线柱与电动机接线柱之间的导电片,旋出后端盖上的电磁开关紧固螺钉,使电磁开关后端盖与中间壳体分离。

207

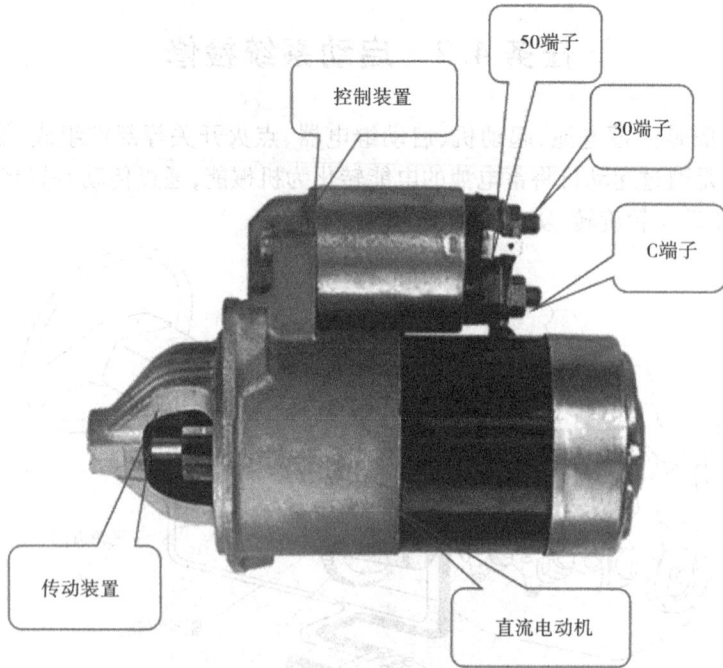

图4.9　起动机结构和接线柱端子

图4.10　起动机主要部件

（4）从后端盖上旋下中间支承板紧固螺钉，并取下中间支承板，旋出拨叉轴销螺钉，抽出拨叉，取出离合器。

（5）将分解的零部件进行清洗，清洗时所有绝缘部件只能用干净棉纱蘸少量汽油擦拭，其他机械零件均可放入汽油、煤油或柴油中洗刷干净并晾干。

2.起动机的不解体检测

在进行起动机的解体之前和起动机组装完毕之后，应进行不解体检测以保证起动机的正常运行。

（1）吸引线圈性能测试。

连接蓄电池与电磁启动开关，观察驱动齿轮应能伸出。

（2）保持线圈性能测试。

在驱动齿轮移出之后从C端子上拆下导线,观察驱动齿轮,齿轮仍能保留在伸出位置,则说明电磁开关保持线圈功能正常,否则表明保持线圈损坏或接地不正确。

(3)驱动齿轮回位测试。

拆下蓄电池负极接外壳的接线夹后,齿轮能迅速返回原始位置即为正常。不能迅速返回原始位置,则有故障。

(4)驱动齿轮间隙的检查。

连接蓄电池和电磁开关,进行驱动齿轮间隙的测量。测量时先把驱动齿轮推向电枢方向,消除间隙后测驱动齿轮端和止动套圈间的间隙,并和标准值进行比较。

(5)空载测试。

固定起动机,连接导线,检查起动机应平稳运转,同时驱动齿轮应移出。读取安培表数值,应符合标准值见表4.1。断开50端子后,起动机应立即停止转动,同时驱动齿轮缩回。

表4.1　起动机空载试验参数

起动机型号	电压/V	功率/kW	空载电流不大于/A	空载转速不少于/(r·min^{-1})
QD1225 QD1229	12	0.95	55	4 700
QD124	12	1.47	90	5 000
QD1332	12	2	120	4 000

3)起动机的解体检测

对起动机的定子磁场绕组、电枢绕组、电枢上的换向器、电磁开关中的吸引线圈和保持线圈、电刷、单向离合器等做技术判断。

(1)直流电机检测。

①磁场绕组(定子)的检查。

首先通过外部验视,看其是否有烧焦或断路处,若外部验视未发现问题,可用万用表检测断路和短路情况。两表笔分别接触起动机外壳引线与磁场绕组绝缘电刷接头是否导通,如果测得的电阻无穷大,说明磁场绕组断路,应予以检修或更换。

磁场绕组搭铁的检查:用万用表电阻挡检测磁场绕组电刷接头与起动机外壳是否相通,如果相通,说明磁场绕组绝缘不良而搭铁;如果阻值较小,说明有绝缘不良处,应检修或更换磁场绕组。

②电枢绕组(转子)的检查。

电枢绕组搭铁的检查:用电阻挡检测,用一根表笔接触电枢,另一根表笔依次接触换向器铜片,万用表指针不应摆动即电阻为无穷大,否则说明电枢绕组与电枢轴之间绝缘不良有搭铁之处。

电枢绕组短路检查:用电阻挡检查换向器和电枢铁芯之间是否导通,如有导通现象,说明电枢绕组搭铁,应更换电枢。

电枢绕组断路的检查:用电阻挡,将两个表笔分别接触换向器相邻的铜片,测量每相邻两换向片间是否相通,若万用表指针指示"0",说明电枢绕组无断路故障;若万用表指针在某处不摆动,即电阻值为无穷大,说明此处有断路故障,应更换电枢。

③电枢轴检查。

用百分表检查电枢轴是否弯曲。若铁芯表面摆差超过0.15 mm或中间轴颈摆差大于0.05 mm时,均应进行校正或更换。另外,还应检查电枢轴上的花键齿槽,如严重磨损或损坏,则应修复或更换。

④电刷架检查。

检查电刷弹簧力度和长度。电刷标准高度与使用极限见表4.2。

表4.2　电刷标准高度与使用极限

功率/kW	标准高度/mm	使用极限/mm
0.8	16	10
1	19	10
2	15～15.5	9.5
2.5	20.5～21	—

(2)传动机构检测。

将单向离合器及驱动齿轮总成装到电枢轴上,握住电枢,当转动单向离合器外座圈时,驱动齿轮总成应能沿电枢轴滑动自如。握住外离合器座圈,转动驱动齿轮,应能自由转动;反转时,不应转动,否则就有故障,应更换单向离合器。

(3)控制装置的检测。

电磁开关的检查,分别测量吸引线圈和保持线圈电阻值。

4.起动机的装复

按解体的相反顺序进行安装。先将离合器和拨叉装入后端盖内,再装中间轴承支承板,将电枢插入后端盖内,装上电动机外壳和前端盖,并用长螺栓结合紧,然后装电刷和防尘罩,最后装起动机电磁开关。

4.2.2　启动电路的检修

目前汽车启动系统多采用带继电器的控制电路,各个车型的具体控制电路有所不同,但其基本控制电路相同,如图4.11所示。

在点火开关打到"ST"挡时,蓄电池经点火开关给启动继电器中的线圈供电使继电器中的常开触电闭合,这样蓄电池电流经过主接线柱,继电器的触点到起动机电磁开关上的启动接线柱,起动机开始正常工作。

如果启动系统不能正常工作,首先应进行区分故障是由蓄电池及电路连接造成,还是起动机本身造成。用螺丝刀或导线短接起动机电磁开关上的30端子和C端子两个接线柱。若起动机不转,说明电动机有故障,应解体检修;若起动机运转,说明电动机正常,故障在起动机本身以外的电路。

启动系统电路的诊断流程如图4.12所示。

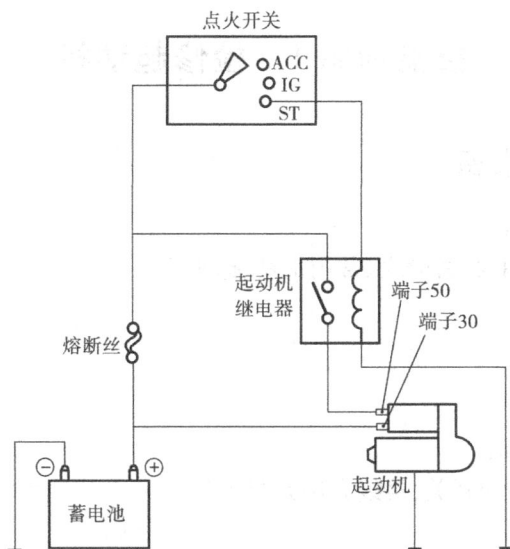

图 4.11　启动系统控制电路

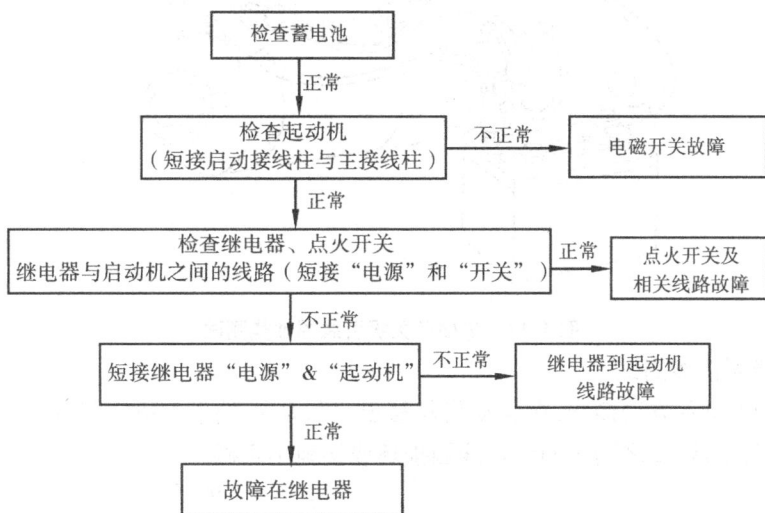

图 4.12　启动系统电路的诊断流程

在车上检查蓄电池的状况和电源导线连接情况,可以按喇叭或开前照灯,若喇叭响声变小或前照灯灯光暗淡,说明蓄电池容量过低或电源导线接触不良;也可以在点火开关位于"启动"挡时,测量蓄电池两端的电压,不应低于 9.6 V。

若蓄电池良好,应检查端子 50 的电压;若电压过低(<8 V),应对蓄电池的正极线、搭铁线、各接线柱及点火开关进行检查;若接线柱有脏污或松脱,应清洁或紧固;若点火开关损坏,应进行修理和更换。

技能训练 1 检修起动机

一、设备及工具准备

(1)设备准备:起动机。

(2)工量具准备:万用表、百分表、常用工具、抹布等。

二、操作方法

1.起动机不解体检测

(1)吸引线圈性能测试。

连接蓄电池与电磁启动开关,接线方法如图4.13所示。齿轮如能伸出则说明正常。

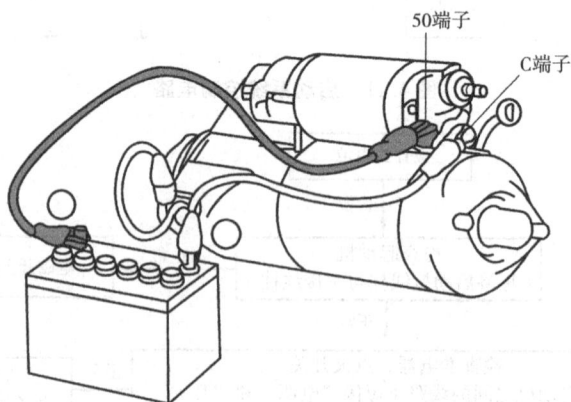

图4.13 电磁开关吸引线圈性能测试

(2)保持线圈性能测试。

按如图4.14所示方法接线,在驱动齿轮移出之后从C端子上拆下导线。齿轮仍能保留在伸出位置表明正常,反之则表明保持线圈损坏或接地不正确。

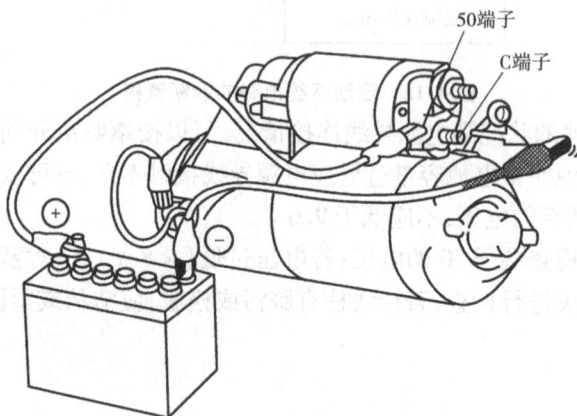

图4.14 保持线圈性能测试

（3）驱动齿轮回位测试。

如图4.15所示拆下蓄电池负极接外壳的接线夹后，齿轮能迅速返回原始位置即为正常，不能迅速返回原始位置，则有故障。

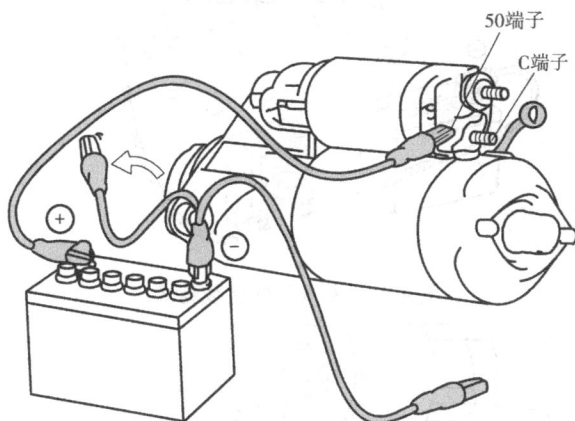

图4.15 驱动齿轮回位试验

（4）驱动齿轮间隙的检查。

如图4.16所示连接蓄电池和电磁开关，进行驱动齿轮间隙的测量。测量时，先把驱动齿轮推向电枢方向，消除间隙后测量驱动齿轮端和止动套圈间的间隙，如图4.17所示。

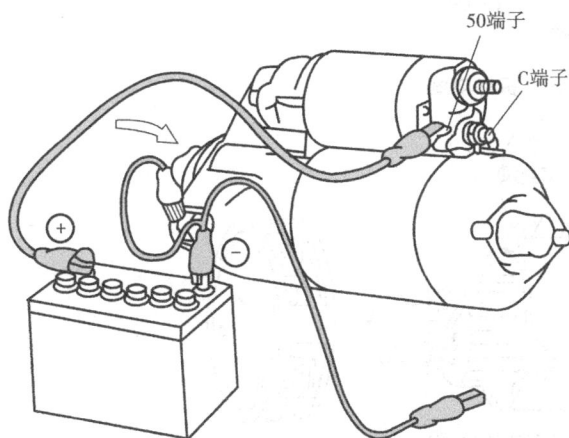

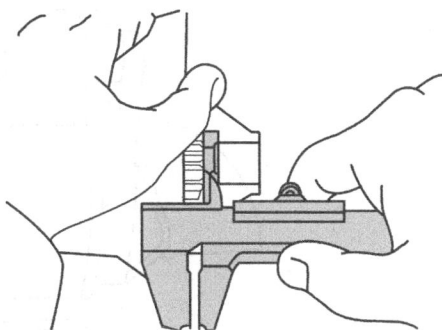

图4.16 驱动齿轮间隙检查时的接线　　　图4.17 驱动齿轮间隙的测量

（5）空载测试。

固定起动机，按照如图4.18所示的方法连接导线，检查起动机应平稳运转，同时驱动齿轮应移出，用万用表读取数值。断开50端子后，起动机应立即停止转动，同时驱动齿轮缩回。

2.起动机分解

①旋出防尘盖固定螺钉，取下防尘盖，用专用钢丝钩取出电刷；拆下电枢轴上止推圈处的卡簧，如图4.19所示。

②用扳手旋出两紧固穿心螺栓，取下前端盖，抽出电枢，如图4.20所示。

③拆下电磁开关主接线柱与电动机接线柱间的导电片；旋出后端盖上的电磁开关紧固螺钉，使电磁开关后端盖与中间壳体分离，如图4.21所示。

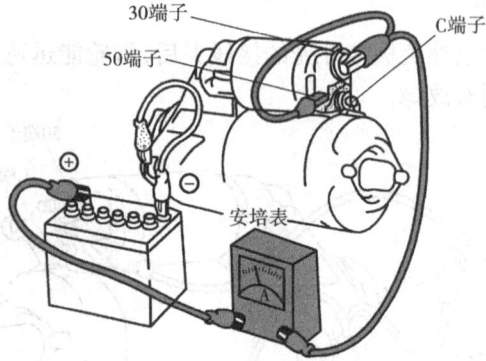

图 4.18　起动机的空载测试

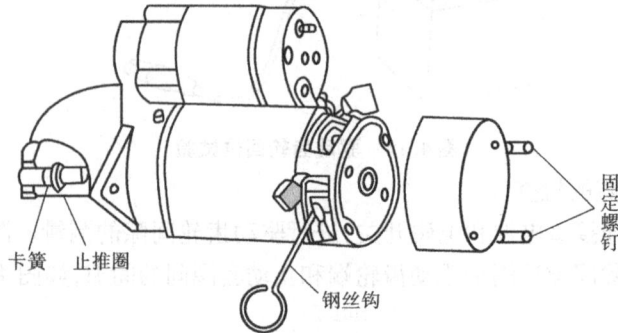

图 4.19　拆卸电刷

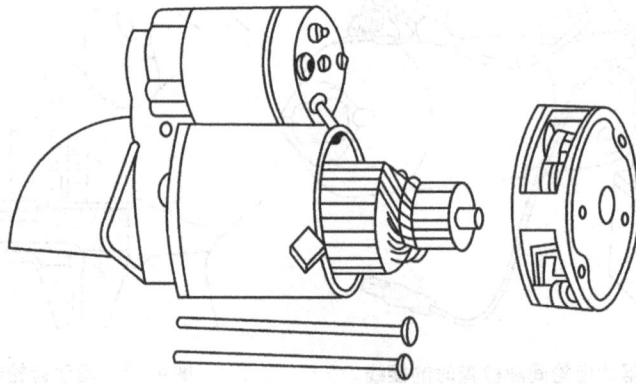

图 4.20　拆卸前端盖和电枢

④从后端盖上旋下中间支承板紧固螺钉,取下中间支承板,旋出拨叉轴销螺钉,抽出拨叉,取出离合器,如图 4.22 所示。

⑤元件清洗。将已解体的机械部分浸入清洗液中清洗,电气部分用棉纱蘸少量汽油擦拭干净。

⑥分解电磁开关。

3.起动机解体检测

(1)定子励磁绕组的检测。

①励磁绕组断路故障的测量。

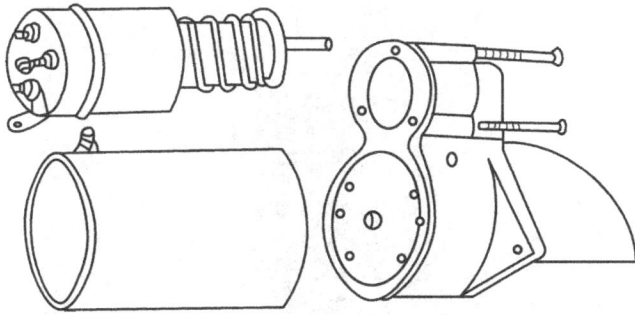

图 4.21　拆卸电磁开关

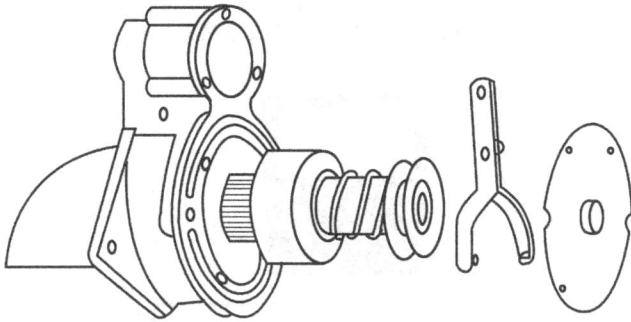

图 4.22　拆卸离合器

将万用表开关转到电阻挡,测量励磁绕组的电阻值,如图 4.23 所示,若 R 为 0.8 Ω 时,正常;R 为 0 时,导线短路;R 为 ∞ 时,绕组有断路故障。

②绕组搭铁故障的测量。

将万用表选择开关转到电阻挡,测量励磁绕组的电阻值,如图 4.24 所示。R 为 ∞ 时,为良好;R 为 0 时,有搭铁故障。

(2)转子的检测。

①绕组搭铁故障的测量。

图 4.23　励磁绕组断路检测

将万用表选择开关转到电阻挡,然后用一个表棒接触换向器铜片,另一表棒接触转子铁芯,如图 4.25 所示。测量绕组的电阻值,R 为 ∞ 时,无搭铁故障;R 为 0 时,有搭铁故障。

②电枢绕组短路故障的测量。

先检查各线圈在铁芯两端的外部有无变形及接触现象,确认无接触故障后将转子按图 4.26 所示放置在短路测试仪上。接通电后,将钢片放置在转子铁芯上,转动转子,当钢片在哪个部位出现振动,则此处绕组出现短路故障。

③电枢绕组匝间断路故障的测量。

万用表选择开关转到欧姆挡,然后用一个表棒接触换向器铜片,另一表棒接触近边的换向器铜片,如图 4.27 所示。测量绕组的电阻值,R 为 ∞ 时,断路故障;R 为 0 时,无故障。

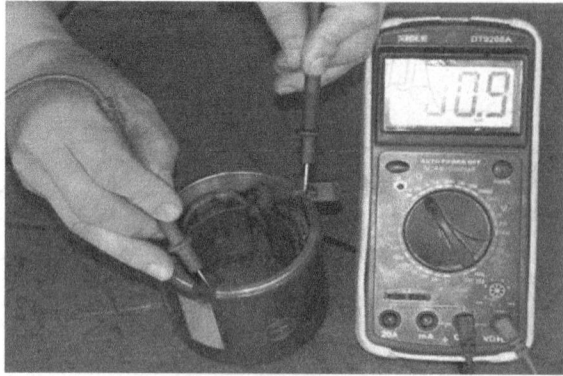

图 4.24　绕组搭铁故障检测

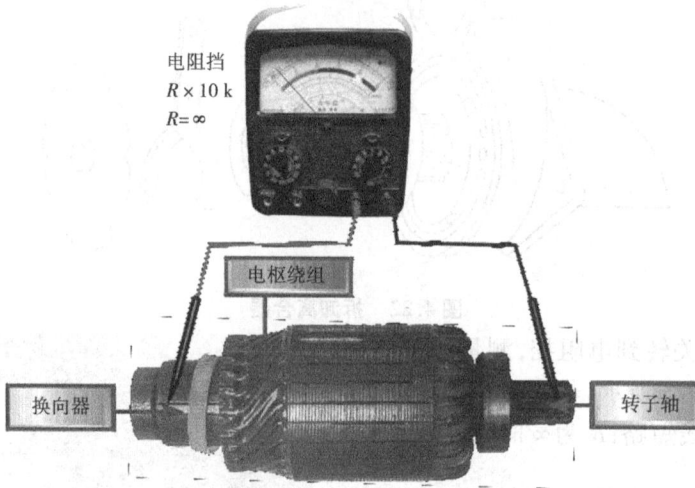

电阻挡
$R \times 10\ \text{k}$
$R = \infty$

电枢绕组

换向器

转子轴

图 4.25　转子绕组搭铁检测

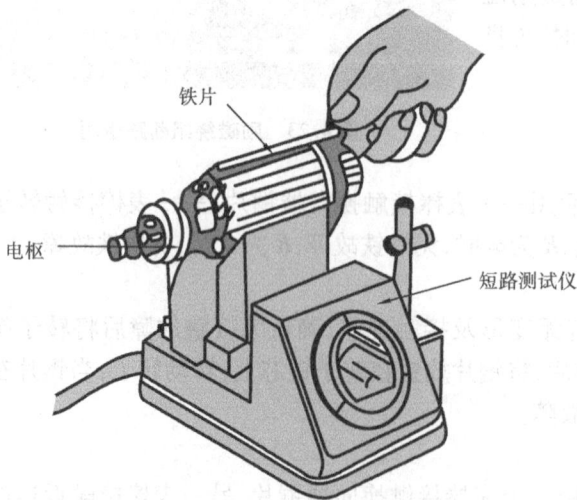

铁片

电枢

短路测试仪

图 4.26　电枢绕组短路检测

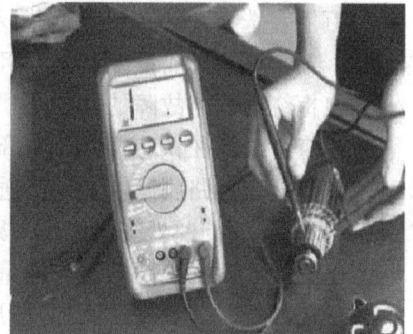

图 4.27　电枢绕组匝间断路检测

④换向器失圆的检测。

安装百分表和转子,转动转子,观察百分表的变化,指针摆动量不应超过0.02 mm。转子轴弯曲检测:将百分表、偏摆仪、转子放置好(图4.28),转动转子,观察百分表的变化,跳动量不应超过0.08 mm。

(3)换向器的检测。

换向器的故障多为表面烧蚀,轻微烧蚀可用细砂布打磨(图4.29),严重烧蚀的换向器径向厚度不得小于0.2 mm,否则应予更换。

换向器失圆度标准值为0.05 mm,极限值为0.4 mm。

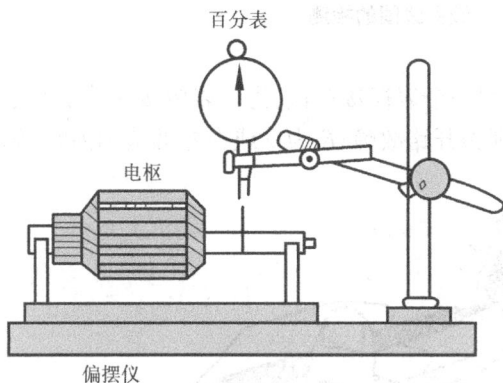

图4.28 转子轴弯曲检测

图4.29 打磨换向器表面

①换向器直径测量。

用游标卡尺测量换向器直径,如图4.30所示,标准值为$\phi28$ mm,极限值为$\phi27$ mm。

②换向器云母深度测量。

检查换向器云母深度,如小于极限值,应修理或更换。标准值为0.5~0.8 mm,极限值为0.3 mm,如图4.31所示。

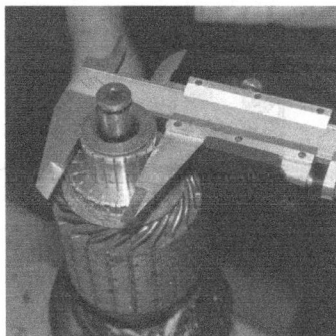

图4.30 换向器直径测量

图4.31 换向器云母深度测量

(4)电磁开关的检测。

①吸引线圈的检测。

将万用表选择开关转到电阻挡,然后用一个表棒接触端子C,另一表棒接触端子50,如图4.32所示。测量绕组的电阻值,若R为∞时,则为开路故障;R为0或在标准范围内时,无故障。

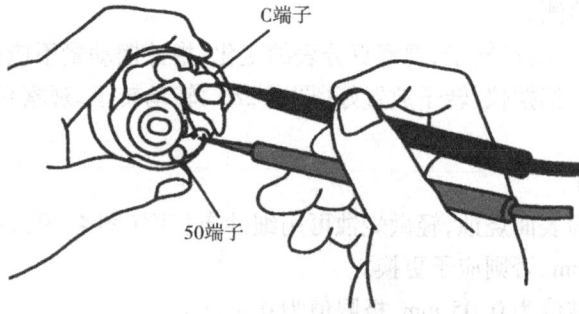

图 4.32　吸引线圈的检测

②保持线圈的检测。

将万用表选择开关转到电阻挡,然后用一个表棒接搭铁,另一表棒接触端子 50,如图4.33 所示。测量绕组的电阻值,若 R 为∞ 时,则为开路故障;R 为 0 或在标准范围内时,无故障。

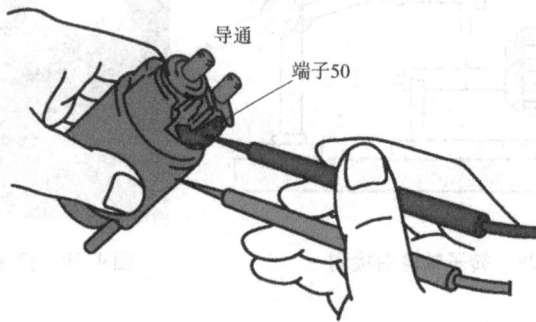

图 4.33　保持线圈的检测

③电磁开关触片的检测。

将万用表选择开关转到电阻挡,然后用一个表棒接触端子 C,另一表棒接触端子 30,如图 4.34 所示。接通时的测量接触电阻值,若 R 为 0 或在标准范围内时,无故障。

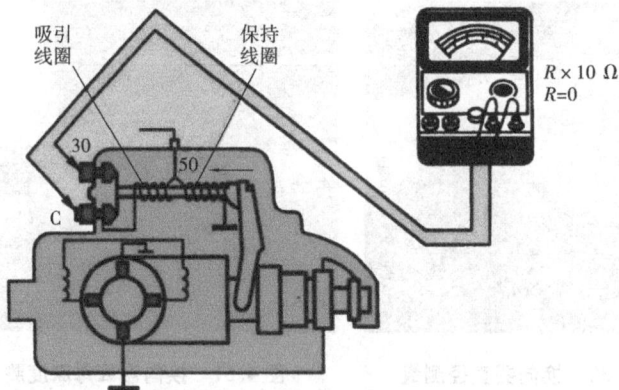

图 4.34　电磁开关触片检测

④活动铁芯灵活性的检查。

用大拇指将铁芯压入,然后松开,铁芯应能迅速恢复原位,为正常(图4.35)。

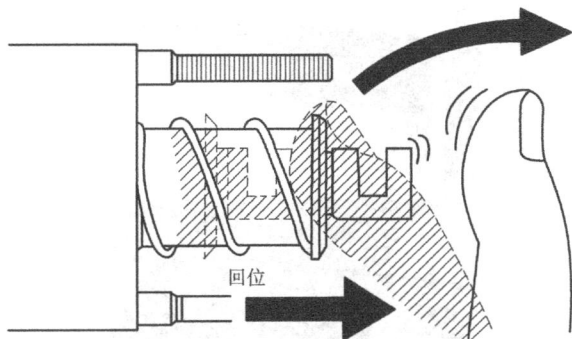

图4.35　活动铁芯灵活性的检查

(5)电刷相关器件的检查。

①电刷弹簧的检查。

电刷弹簧的检查如图4.36所示。炭刷弹簧的压力应符合要求。车型不同其弹簧压力也有差别,通用型为1.0~1.3 kg;2 kW 型为2.7~3.3 kg;2.5 kW 型为3.5~4 kg。

如弹簧压力过弱,则应予更换。

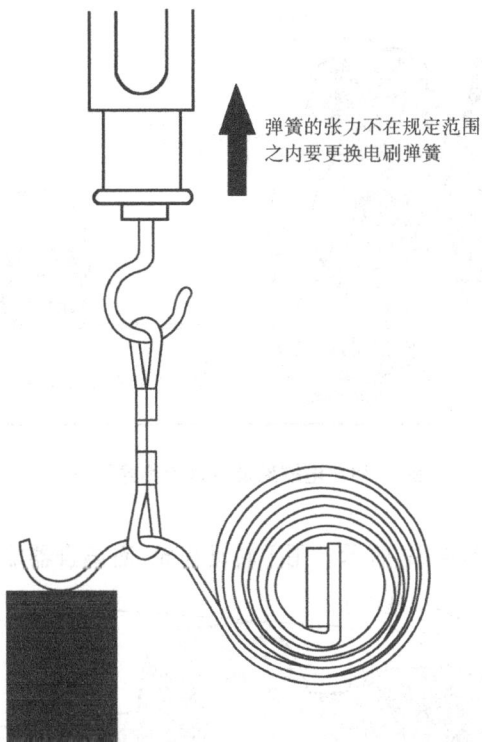

图4.36　电刷弹簧的检查

②电刷长度的检查。

用游标卡尺进行电刷长度尺寸的检查(图4.37),电刷长度应符合表4.2,若超过极限值,应进行调换。

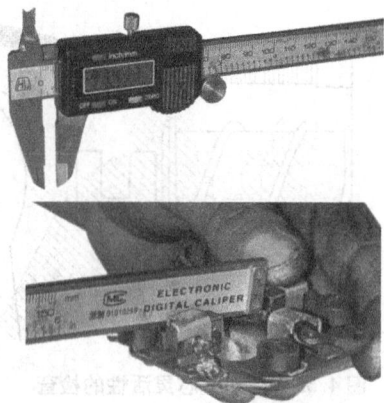

图 4.37　电刷长度的检查

③电刷架及弹簧的绝缘检查。

首先检查炭刷架不应松动和变形。将万用表选择开关转到电阻挡,然后用一个表棒接触电刷架 A,另一表棒接触电刷架 B,如图 4.38 所示。测量电阻值,若 R 为∞ 时,无故障;R 为 0 时,出现短路故障。

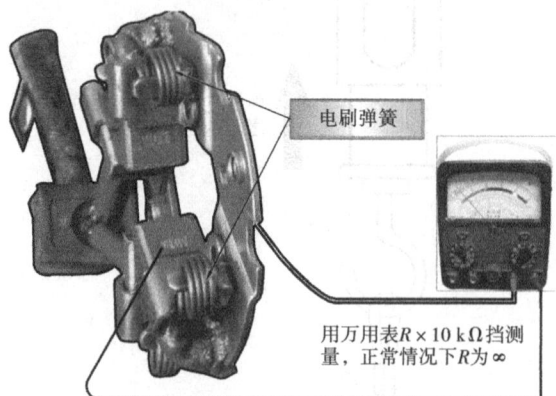

电刷弹簧

用万用表 $R×10$ kΩ挡测量,正常情况下 R 为∞

图 4.38　电刷架及弹簧的绝缘检查

(6)传动机构的检查。

单向离合器的检查如图 4.39 所示。用手转动齿轮,看离合器能否锁住。

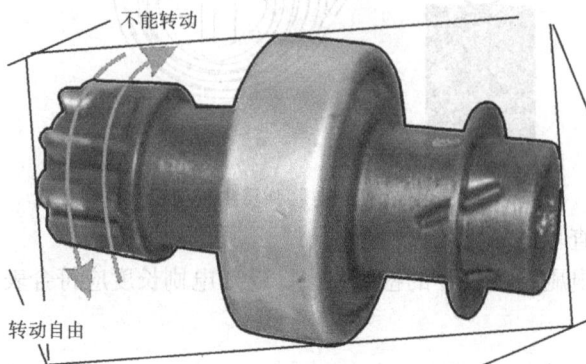

不能转动

转动自由

图 4.39　单向离合器的检查

4.起动机装复

按分解时的相反步骤对起动机进行装复。

三、注意事项

(1)没有电枢时不要启动电机转子短路测试仪,否则会将仪器损坏。
(2)在使用百分表时,要注意放置位置应正确及转动的平稳性操作。
(3)在检查中使用万用表,要注意正确选择量程和挡位。
(4)检查单向离合器扭矩时,注意用力应适当,不可用力过大。

四、技能训练记录

请结合检测过程记录相关检测结果及数据,并对检测结果进行分析判断。
(1)直流电动机的检测。

检测项目	标准值	检测结果
外观检查		
外壳引线与绝缘电刷间电阻		
磁场绕组搭铁检查		

(2)电枢绕组(转子)的检修。

检测项目		标准值	检测结果
电枢绕组是否搭铁			
电枢绕组是否短路			
电枢绕组是否断路			
检查电枢轴	换向器的径向圆跳动检查		
	换向器的直径检查		
	换向器凹槽深度		
电刷架检查	"+"电刷架和"-"电刷架之间		
	电刷长度		

(3)传动机构检修。

检测项目	标准值	检测结果
单向离合器		

（4）控制装置检修。

	检测项目	标准值	检测结果
电磁开关的检查	保持线圈		
	吸引线圈		
	电磁开关触片		

五、考核要点与评分标准

序号	评分项	得分条件	配分/分	评分要求	得分/分	测评结果
1	安全/6S/态度	□1. 能进行工位6S操作 □2. 能进行设备和工具安全检查 □3. 能进行车辆/设备安全防护 □4. 能进行工具清洁、校准、存放操作 □5. 能进行"三不落地"操作	15	未完成1项扣3分,扣分不超过15分		□合格 □不合格
2	专业技术能力	□1. 能正确完成起动机的分解 □2. 能正确完成起动机不解体检测 □3. 能正确完成起动机解体检测 □4. 能正确完成起动机的装复	40	未完成1项扣10分,扣分不超过40分		□合格 □不合格
3	工具及设备使用能力	□1. 能正确使用拆装工具 □2. 能正确使用万用表 □3. 能正确使用百分表 □4. 能正确使用游标卡尺 □5. 能正确使用短路测试仪	10	未完成1项扣2分,扣分不超过10分		□合格 □不合格
4	资料、信息查询能力	□1. 能正确使用维修手册查询资料 □2. 能正确填写相关信息 □3. 能在规定时间内查询所需资料 □4. 能正确记录检测结果及数据	20	未完成1项扣5分,扣分不超过20分		□合格 □不合格
5	数据判读和分析能力	□1. 能分析起动机是否正常 □2. 能得出正确的结论	10	未完成1项扣5分,扣分不得超过10分		□合格 □不合格
6	表单填写与报告撰写能力	□1. 字迹清晰 □2. 语句通顺 □3. 无错别字 □4. 无涂改 □5. 无抄袭	5	未完成1项扣1分,扣分不得超过5分		□合格 □不合格
7		如出现安全事故本技能不合格				
8		总评				

技能训练2 启动系电路检测

一、设备及工具准备

（1）设备准备：车辆或发动机台架。

（2）工量具准备：万用表、常用工具、电路图、维修手册等。

二、操作方法

1. 启动系线路分析

查阅电路图，画出实训车辆的启动系线路图，并就车分析启动系电路原理。

2. 故障诊断和系统性能调试

结合实训用车具体故障，利用启动系故障诊断的相关理论知识，按照诊断流程完成诊断，其中关于蓄电池、起动机、继电器及线路的诊断是关键。

（1）检查蓄电池。

首先应检查蓄电池的极桩是否松脱、氧化、腐蚀，检查电缆线及搭铁端是否正常，然后检查蓄电池是否亏电。如果以上检查正常，按照诊断流程进行下一步检查。

（2）检查起动机。

短接起动机电磁开关上的30端子与C端子接线柱，若起动机不转，说明故障在起动机。然后短接电磁开关30端子与50端子接线柱，若起动机运转正常，则说明电磁开关有故障；仍不转，则说明起动机内部有故障，再对起动机进行解体检测。

若起动机运转，说明起动机良好，故障在控制线路（包括开关和启动继电器）。可用短接的方法分别检查开关、继电器和导线是否正常。

（3）检查启动继电器及相关线路。

启动系统如果有启动继电器，则需要对继电器及其线路进行检查。

①继电器检查。

用万用表电阻挡检测继电器电磁线圈1和3引脚之间电阻应为80 Ω左右，2和4引脚之间电阻应为∞，如图4.40（a）所示。继电器工作时（1和3引脚接蓄电池），2和4引脚应导通，如图4.40（b）所示。

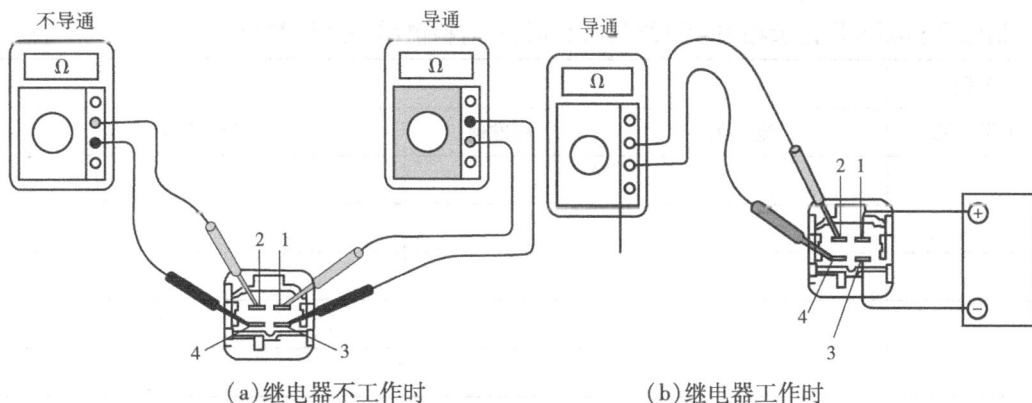

（a）继电器不工作时　　　　　　（b）继电器工作时

图4.40　启动继电器工作情况检查

1,3—继电器电磁线圈；2,4—继电器接触点

②继电器相关线路检查。

将启动继电器的 B 和 S 两接线柱短接(先确认 B 接线柱有电),如图 4.41 所示。若起动机正常工作,说明启动继电器及继电器到起动机的线路正常,故障在点火开关或点火开关到启动继电器的线路上,需进一步检查。

若起动机不工作,再将继电器上的 B 和 C 两接线柱短接,起动机正常工作,故障在启动继电器;起动机不工作,故障在启动继电器到起动机的线路上。

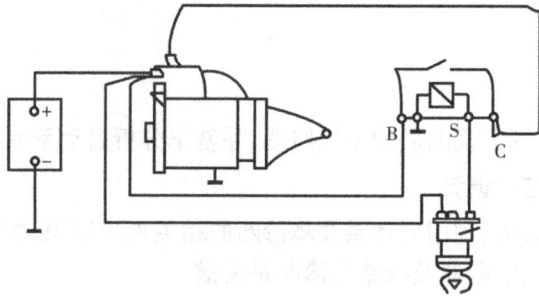

图 4.41　启动继电器线路

(4)检查启动系线路。

启动系线路分两条线路:一条是启动控制线路,主要检测线路的通断情况;另一条是起动机供电线路,主要检测线路各节点的电压降情况,各节点连接处的电压降不得大于 0.2 V,起动机工作电压不低于 9.6 V,蓄电池端电压不低于 9.6 V。

三、注意事项

(1)冬季或低温地区冷车启动时,应先预热发动机,然后再使用起动机。

(2)启动发动机,并将变速杆置于空挡位置,踩下离合器踏板,严禁挂挡启动来移动车辆。

(3)发动机启动后,必须立即切断起动机控制电路,松开点火开关(或启动按钮),使发动机停止工作。当发动机连续几次不能启动时,应对启动电路以及发动机有关系统进行检查,排除故障后再启动。

四、技能训练记录

请结合检测过程记录相关检测结果及数据,并对检测结果进行判断。

车型			
测量步骤	测量值	标准值	判定结果

五、考核要点与评分标准

序号	评分项	得分条件	配分/分	评分要求	得分/分	测评结果
1	安全/6S/态度	□1. 能进行工位 6S 操作 □2. 能进行设备和工具安全检查 □3. 能进行车辆/设备安全防护 □4. 能进行工具清洁、校准、存放操作 □5. 能进行"三不落地"操作	15	未完成 1 项扣3 分,扣分不超过 15 分		□合格 □不合格
2	专业技术能力	□1. 能正确启动车辆或台架 □2. 能正确检测蓄电池 □3. 能正确检测起动机 □4. 能正确检测继电器 □5. 能正确检测启动系线路	50	未完成 1 项扣10 分,扣分不超过 50 分		□合格 □不合格
3	工具及设备使用能力	□1. 能正确使用拆装工具 □2. 能正确使用万用表	10	未完成 1 项扣5 分,扣分不超过 10 分		□合格 □不合格
4	资料、信息查询能力	□1. 能正确查阅电路图和维修手册 □2. 能正确记录检测结果及数据	10	未完成 1 项扣5 分,扣分不超过 10 分		□合格 □不合格
5	数据判读和分析能力	□1. 能正确判定检测结果是否正常 □2. 能正确确定故障部位	10	未完成 1 项扣5 分,扣分不得超过 10 分		□合格 □不合格
6	表单填写与报告撰写能力	□1. 字迹清晰 □2. 语句通顺 □3. 无错别字 □4. 无涂改 □5. 无抄袭	5	未完成 1 项扣1 分,扣分不得超过 5 分		□合格 □不合格
7	如出现安全事故本技能不合格					
8	总评					

任务 4.3　充电系统检修

交流发电机作为汽车的主电源,与电压调节器互相配合工作,对除起动机以外的所有用电设备供电,并向蓄电池充电。发电机的外形如图 4.42 所示。发电机一般安装在发动机前端。

图 4.42 发电机外形

4.3.1 交流发电机的组成

汽车用发电机虽然形式各异,但其结构基本相同,主要由转子、定子、整流器、电压调节器、端盖、带轮及风扇等组成。交流发电机的组件图如图 4.43 所示。

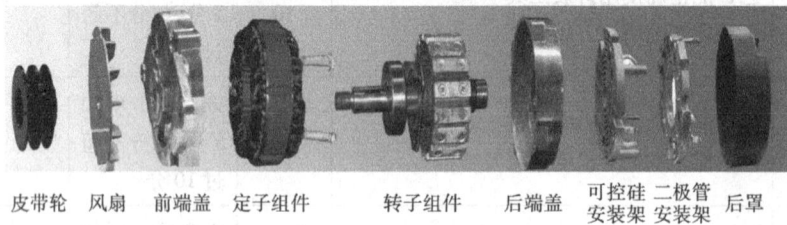

皮带轮　风扇　前端盖　定子组件　　　转子组件　　后端盖　可控硅　二极管　后罩
　　　　　　　　　　　　　　　　　　　　　　　　　　　安装架　安装架

图 4.43 交流发电机结构

4.3.2 发电机的检测

1)发电机的就车检测

(1)检查发电机驱动带。

①检查驱动带的外观。用肉眼观看有无裂纹或磨损现象,如有此现象应更换。

②检查驱动带的挠度。用 100 N 的力压在带的两个传动轮之间,新带挠度为 5~10 mm,旧带为 7~14 mm。若不符合要求应及时调整。

(2)检查导线的连接。

接线是否正确,是否牢靠。

发电机输出接线螺丝必须加弹簧垫,防止松动。

(3)检查转动时有无噪声。

检查发电机的运转情况,如有噪声,应及时查明原因,排除故障。

(4)检查是否正常发电。

观察充电指示灯的熄灭情况。若充电指示灯一直亮着,说明发电机或调节器有故障,也可能是充电指示灯线路有故障,应及时维修。

2)发电机的不解体检测

如果经过检查明确了交流发电机的故障后,就应将发电机从汽车上拆卸下来。为了判定交流发电机有无故障和故障发生在哪个部位,故需做进一步检查。

(1)测量各接线柱之间的电阻。

在发电机不解体时,使用万用表测量各接线柱之间的电阻值,可初步判断发电机是否有故障。其方法是用万用表电阻挡测量发电机 F 与 E 之间的电阻值和发电机 B 与 E 之间的电阻值,并与相应的标准值进行比较。各接线柱之间的电阻参考值见表4.3。

表 4.3 各接线柱之间的电阻参考值

交流发电机型号		F 与 E 之间/Ω	B 与 E 之间		N 与 E 之间	
			正向/Ω	反向/Ω	正向/Ω	反向/Ω
有刷	JF1、JF13、JF15、JF21	5 ~ 6	40 ~ 50	>10 000	1	>10 000
	JF12、JF22、JF23、JF25	19.5 ~ 21				
无刷	JFW14	3.5 ~ 3.8				
	JFW28	15 ~ 16				

F 与 E 之间的电阻值:若指示值超过规定值,可能是电刷与滑环接触不良;若指示值小于规定值,可能是励磁绕组有匝间短路或搭铁故障;若电阻为零,可能是两个滑环之间有短路或者 F 接线柱有搭铁故障。

B 与 E 之间的电阻值:若指示值在 40 ~ 50 Ω,可认为无故障;若指示值在 10 Ω 左右,说明有失效的整流二极管,需拆检;若指示值为零,则说明有不同极性的二极管被击穿,需拆检。

(2)利用台架试验法检测。

台架试验是检测交流发电机性能和质量的有效手段。交流发电机性能好坏及维修质量高低,均可通过交流发电机试验台检测确定。将发电机按如图 4.44 所示的接线方法安装到专用试验台上,进行发电机空载试验和负荷试验,测量发电机在空载和满载情况下发出额定电压时对应的最小转速,从而判断发电机的工作是否正常。

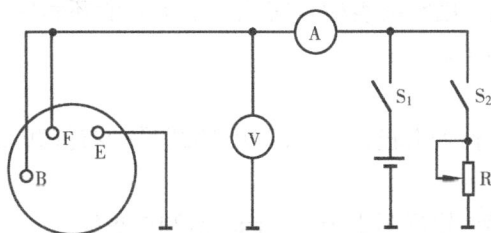

图 4.44 交流发电机试验接线方法

①空载转速的测试。

空载电压的测试在试验台上进行,先将开关 S1 闭合,出蓄电池给发电机提供他励电流,接着启动电动机,逐步提高电动机的转速。当转速上升到 500 ~ 800 r/min 时,发电机开始自励,继续提高转速,同时观察电压表的读数,转速上升到规定值时,如果电压值低于额定值,则表明发电机存在故障。

②满载转速的测试。

断开开关 S1,发电机转为自励,合上开关 S2,调节可调电阻 R,在发电机转速为 1 000 r/min 时,发电机电压应大于 12 V 或 24 V;在发电机转速为 2 500 r/min 时,电压应达到 14 V 或 28 V,

电流应达到或接近该发电机的额定电流。

（3）示波器检测法。

利用示波器观察发电机输出电压的波形。发电机工作时，其波形有一定的规律性。发电机出现故障时，其输出电压的波形将会发生变化。因此，将其输出电压的波形与正常波形比较，即可根据波形的变化情况判断发电机的故障，如图4.45所示为交流发电机正常输出电压波形和常见故障时输出电压波形。

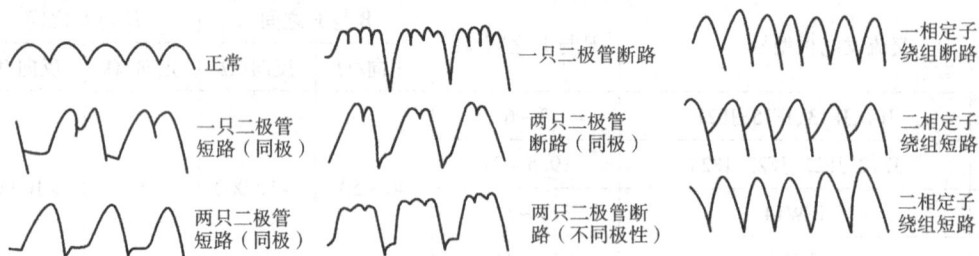

图4.45　交流发电机出现各种故障时输出电压的波形

3）发电机各部件的检修

（1）检查交流发电机转子。

①目视检查。目视检查滑环变脏或烧蚀的程度，电流产生的火花会产生脏污和烧蚀，使发电机的性能降低。

②清洁。用布料和毛刷清洁滑环和转子。如果脏污和烧蚀明显，应更换转子总成。

③检查转子是否开路。用欧姆表检查交流发电机滑环之间的导通性，如果不导通，则应更换转子。若阻值为∞，则说明断路；若阻值过小，则说明短路。一般12 V发电机转子绕组电阻为3.5~6 Ω，24 V发电机转子绕组为15~21 Ω。

④检查转子是否接地。用欧姆表检查交流发电机的滑环和转子之间是否导通，应不导通。如果导通，则应更换转子。

⑤滑环检查。

a.滑环表面应平整光滑，若有轻微烧蚀，可用"00"号砂布打磨；若烧蚀严重，则应在车床上精车加工。

b.用直尺测量滑环厚度，厚度不小于1.5 mm，否则应更换。

c.用千分尺测量滑环圆柱度，其圆柱度不超过0.025 mm，否则应精车加工。

d.用游标卡尺测量滑环的外径，如果测量值超过规定的磨损极限，应更换转子。

⑥转子轴检查。转子轴的弯曲会造成转子与定子之间间隙过小而产生摩擦或碰撞，如发现发电机运转时阻力过大或有异响，应检查转子轴是否有弯曲。用百分表检查轴的弯曲度，弯曲度应不超过0.05 mm（径向圆跳动公差不超过0.1 mm），否则应予校正。爪形磁极在转子轴上应固定牢靠，间距相等。

（2）检查交流发电机定子。

检查定子是否开路。用万用表的电阻挡检测定子绕组两接线端，阻值应较小。若阻值为∞，则说明绕组开路，应修复或更换。

检查定子是否接地。用万用表电阻最大挡检测定子绕组接线端与定子铁芯之间的电阻,阻值应为∞,否则说明有接地故障,应更换。

(3)检查整流器。

二极管好坏的检查。通常使用数字万用表的二极管挡测量正向电阻值,一般为几十欧;反向电阻值,一般为几十千欧以上。若正反向电阻值一大一小差异很大,说明二极管良好;若正反向电阻值均为∞,说明断路;若正反向电阻值均为 0 Ω,说明短路。

对焊接式整流二极管来说,只要有一只二极管短路或断路,则该二极管所在的正或负整流板总成就需要更换新品;如果二极管是压装在整流板或后端盖上,那么在二极管短路或者断路后,只需用同型号规格的二极管更换故障二极管即可。

(4)检查交流发电机电刷。

电刷表面应无油污,无破损、变形,且应在电刷架中活动自如。

用游标卡尺或钢板尺测量电刷露出电刷架的长度。标准露出长度为 10.5 mm,最小露出长度为 1.5 mm。如果露出长度小于最小值,则应更换电刷。

更换交流发电机电刷。焊开并拆下电刷和弹簧,将新电刷的导线穿过弹簧和电刷架上的孔,将弹簧和电刷插入电刷架中。

(5)其他零件检查。

检查发电机各接线柱绝缘情况,发现搭铁故障应拆检;检查轴承轴向和径向间隙均应不大于 0.20 mm,滚珠、滚道无斑点,轴承无转动异响;检查前后端盖、皮带轮等应无裂损,绝缘垫应完好。

4.3.3　充电系统电路

汽车行驶过程中,应经常观察电流表和充电指示灯的工作状态,发现异常,应立即停车进行检查修理,以保证车辆正常行驶状态。电源系统经常出现的故障主要有不充电、充电电流过小、充电电流过大和充电电流不稳定等。

现代汽车充电系统由蓄电池、整体式交流发电机、点火开关和充电指示灯组成,如图 4.46 所示。发电机通过 B、IG、S、L 端子与蓄电池、点火开关、充电指示灯相连接。其中 B 用于对外供电,给蓄电池充电,同时在启动时给发电机提供他励电流。IG 用于给集成电路调节器供电。S 用于将蓄电池极柱上输出电压传给电压调节器。L 用于接通充电指示灯,通过指示灯的亮暗的变化显示电源系统的工作状态。

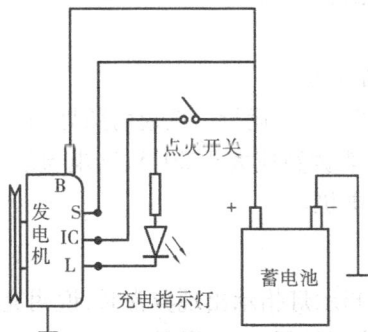

图 4.46　充电系统电路连接

1)充电系统故障诊断的基本方法

(1)充电指示灯诊断。

在装有充电指示灯的汽车上,可利用充电指示灯来诊断充电系统有无故障,具体方法如下:

首先预热发动机,启动发动机后,使其怠速或将发电机转速控制在 1 200 r/min 左右运转 10 min,然后断开点火开关,使发动机停止运转。

再接通点火开关(将点火开关转到"ON"位,并不启动发电机),观察充电指示灯是否发亮。此时,充电指示灯应当发亮,如果不亮,说明充电指示灯线路或充电指示灯控制器有故障。

再次启动发动机,并逐渐升高发动机转速(即逐渐加大节气门开度),当发动机转速升高到 600 ~ 800 r/min(即发电机转速升高到 1 200 ~ 2 000 r/min)时,充电指示灯自动熄灭,说明充电指示灯线路正常,发电机能够发电。此时,电压调节器工作是否正常,还需用万用表进行检测诊断。

(2)万用表诊断。

启动前,用万用表直流电压挡的正极接发电机输出端子 B,负极搭铁,此时电压表指示的电压为蓄电池的空载电压,正常值为 12.0 ~ 12.6 V。

启动发电机,并逐渐踩下加速踏板使发动机转速升高。当发动机转速高于怠速转速(600 ~ 800 r/min),电压表指示的电压应高于蓄电池的空载电压,并随转速升高而稳定在某一调节电压值不变。

若电压表指示的电压高于调节器的调节电压,且随发电机转速升高而升高,则说明发电机能发电,调节器或其线路有故障;若电压表指示的电压随发电机转速升高而保持蓄电池空载电压值不变或低于蓄电池空载电压值,则说明发电机或调节器有故障,此时可将发电机和调节器从车上拆下分别进行检测。

(3)电源系空载性能的诊断。

将万用表选到电压挡,正负极分别与蓄电池的正负极相连,将钳形直流电流表的检测夹夹到发电机输出端子 B 上的引出导线上。

启动发动机,并将其转速升高到 2 000 r/min 运行,此时电压表指示的电压(即调节电压)应为 13.9 ~ 15.1 V(25 ℃),电流表读数应小于 10 A。调节电压过高或过低应检修或更换电压调节器;电流过大,说明蓄电池充电不足或有故障,应充电或更换蓄电池。

(4)电源系负载性能的诊断。

检测仪器的连接同空载性能诊断。

启动发动机,并使其以 2 000 r/min 运行。接通前照灯和空调器,此时电压调节器的调节电压也应为 13.9 ~ 15.1 V,电流表读数应大于 30 A;若电流表读数小于 30 A,则说明发电机功率不足,应拆下检修或更换发电机。

2)充电系统诊断流程

在汽车运行过程中,当充电指示灯指示出现异常时,说明充电系统发生故障,应该及时诊断并排除。充电系统故障诊断流程如图 4.47 所示。

点火开关"ON" → 警告灯灭 → 断开接头(S、L)，将L侧线束接地 → 警告灯灭 → 作以下检查：·警告灯灯泡 ·警告灯保险丝

警告灯亮 → 作以下检查：·转子线圈 ·转子滑环 ·电刷 → 损坏的IC调节器，更换

点火开关"ON" → 警告灯亮 → 发动机启动，发动机转速1 500 r/min → 警告灯亮 → 作以下检查：·驱动皮带 ·S端口的保险丝 ·接头(S、L端口)的连接 → 发动机怠速运转 → 警告灯灭 → 正常

警告灯亮 → 发动机转速2 500 r/min测量B端口电压 → 大于16.0 V → 损坏的IC调节器，更换

小于13.0 V → 作如下检查：·转子线圈 ·转子滑环 ·电刷 ·定子线圈 → 损坏的IC调节器或二极管总成，更换

警告灯灭 → 正常

警告灯：组合仪表中的"充电"警告灯。

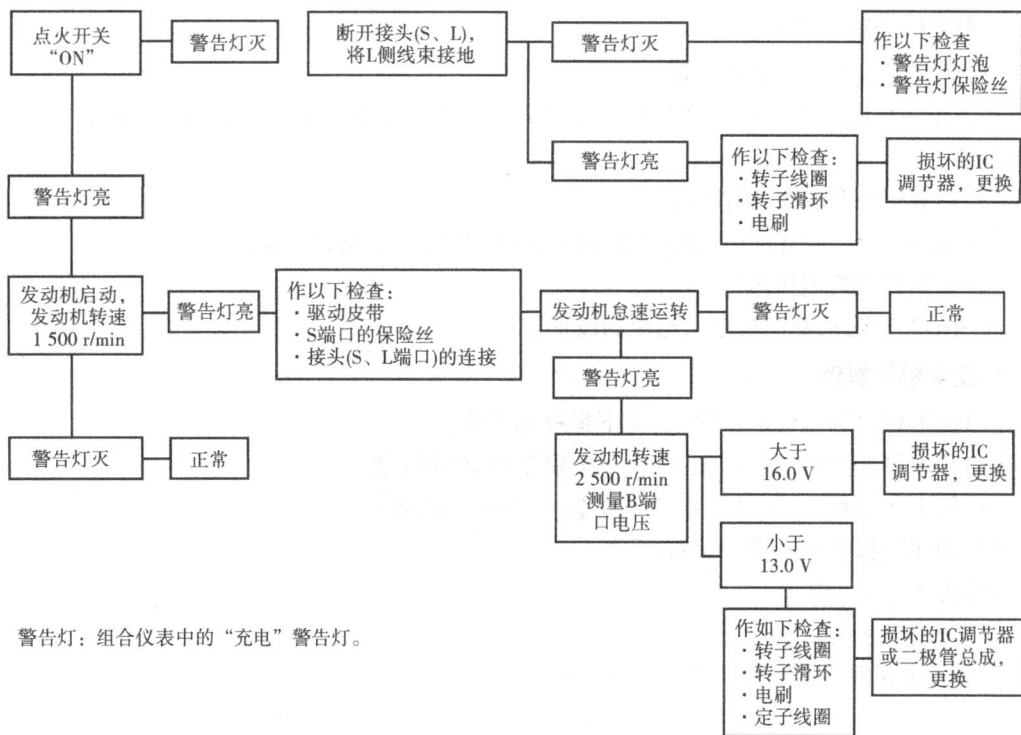

图 4.47　充电系统故障诊断流程

技能训练 1　检修发电机

一、设备及工具准备

(1)设备准备：车辆或发动机台架。

(2)工量具准备：万用表、百分表、常用工具、连接线、抹布等。

二、操作步骤

1.发电机的拆卸

(1)脱开蓄电池负极(−)端子电缆。

(2)脱开发电机电缆和连接器。

(3)拆卸发电机。

①拧松发电机安装螺栓，然后拆卸传动皮带。注意：若拉动传动皮带来移动发电机，将损坏传动皮带。

②拆卸所有的发电机安装螺栓，然后拆卸发电机。由于发电机的安装零件带有用于定位的轴套，所以连接比较紧密，可通过上下摇动发电机来进行拆卸。

2.发电机不解体检测

(1)测量各接线柱之间的电阻。

用万用表电阻挡测量发电机 F 与 E 之间的电阻值和发电机 B 与 E 之间的电阻值,并记录相应数值。

(2)空载转速和满载转速测试。

在万能试验台上进行空载和满载转速的测试,观察电压表的读数。

(3)示波器检测电压波形。

利用示波器观察发电机输出电压的波形。

3.发电机的解体

(1)卸下螺母和接线端绝缘体,卸下螺栓和端盖。

(2)从电刷架上拆下电刷架盖,拆下电刷架和 IC 调节器。

(3)卸下 4 个螺钉,用针鼻钳将导线整直,卸下整流器架。

(4)用扭矩扳手松开滑轮螺母。

(5)拆下整流器端架。

(6)分离转子与定子。

交流发电机零件分解图如图 4.48 所示。

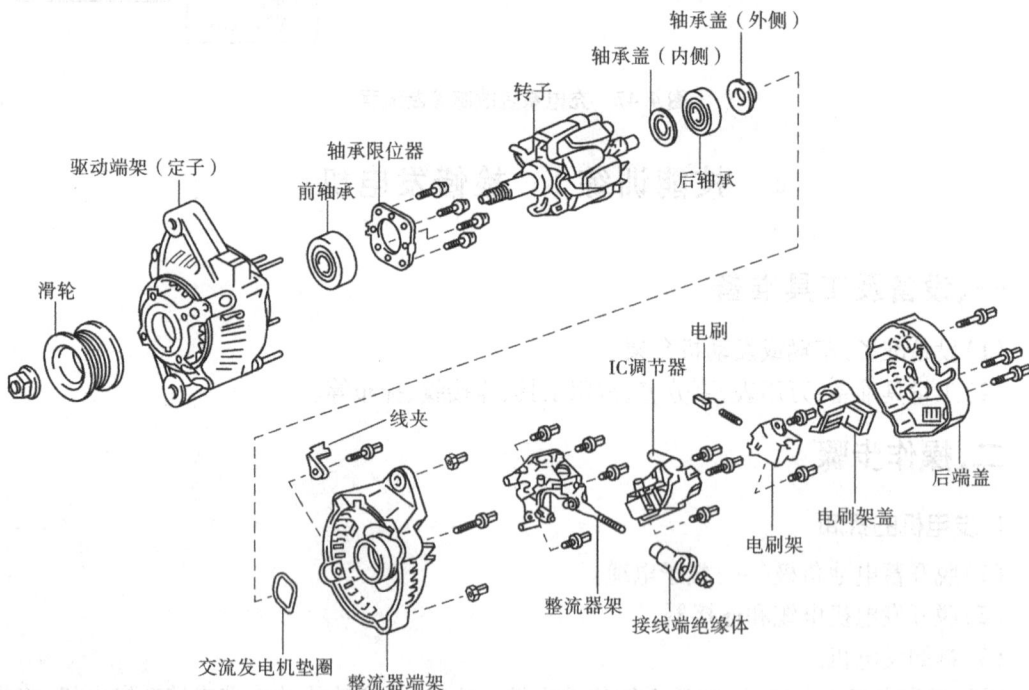

图 4.48 交流发电机零件分解图

4.发电机的零部件检测

(1)定子的检测。

①定子绕组断路故障的检测。

用万用表电阻挡测量同相绕组的首尾端,如图 4.49 所示。如 R 为 ∞,则此相绕组为断线故障;如 R 为 1 ~ 10 Ω,并且三相绕组测得的值基本相等,则绕组正常。

图 4.49　定子绕组检测

2)定子绕组绝缘检测

用万用表电阻挡测量三相绕组的绝缘电阻值,如图 4.50 所示。如 R 为 ∞,则绕组绝缘良好;如 R 为 0,则绕组搭铁短路故障。

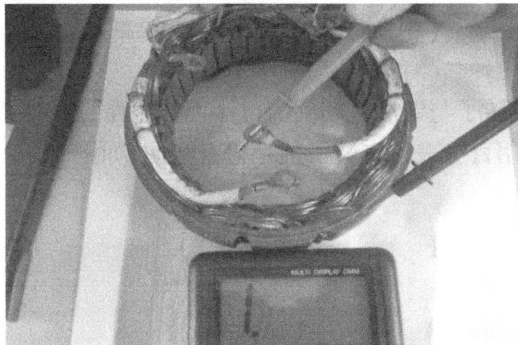

图 4.50　定子绕组绝缘检测

(2)转子的检测。

①励磁绕组的断路检测。

用万用表测量励磁绕组的电阻值,如图 4.51 所示。如 R 为 ∞,则绕组为断线故障;若 R 为 0,则绕组为短路故障。

图 4.51　励磁绕组的断路检测

②励磁绕组的绝缘检测。

用万用表电阻挡测量,如图4.52所示。如 R 为 ∞ ,则绕组绝缘良好,如 R 为0,则绕组搭铁短路故障。

图4.52　励磁绕组的绝缘检测

③转子轴的检修。

转子轴的弯曲会造成转子与定子之间间隙过小而产生摩擦或碰撞,如发现发电机运转时阻力过大或有异响,应使用百分表检查转子轴是否有弯曲,如图4.53所示。轴向和经向间隙不大于0.20 mm。

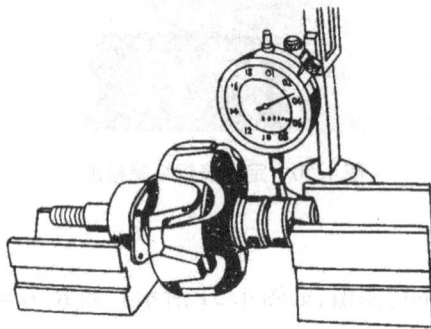

图4.53　转子轴的检修

④集电环的检修。

集电环应表面光滑,无烧蚀,厚度应大于1.5 mm。

(3)整流器的检测。

将万用表选择开关转到测量二极管挡。

①测量正极板上的二极管。

红表棒在出线端,黑表棒在极板上。测量有数值,表示正向导通,如图4.54(a)所示。黑表棒在出线端,红表棒在极板上。测量值为 ∞ ,表示正向阻断,如图4.54(b)所示。以上测量结果表示正极二极管正常。

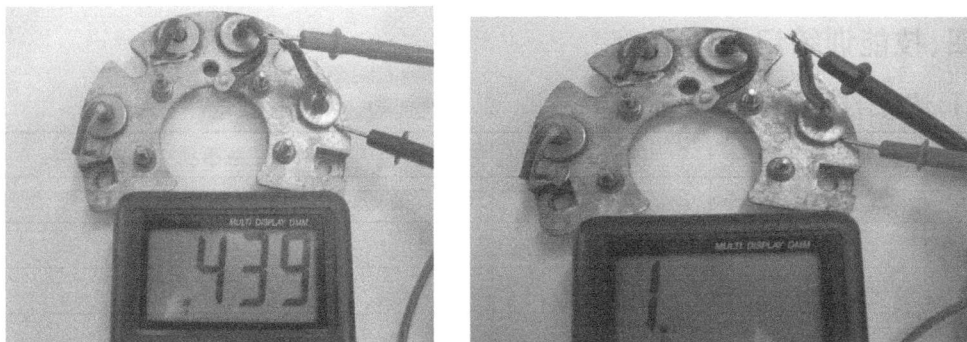

(a)正向测量　　　　　　　　　　　　　(b)反向测量

图 4.54　测量整流器二极管

②测负极板上的二极管。

黑表棒在出线端,红表棒在极板上。测量有数值,表示正向导通。红表棒在出线端,黑表棒在极板上。测量值为∞,表示正向阻断。以上测量结果表示,负极二极管正常。

(4)电刷组件的检测。

电刷和电刷架应无破损或裂纹,电刷在电刷架中应活动自如,不得出现卡滞现象。用游标卡尺测量电刷的高度,如磨损超过原长的 1/2,则应更换电刷,如图 4.55 所示。电刷弹簧压力应符合标准,一般为 2~3 N,将电刷压入电刷架,露出部分约 2 mm,弹簧压力过小应更换。

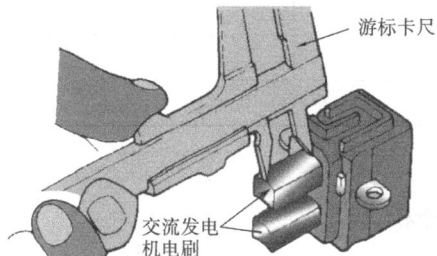

图 4.55　测量电刷高度

5.发电机的装复

先向轴承中填充 2/3 的润滑脂,再按拆解的反顺序装复。

二、注意事项

(1)发电机从车上拆卸检修时,首先应关断点火开关及一切用电设备,拆下蓄电池负极电缆线,再拆卸发电机上的导线接头。

(2)拆装过程中不得丢失、损坏和漏装零部件。

(3)不可用汽油清洗转子和定子线圈,以防绝缘损坏。

(4)安全操作,防止转动部分伤人。

(5)调试电路必须连接正确。

(6)进行部件调整时,应停止运转以防发生事故。

四、技能训练记录

（1）请结合拆装不足，填写下表。

步骤	零部件名称	使用工具	注意事项
1			
2			
3			
4			
5			
6			
7			

（2）请结合检测过程记录相关检测结果及数据，并对检测结果进行判断。

检测项目	测量值	标准值	判定结果

五、考核要点与评分标准

序号	评分项	得分条件	配分/分	评分要求	得分/分	测评结果
1	安全/6S/态度	□1. 能进行工位 6S 操作 □2. 能进行设备和工具安全检查 □3. 能进行车辆/设备安全防护 □4. 能进行工具清洁、校准、存放操作 □5. 能进行"三不落地"操作	15	未完成 1 项扣 3 分，扣分不超过 15 分		□合格 □不合格
2	专业技术能力	□1. 能完成发电机拆卸 □2. 能完成发电机不解体检测 □3. 能完成发电机分解 □4. 能完成发电机零部件检测 □5. 能完成发电机的装复	50	未完成 1 项扣 10 分，扣分不超过 50 分		□合格 □不合格
3	工具及设备使用能力	□1. 能正确使用拆装工具 □2. 能正确使用万用表	10	未完成 1 项扣 5 分，扣分不超过 10 分		□合格 □不合格

序号	评分项	得分条件	配分/分	评分要求	得分/分	测评结果
4	资料、信息查询能力	□1.能正确填写相关信息 □2.能正确记录检测结果及数据	10	未完成1项扣5分,扣分不超过10分		□合格 □不合格
5	数据判读和分析能力	□1.能正确判定检测结果是否正常 □2.能得出正确的维修结论	10	未完成1项扣5分,扣分不得超过10分		□合格 □不合格
6	表单填写与报告撰写能力	□1.字迹清晰 □2.语句通顺 □3.无错别字 □4.无涂改 □5.无抄袭	5	未完成1项扣1分,扣分不得超过5分		□合格 □不合格
7		如出现安全事故本技能不合格				
8		总评				

技能训练2 充电系电路检测

一、设备及工具准备

(1)设备准备:车辆或发动机台架。

(2)工量具准备:万用表、常用拆装工具、电路图、维修手册等。

二、操作方法

1.充电系线路分析

查阅电路图,画出实训车辆的充电系统线路图,并就车分析充电系电路原理。

2.故障诊断和系统性能调试

(1)利用充放电指示灯诊断。

将点火开关转到"ON"位,不启动发动机,观察充放电指示灯应点亮,如果不亮,则说明充电电路有故障。启动发动机,发动机转速到 $600 \sim 800$ r/min 时,放电指示灯应熄灭,说明允电电路正常(图4.56)。如果此时充放电指示灯亮,则说明充电电路有故障,应进行故障检测并排除。

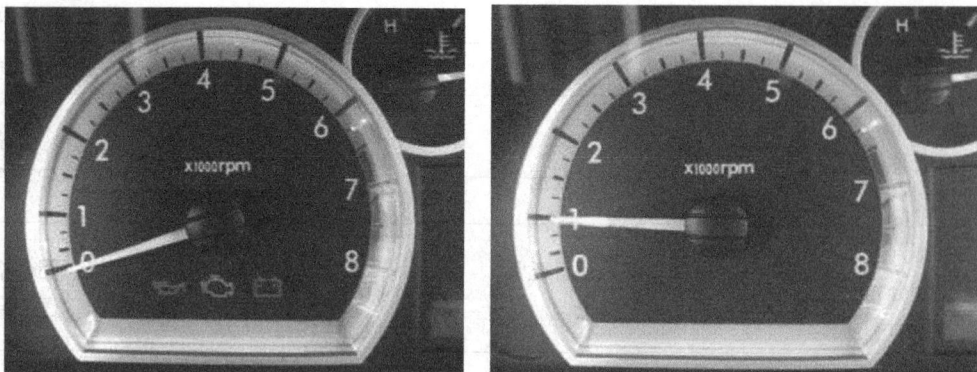

图 4.56　充电指示灯

（2）利用电压表诊断。

用万用表直流电压挡测量电压。在发电机未转动时测量蓄电池端电压，并记录下电压值，启动发电机并将发电机转速提高到怠速以上，测量蓄电池端电压，若能高于原电压值，说明发电机正常发电；若测量电压一直不上升，说明发电机或调节器有故障，应及时维修。提高发电机转速到 2 000 r/min，用万用表直流电压挡测量蓄电池的端电压，电压应在规定值范围内，若高于规定值，会引起蓄电池过充电，说明发电机的调节器有故障，应及时维修和更换。

（3）测量空载电压和电流。

将电压表与蓄电池相连，将钳形直流电流表的检测夹夹到发电机输出 B 端子上的引出导线上。启动发动机，并将其转速升高到 2 000 r/min 运行，读取电压表及电流表读数。

（4）测量负载电压和电流。

将电压表与蓄电池相连，将钳形直流电流表的检测夹夹到发电机输出 B 端子上的引出导线上。启动发动机，并使其以 2 000 r/min 运行。接通大灯和空调，读取电压表及电流表读数。

（5）检查充电系统线路。

按如图 4.57 所示检查各段连接线路是否有断路故障。

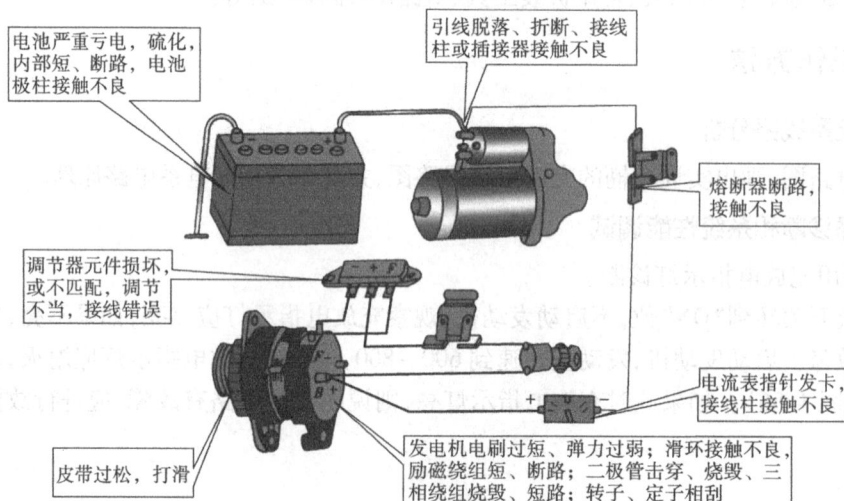

图 4.57　充电系统线路常见故障

三、注意事项

故障诊断遵循由简单到复杂的过程,先利用指示灯、万用表等初步判定位置,再做进一步检查。

四、技能训练记录

请结合检测过程记录相关检测结果及数据,并对检测结果进行判断。

车型			
测量步骤	测量值	标准值	判定结果

五、考核要点与评分标准

序号	评分项	得分条件	配分/分	评分要求	得分/分	测评结果
1	安全/6S/态度	□1. 能进行工位 6S 操作 □2. 能进行设备和工具安全检查 □3. 能进行车辆/设备安全防护 □4. 能进行工具清洁、校准、存放操作 □5. 能进行"三不落地"操作	15	未完成 1 项扣 3 分,扣分不超过 15 分		□合格 □不合格
2	专业技术能力	□1. 能正确启动车辆或台架 □2. 能正确判别充电指示灯 □3. 能正确检测负载电压和电流 □4. 能正确检测空载电压和电流 □5. 能正确检测充电系线路	50	未完成 1 项扣 10 分,扣分不超过 50 分		□合格 □不合格
3	工具及设备使用能力	□1. 能正确使用拆装工具 □2. 能正确使用万用表	10	未完成 1 项扣 5 分,扣分不超过 10 分		□合格 □不合格
4	资料、信息查询能力	□1. 能正确查阅电路图和维修手册 □2. 能正确记录检测结果及数据	10	未完成 1 项扣 5 分,扣分不超过 10 分		□合格 □不合格

续表

序号	评分项	得分条件	配分/分	评分要求	得分/分	测评结果
5	数据判读和分析能力	□1.能正确判定检测结果是否正常 □2.能正确确定故障部位	10	未完成1项扣5分,扣分不得超过10分		□合格 □不合格
6	表单填写与报告撰写能力	□1.字迹清晰 □2.语句通顺 □3.无错别字 □4.无涂改 □5.无抄袭	5	未完成1项扣1分,扣分不得超过5分		□合格 □不合格
7		如出现安全事故本技能不合格				
8		总评				

任务4.4　照明、信号及仪表系统检修

为了保证汽车行驶的安全,减少交通事故的发生,汽车上都有照明系统、信号系统及仪表系统。

4.4.1　照明系统

1.照明系统的组成

汽车照明系统是汽车行驶必不可少的照明设备,为了提高汽车的行驶速度,确保夜间行车的安全,汽车上装有多种照明设备。汽车照明系统可分为外部照明系统和内部照明系统。汽车照明系统由电源、照明装置和控制部分组成。控制部分包括各种灯光开关和继电器等。

现在汽车的照明系统一般是由灯光开关、BCM及车灯三部分构成,其控制逻辑如图4.58所示。

2.照明系统的控制原理

照明系统的各种灯光的控制原理基本相同,检测思路也基本相同,

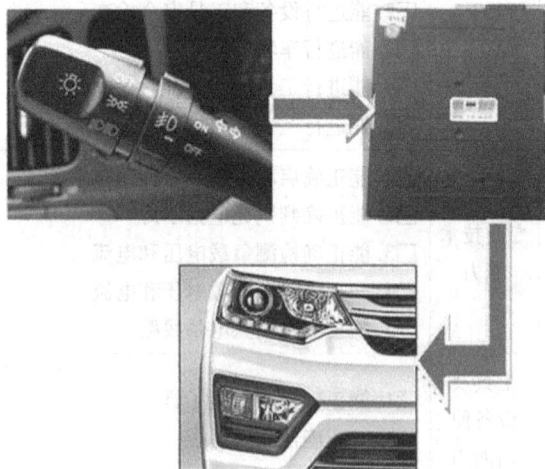

图4.58　照明系统控制逻辑

主要根据电路图检测电路。下面以长安某车型前照灯系统为例进行分析,前照灯电路如图4.59所示。

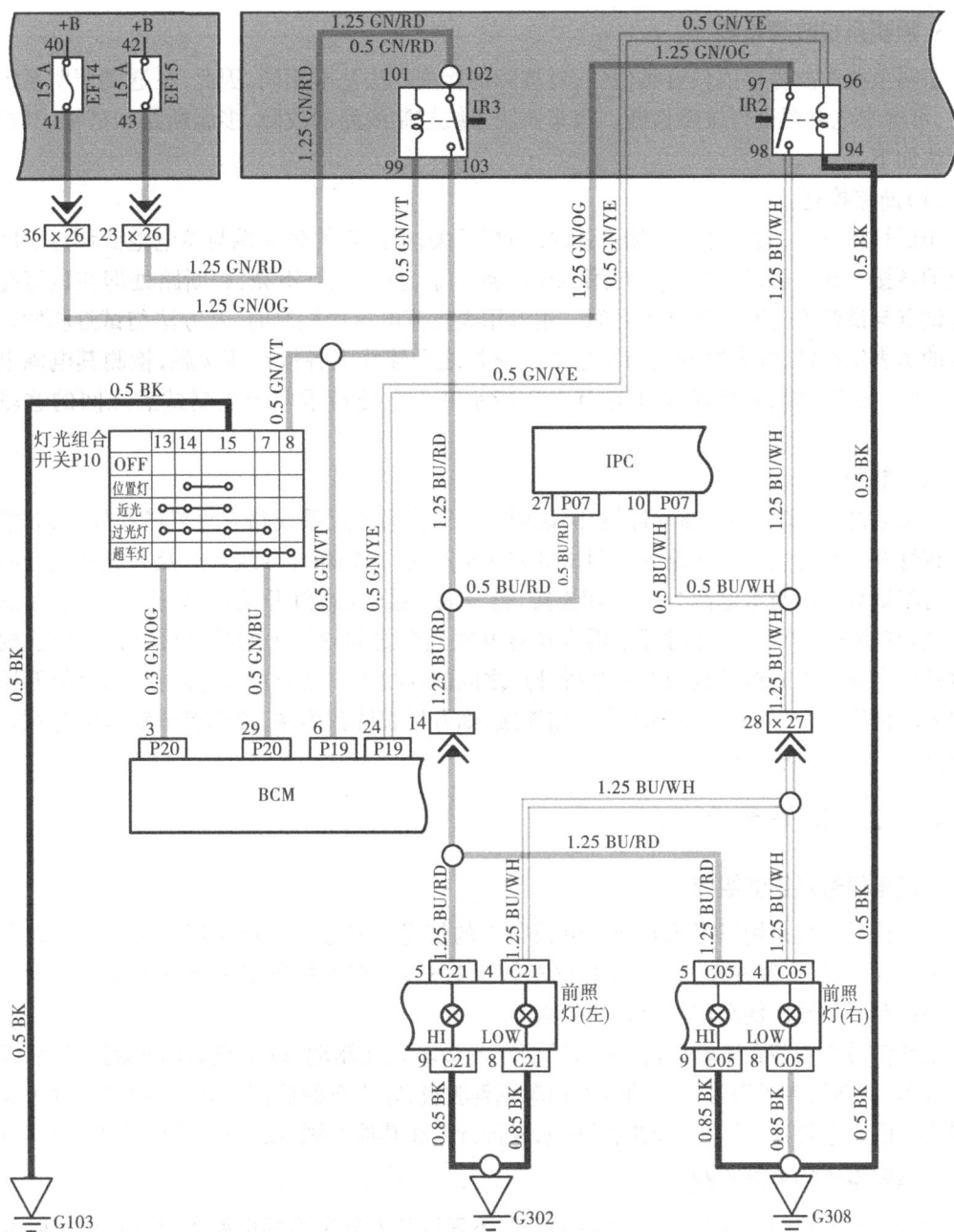

图 4.59　照明系统原理图

打开近光灯开关,BCM 的 P20 插头的 3 号针脚会收到来自灯光开关的低电平信号,BCM 的 P19 插头的 24 号针脚会输出一个高电平信号给近光灯继电器,近光灯继电器正常工作后控制近光灯点亮。

打开远光灯开关,BCM 的 P20 插头的 29 号针脚会收到来自灯光开关的低电平信号,BCM 的 P19 插头的 6 号针脚会输出一个低电平信号给远光灯继电器,远光灯继电器正常工作后控制远光灯点亮。

3.照明系统故障检测

照明系统的故障原因具有类似性,对故障的检测方法基本相同,因此,在遇到照明系统故障时,可参考电路图进行故障诊断。汽车照明系统控制线路的故障,多属断路和搭铁,其检修的方法如下。

(1)断路检查。

用试灯检查时,将试灯的一端搭铁,接通灯开关,把试灯的另一端与蓄电池到该灯之间连线上的各接点相接触,如灯亮,再与第二个接点接触,直至试灯不亮,则断路处即在试灯亮时的测试点与试灯不亮时的测试点之间。用万用表直流电压挡检测时,其方法与试灯相同。万用表的黑表笔搭铁,红表笔分别与蓄电池到该灯之间连线上各接点相接触,检测其电源电压是否正常,如不正常,则断路发生在有电压指示和无电压指示两个被测试点之间的这段线路中。

(2)搭铁检查。

当接通灯开关时,熔断器立即烧坏,说明开关所接通的灯系线路有短路搭铁故障,其搭铁部位在灯开关与灯之间的线路中。用试灯方法检查时,首先断开导线与灯及开关连接处的导线。可将试灯一端与蓄电池"+"极相连接,另一端与接灯(或灯开关)的线头相连接,如试灯亮,说明有搭铁故障存在,此时逐个拆开从灯开关到灯之间导线上的各个接点;如灯灭,则搭铁故障发生在灯灭时拆开点与上一个拆开点之间的导线上。用万用表电阻挡时,可将万用表一只表笔搭铁,另一只表笔与导线线头相连接,如万用表读数为零,说明有搭铁故障存在。其检查方法与试灯方法一样。

4.4.2 信号系统

1.汽车信号系统的组成

汽车信号系统是用以指示其他车辆或行人的灯光信号标志。转向灯是表示汽车动态信息的最主要装置,安装在车身前后,在汽车转弯时开启,它为行车安全提供了保障。除此之外,还有制动信号灯、倒车信号装置和喇叭等。

制动信号灯安装在车辆尾部,通知后面车辆该车正在制动,以避免后面车辆与其后部相撞。汽车倒车时,为了警告车后的行人和车辆驾驶员,在汽车的后部常装有倒车灯、倒车蜂鸣器或语音倒车报警器。汽车上的喇叭用来警告行人和其他车辆,以引起注意,保证行车安全。

2.信号系统的控制原理

信号系统的控制原理与照明系统的相同,下面以长安某车型的电路为例分析电喇叭的控制原理。图4.60是喇叭的电路原理图。

常电源+B电流经过主保险丝盒中的16号保险丝分别供电至喇叭继电器的71、69号针脚。按下喇叭开关,喇叭开关的6号针脚控制喇叭继电器的67号针脚电磁线圈接地,吸合喇叭继电器开关闭合。喇叭继电器的70号针脚供电至喇叭的1号针脚。喇叭的2号针脚接地。

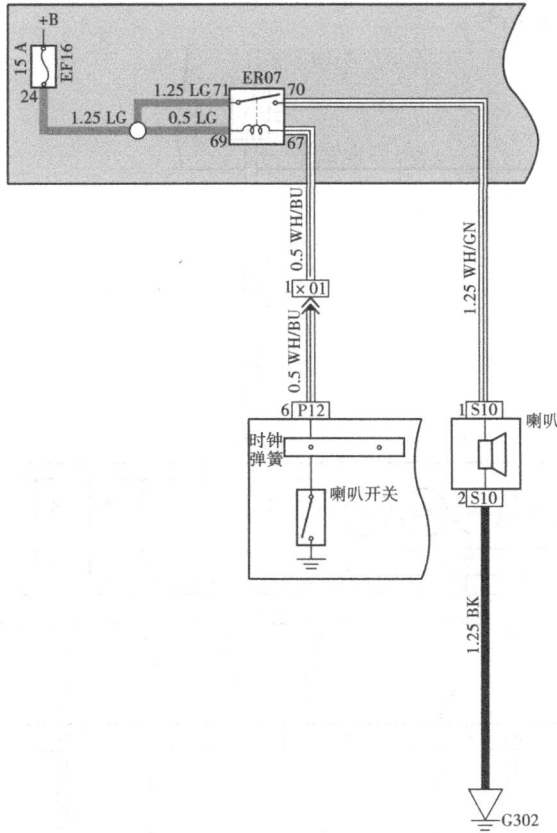

图 4.60 喇叭电路原理图

4.4.3 仪表系统

1)汽车仪表的组成

汽车仪表为驾驶员提供车辆各个系统的综合信息,帮助驾驶员了解车辆状态,随时监测和显示汽车发动机、汽车底盘等零部件的工况和运行状态。现代汽车大多采用组合仪表,组合仪表一般由面罩、边框、表芯、控制电路板、插接器、报警灯、指示灯及仪表灯等部件组成。仪表板上主要仪表有冷却液温度表、燃油表、车速里程表和发动机转速表。仪表板上还有机油压力、发动机冷却液温度、油箱燃油量以及各种工作指示灯和报警灯等。通过仪表盘显示数字、指针转动程度、符号显示和故障声光报警等,提醒驾驶员及时处理可能出现的汽车故障。

2)仪表系统的控制原理

图 4.61 为长安某车型的仪表电源及数据线电路,其电路原理为:常电源 + B 电流经过仪表保险丝盒中的 21 号保险丝供电至组合仪表的 5 号针脚,电源 IG1 电流经过仪表台保险丝盒中的 33 号保险丝供电至组合仪表的 4 号针脚。组合仪表的 26 号针脚供电通过安全带开关 2 号针脚接地。组合仪表的 28 号针脚接收 ABS 故障信号。组合仪表的 9 号针脚通过机油压力传感器接地,点亮机油压力报警指示灯信号。组合仪表的 P07 插头的 17 号针脚接地。仪表的其他线束针脚接收来自发动机电控系统、安全气囊和安全带系统、信息娱乐系统、和巡

航系统等其他系统的指示信号。

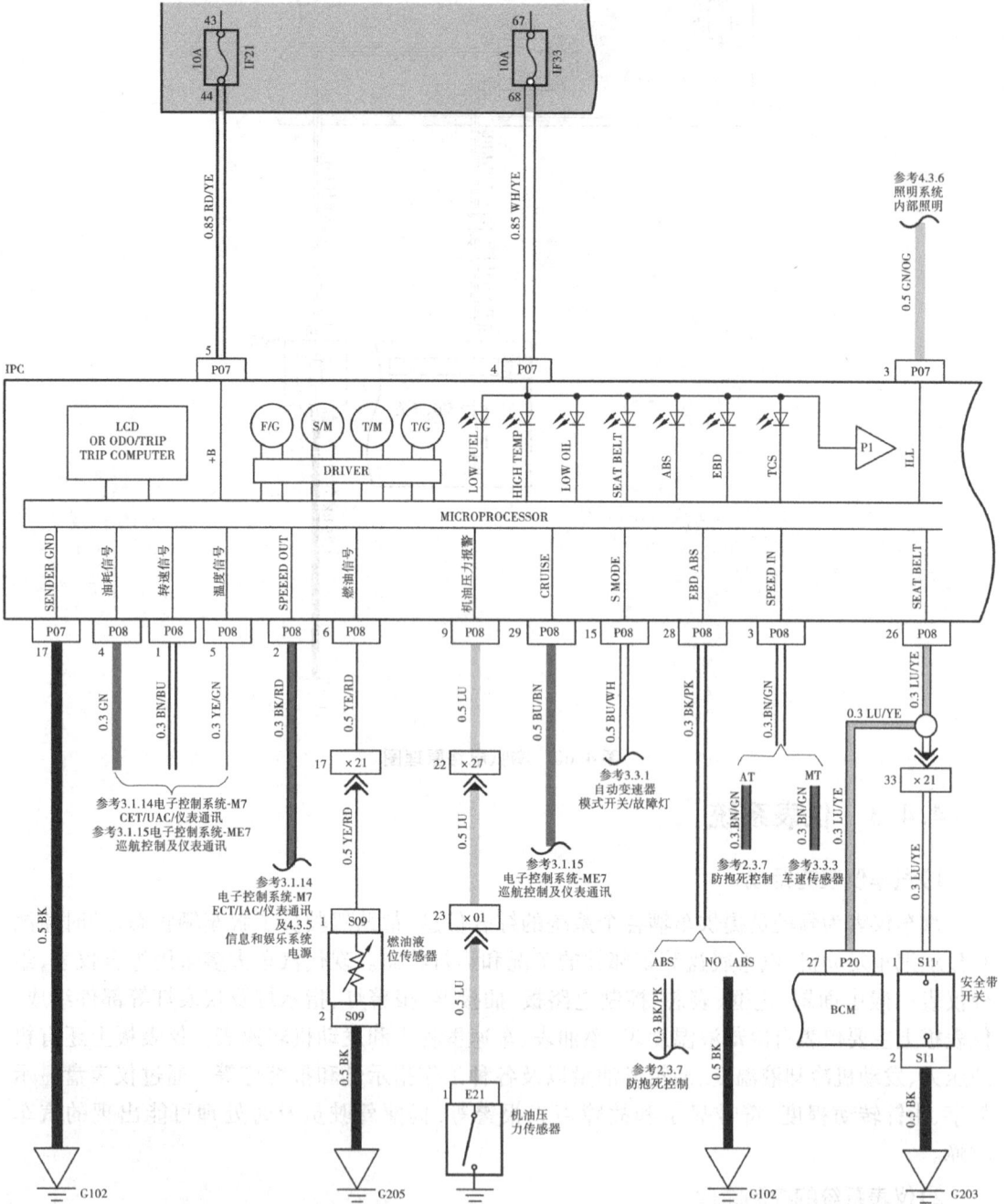

图 4.61　仪表系统电路

3)仪表系统故障诊断与维修

对出现的与仪表相关的故障进行检查时,一般需要用到的工具有万用表、示波器、线束维修专用工具等。若组合仪表有明显的损坏,则应先更换组合仪表。若仪表无明显的自身故障,则参照电路图进行检查。

技能训练 1　检修照明系统

一、设备及工具准备

(1)设备准备:实训用整车或电气系统台架。

(2)工量具准备:万用表、试灯、常用工具、电路图、维修手册、抹布等。

二、操作方法

1.灯光开关的检测

查阅维修手册,对照开关端子图检测开关。图4.62为灯光开关视图。

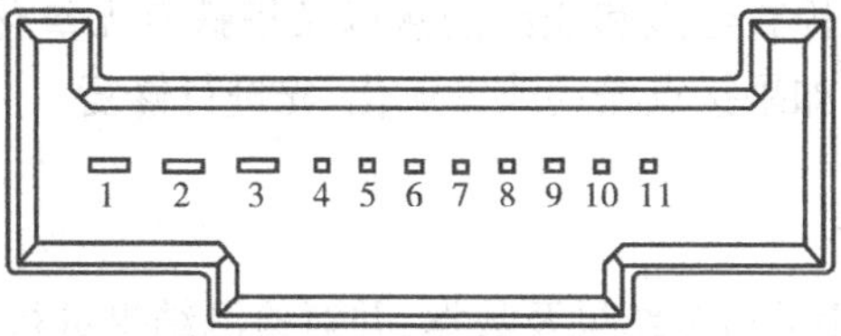

照明线路及
元件的检修

(a)灯光开关端子图

灯光开关电路原理													
挡位 ＼ 端子		1	2	3	4	5	6	7	8	9	10	11	
灯光控制开关	OFF												
	小灯	○─○	○										
	大灯	○─○	○				○─○	○─	○				
灯光控制开关 大灯开关关闭时	超车灯						○─○	○					
	近光灯												
	远光灯												
灯光控制开关 大灯开关开启时	超车灯						○─○	○					
	近光灯						○─	─	○				
	远光灯						○─○	○─	○				

DND　　至小灯继电器　　DND　　至前雾灯继电器　　DND　　　　DND

BCM

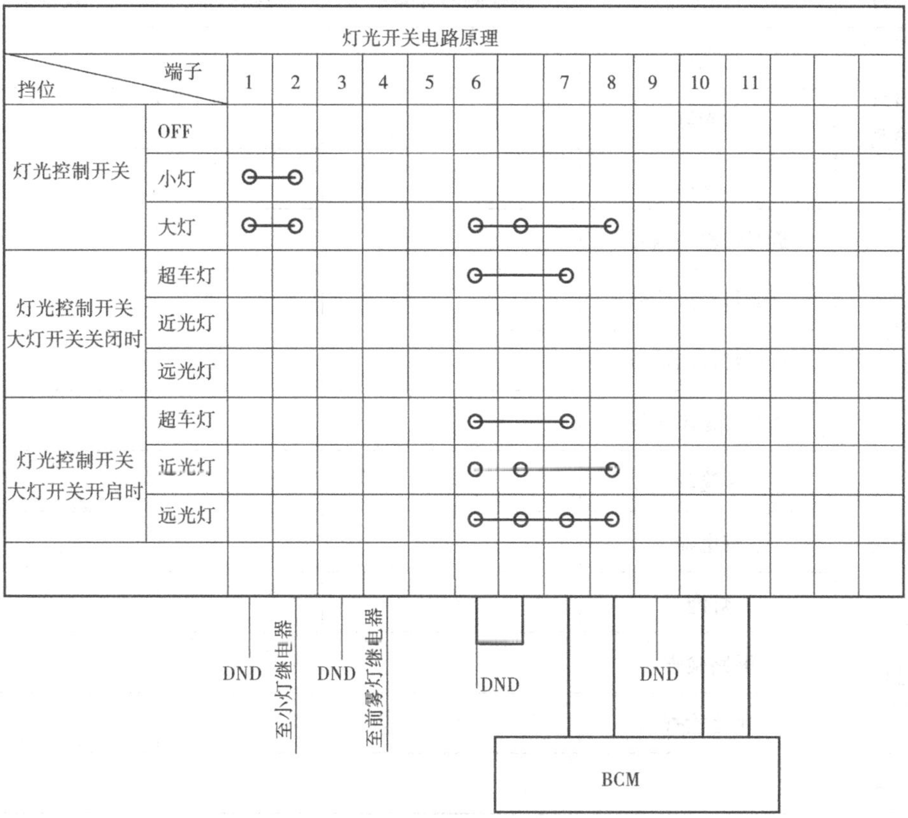

(b)灯光开关端子导通图

图4.62　灯光开关视图

开关打到小灯挡位,用万用表检测开关接插件 1 号和 2 号针脚间应导通。

开关打到近光灯挡位,用万用表检测开关接插件 6 号和 8 号针脚间应导通。

开关打到远光灯挡位,用万用表检测开关接插件 6、7 和 8 号针脚间应导通。

开关打到超车灯挡位,用万用表检测开关接插件 6 号和 7 号针脚间应导通。

2. BCM 信号检测

打开近光灯开关,BCM 的 P20 插头的 3 号针脚会收到来自灯光开关的信号,用万用表检测该针脚电压为 0 V。BCM 的 P19 插头的 24 号针脚输出电压为 12 V。

打开远光灯开关,BCM 的 P20 插头的 29 号针脚接收来自远光灯开关的信号,用万用表检测该针脚电压为 0 V。BCM 的 P19 插头的 6 号针脚输出电压为 0 V。

三、注意事项

检查线路之前,先仔细检查灯泡和线路插座以及搭铁有无氧化和松动现象,保证插接件接触性能良好,搭铁可靠。如果接点松动或者氧化,先进行修复。

四、技能训练记录

请结合检测过程记录相关检测结果及数据,并对检测结果进行判断。

检测项目	挡位	所检测的针脚号	检测结果	是否正常
灯光组合开关检测	近光灯			
	远光灯			
	小灯			
BCM 插头信号检测	近光灯输入信号			
	远光灯输入信号			
	近光灯输出信号			
	远光灯输出信号			
元件检测	保险丝			
	继电器			
	灯泡			
线路性能检测	断路检查			
	短路检查			
诊断结果				

五、考核要点与评分标准

序号	评分项	得分条件	配分/分	评分要求	得分/分	测评结果
1	安全/6S/态度	□1. 能进行工位 6S 操作 □2. 能进行设备和工具安全检查 □3. 能进行车辆/设备安全防护 □4. 能进行工具清洁、校准、存放操作 □5. 能进行"三不落地"操作	15	未完成 1 项扣 3 分,扣分不超过 15 分		□合格 □不合格
2	专业技术能力	□1. 能正确检查蓄电池电压 □2. 能正确检查灯光开关 □3. 能正确检查 BCM 信号 □4. 能正确检查保险丝 □5. 能正确检查继电器 □6. 能正确检查灯泡 □7. 能正确检查线路	35	未完成 1 项扣 5 分,扣分不超过 35 分		□合格 □不合格
3	工具及设备使用能力	□1. 能正确使用万用表 □2. 能正确使用常用工具 □3. 能正确使用电路图	15	未完成 1 项扣 5 分,扣分不超过 15 分		□合格 □不合格
4	资料、信息查询能力	□1. 能正确使用维修手册查询资料 □2. 能正确填写车辆相关信息 □3. 能在规定时间内查询所需资料 □4. 能正确记录检测结果及数据	20	未完成 1 项扣 5 分,扣分不超过 20 分		□合格 □不合格
5	数据判读和分析能力	□1. 能分析检查结果是否正常 □2. 能得出正确结论	10	未完成 1 项扣 5 分,扣分不得超过 10 分		□合格 □不合格
6	表单填写与报告撰写能力	□1. 字迹清晰 □2. 语句通顺 □3. 无错别字 □4. 无涂改 □5. 无抄袭	5	未完成 1 项扣 1 分,扣分不得超过 5 分		□合格 □不合格
7		如出现安全事故本技能不合格				
8		总评				

技能训练 2 检修信号系统

一、设备及工具准备

(1)设备准备:实训用整车或电气系统台架。

(2)工量具准备:万用表、试灯、常用工具、电路图、维修手册、抹布等。

二、操作方法

1. 灯光信号系统的检测

灯光信号系统的检测方法与照明灯光系统检测方法相同。

2. 喇叭信号系统的检测

(1)将点火开关置于"ON"位,按下喇叭按钮,此时喇叭应发出清脆声响,否则为喇叭系统故障。

(2)用万用表电压挡检测喇叭继电器71号针脚和69号针脚(图4.60),两处电压均应为电源电压;若无电压指示或电压过小,则为喇叭继电器电源电路断路或连接故障。

(3)如果上步检测电压为电源电压,按下喇叭按钮的同时,检测喇叭继电器70针脚的电压,该电压也应为电源电压;如果无电压或电压过小,则为喇叭继电器触点未接触或接触不良故障。

三、注意事项

(1)检修时要结合具体电路,找准插接件及线束。

(2)喇叭不能长时间通电。

四、技能训练记录

请结合检测过程记录相关检测结果及数据,并对检测结果进行判断。

检测项目	挡位	所检测的针脚号	检测结果	是否正常
元件检测	保险丝			
	继电器			
	喇叭			
线路性能检测	断路检查			
	短路检查			
诊断结果				

五、考核要点与评分标准

序号	评分项	得分条件	配分/分	评分要求	得分/分	测评结果
1	安全/6S/态度	□1. 能进行工位6S操作 □2. 能进行设备和工具安全检查 □3. 能进行车辆/设备安全防护 □4. 能进行工具清洁、校准、存放操作 □5. 能进行"三不落地"操作	15	未完成1项扣3分,扣分不超过15分		□合格 □不合格
2	专业技术能力	□1. 能正确看懂电路图 □2. 能正确检查保险丝 □3. 能正确检查继电器 □4. 能正确检查喇叭 □5. 能正确检查线路	35	未完成1项扣7分,扣分不超过35分		□合格 □不合格
3	工具及设备使用能力	□1. 能正确使用万用表 □2. 能正确使用常用工具 □3. 能正确使用电路图手册	15	未完成1项扣5分,扣分不超过15分		□合格 □不合格
4	资料、信息查询能力	□1. 能正确使用维修手册查询资料 □2. 能正确填写车辆相关信息 □3. 能在规定时间内查询所需资料 □4. 能正确记录检测结果及数据	20	未完成1项扣5分,扣分不超过20分		□合格 □不合格
5	数据判读和分析能力	□1. 能分析检查结果是否正常 □2. 能得出正确结论	10	未完成1项扣5分,扣分不得超过10分		□合格 □不合格
6	表单填写与报告撰写能力	□1. 字迹清晰 □2. 语句通顺 □3. 无错别字 □4. 无涂改 □5. 无抄袭	5	未完成1项扣1分,扣分不得超过5分		□合格 □不合格
7	如出现安全事故本技能不合格					
8	总评					

技能训练3 检修仪表系统

一、设备及工具准备

(1)设备准备:实训用整车或电气系统台架。

(2)工量具准备:万用表、试灯、常用工具、电路图、维修手册、抹布等。

二、操作方法

仪表系统与其他系统都有关联,是其他系统的信息显示,要先确认是仪表本身故障还是其关联系统的故障。仪表系统故障排除方法相似,下面以水温指示故障为例,说明故障排除方法。

发动机运转后冷却液温度表指示的故障原因主要有:仪表损坏、冷却液温度传感器失效、温度表线路故障、发动机电脑损坏。

故障诊断方法如下。

1.检查冷却液温度传感器

打开发动机舱盖,拔下冷却液温度传感器插头。检查冷却液温度传感器电阻是否正常,如正常,检查传感器信号至发动机电脑信号,发动机电脑信号至仪表信号。

2.检查冷却液温度传感器线路

如果上述检查正常,接上组合仪表插头,打开点火开关,检查冷却液温度传感器插头的电源线是否有电。如果有电,则说明冷却液温度传感器损坏;如果无电,则为冷却液温度仪表本身或稳压器故障。

3.检查稳压器

拆下仪表板,线束保持正常连接,将万用表连接在稳压器正极输出端和搭铁端之间测量电压,如果电压值高于 10.5 V 或低于 9.5 V,则表明稳压器有故障,否则为冷却液温度表本身故障。

三、注意事项

拆卸仪表时注意按照维修手册操作,避免损坏。

四、技能训练记录

请结合检测过程记录相关检测结果及数据,并对检测结果进行判断。

车型				
故障现象				
测量步骤	测量值	标准值	判定结果	
故障原因				

五、考核要点与评分标准

序号	评分项	得分条件	配分/分	评分要求	得分/分	测评结果
1	安全/6S/态度	□1. 能进行工位 6S 操作 □2. 能进行设备和工具安全检查 □3. 能进行车辆/设备安全防护 □4. 能进行工具清洁、校准、存放操作 □5. 能进行"三不落地"操作	15	未完成 1 项扣 3 分,扣分不超过 15 分		□合格 □不合格
2	专业技术能力	□1. 能正确查看故障现象 □2. 能正确检查仪表电源 □3. 能正确检查仪表相关信号 □4. 能正确检查相关元件 □5. 能正确检查线路	35	未完成 1 项扣 7 分,扣分不超过 35 分		□合格 □不合格
3	工具及设备使用能力	□1. 能正确使用万用表 □2. 能正确使用常用工具 □3. 能正确使用电路图	15	未完成 1 项扣 5 分,扣分不超过 15 分		□合格 □不合格
4	资料、信息查询能力	□1. 能正确使用维修手册查询资料 □2. 能正确填写车辆相关信息 □3. 能在规定时间内查询所需资料 □4. 能正确记录检测结果及数据	20	未完成 1 项扣 5 分,扣分不超过 20 分		□合格 □不合格
5	数据判读和分析能力	□1. 能分析检查结果是否正常 □2. 能得出正确结论	10	未完成 1 项扣 5 分,扣分不得超过 10 分		□合格 □不合格
6	表单填写与报告撰写能力	□1. 字迹清晰 □2. 语句通顺 □3. 无错别字 □4. 无涂改 □5. 无抄袭	5	未完成 1 项扣 1 分,扣分不得超过 5 分		□合格 □不合格
7	如出现安全事故本技能不合格					
8	总评					

任务4.5　辅助电气系统检修

4.5.1　电动车窗系统

现代汽车对车窗的舒适性和便捷性要求越来越高,电动车窗已经成为汽车的通用配置,可以对车窗进行手动和自动升降、车窗锁止、防夹、延时等功能。

1)电动车窗系统的组成

电动车窗主要由车窗玻璃、车窗玻璃升降器、电动机和控制开关等组成。电动机是用于为门窗的升降提供动力的装置。门窗升降电动机采用双向转动的电动机。每个车门各有一个电动机,通过开关控制电动机的电流方向,从而控制玻璃的升降。开关用来控制门窗玻璃升降。电动车窗系统都装有两套控制开关。一套主开关装在驾驶员侧车门扶手上,它由驾驶员控制每个车窗的升降。另一套分开关分别装在每一个乘员的车门上,可由乘员操纵。主开关上还装有窗锁开关,如果将其按下,则分开关就不起作用。

2)电动车窗系统的检修

电动车窗不能工作的原因一般来讲有两个方面:一是电路故障,包括开关、保险丝、继电器、搭铁接点等;二是门窗机械传动机构卡滞或润滑不良导致车窗不能正常运动。

(1)电路故障。

若器件全部不工作,应检查电源电路。先查电源,再检查搭铁、保险丝。

若部分电动机或只有某电动机不工作,则应检查该部分的电路、开关、电动机,可用短路法逐渐确定故障元件。必要时,拆下电动机检查,或直接接通12 V电源进行试转。若电动机转动,则该电动机没问题;若电动机不转,则更换电动机。

故障诊断时,可结合电路图,先熟悉电路连接的特点。若打开开关,电动机皆没声响、没动作,应先检查电源的供电情况;若个别门窗不动作,可直接查该门窗电动机,再查该门窗电路及其相关配电元件。

(2)机械故障。

如果操纵车窗开关,开关和电动机都有动作声响,即电路良好、电动机正常;如果升降器不动作,通常是机械故障造成,如钢丝拉绳断开、跳槽,滑动支架断裂,或支架的传动钢丝夹松动移位。

故障排除时,打开车门内饰,拆检玻璃升降器,排查卡滞点,润滑传动机构或更新故障件。

通过故障原因分析,查找相关技术资料,确定故障部位或部件后,就可以制订维修方案,按照技术要求和操作规程实施任务,排除故障,恢复汽车车窗的状态。

4.5.2 电动门锁系统

电动门锁系统主要有中央控制门锁、单独控制门锁和安全功能,能起到开门和关门的作用。它由主驾驶室门控制其他三个门,也可以用遥控器控制开关车门。

1)电动门锁系统的组成

汽车电动门锁系统通常包括执行机构(车门锁)和操控部分(控制开关或遥控单元)。执行机构根据控制部分命令进行工作,除此之外还有控制单元(BCM)。控制开关通过机械或电子方式对门锁及行李箱锁进行控制。遥控单元主要实现取消无线电遥控钥匙的遥控功能和匹配无线电遥控钥匙的遥控功能。

电控门锁系统的组成如图4.63所示,主要由门控开关、BCM、车门锁块、遥控钥匙等组成。

门控开关包括安装在各个车门的扶手上门锁控制开关和位于驾驶员车侧门上的中央门锁开关。遥控开门和锁门操作是在汽车熄火后,并且在车门关闭状态下,按一遥控器"锁门"

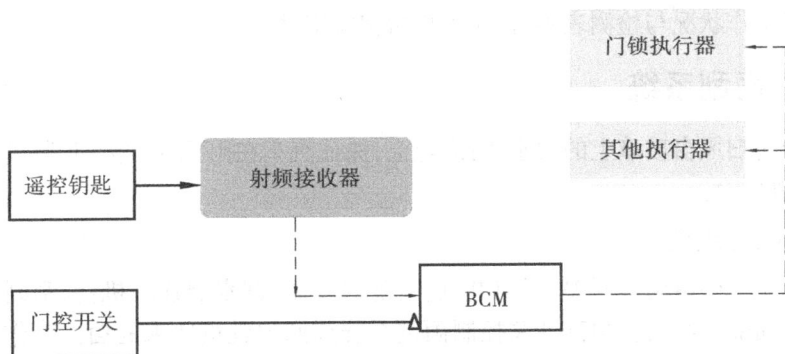

图 4.63　电动门锁系统的组成

或者"开锁"键,就执行开锁和锁门回应。

2)电动门锁系统的检修

根据汽车电动门锁系统的组成结构特点,门锁系统故障的原因可能有机械系统的零部件损坏,也有可能是控制系统元件或者电气线路故障。因此在进行检修时要结合具体的维修手册进行。但检修方法和检修部位基本相似。

(1)门锁控制开关的检查。包括开关通断的检查和门锁开关信号的检查。

(2)检查门锁电动机。检查 BCM 在开门和锁门时的电机信号。

4.5.3　电动后视镜系统

汽车安装的电动后视镜,驾驶员在行车时可方便地对左右后视镜的角度进行随时调节。

1)电动后视镜系统的组成

电动后视镜系统由直流电动机、传动机构(车镜支架、连接机构和镜片等)和控制开关等组成。每个后视镜都有两套驱动装置,由电动后视镜开关进行操纵,其中一个电动机和传动机构用于后视镜水平方向的转动,另一个电动机和传动机构则用于后视镜垂直方向的转动。部分汽车的电动后视镜还带有可伸缩功能,由后视镜伸缩开关控制电动机工作,驱动伸缩传动装置带动后视镜收回和伸出。

2)电动后视镜系统的检修

因为不同车型的电动后视镜组件结构不相同,所以在维修时应该针对不同的车型,确定相应的维修方法。在对电动后视镜系统进行检修之前,应进行下述检查,并确保其工作正常。

(1)检查蓄电池电量是否充足,必要时应予以更换。

(2)检查电动后视镜系统的各熔丝是否正常,如果熔丝熔断,应予以更换。

(3)检查电动后视镜系统接地是否正常,必要时进行修理,使其接触良好。

(4)检查线束插接器是否连接可靠、接触良好,必要时应进行修理或更换。

3)开关检测

拆下电动后视镜开关插接件,用欧姆表检查后视镜开关各端子的导通情况,应符合要求。如果开关出了故障,应该及时进行更换。

4)电动后视镜执行器

拆下车门内板,断开电动后视镜插接器,用跨接线连接指定端子,观察后视镜是否正常活动。如后视镜工作状况与检测表不符,应更换后视镜组件。

4.5.4 雨刮系统

雨刮用于清扫风窗玻璃上的雨水、雪或尘土,保证汽车在雨天或雪天时,驾驶员有良好的视线,确保行驶安全。

1)雨刮系统的组成

前雨刮系统主要由雨刮开关、雨刮电机、雨刮臂总成、刮水器连杆机构、刮刷、洗涤泵、储液壶、加液管、喷嘴等组成。雨刮开关控制雨刮系统按照驾驶员要求的挡位工作。雨刮电机内有快慢两个线圈,电动机输出经涡轮减速器减速,并改变输出方向。刮水臂总成用于刮水器及刮水器系统各部件的安装。刮水器连杆机构把电动机的旋转输出运动传递到前刮水臂,并转化为摆动运动。

2)雨刮系统的检修

不同车型的雨刮控制原理稍有不同,但检查方法基本相同。

(1)验证故障现象。

(2)检查蓄电池电压。

(3)检查雨刮保险丝是否损坏。

(4)检查雨刮电机端的电源端子电压是否有 12 V?若是,进行下一步检查;若不是,检查线束。

(5)将组合开关雨刮控制手柄处于高速挡,雨刮是否高速工作?若是,进行下一步检查;若否,检查连接雨刮电机高速挡的线束端电压是否是 12 V?若是,请更换雨刮电机;若否,对照电路图依次检查此端口线束到组合开关是否导通。

(6)将组合开关雨刮控制手柄处于低速挡,雨刮是否低速工作?若是,进行下一步检查;若否,检查连接雨刮电机低速挡的线束端电压是否是 12 V?若是,更换雨刮电机;若否,对照电路图依次检查此端口线束到组合开关是否导通、组合开关快挡通断情况。

(7)将组合开关雨刮控制手柄处于间隙挡,雨刮应具有间歇工作的功能,否则,依次检查线束是否导通和组合开关。

(8)将组合开关雨刮控制手柄置于一次刮水挡,雨刮应具有一次刮水功能,反之,依次检查线束是否导通和组合开关。

4.5.5 电动座椅系统

汽车电动座椅为驾驶员及乘员提供便于操作、舒适又安全、不易疲劳的驾乘位置。

1)电动座椅系统的组成

电动座椅系统由控制按钮和调节机构组成。调节机构包括若干个双向直流电动机和传动装置。控制键钮设置在驾驶者操纵方便的地方,如图 4.64 所示。按照座椅电机的数目和调节方向数目的不同,电动座椅有四方

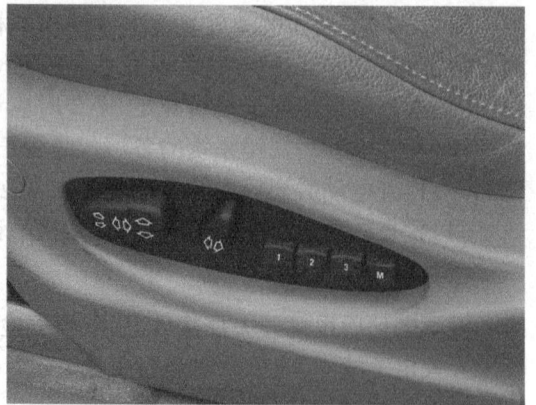

图 4.64 电动座椅调节按钮

向、六方向和八方向的。如图4.65所示为电动座椅调节电机位置。

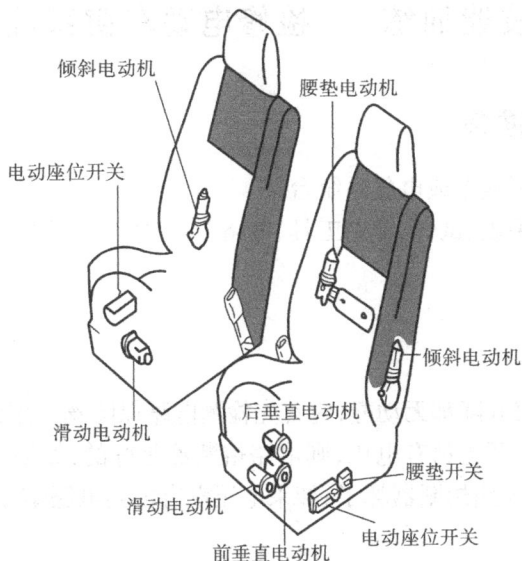

图4.65　电动座椅调节电机

2)电动座椅系统的检修

当按下某个调节开关,电动座椅没有动作时,大多数情况下是调节开关内部触点烧蚀或者接触不良。需要检测电动座椅开关时,首先拔出开关按钮,然后从驾驶座椅处拆下调节开关罩,接着拆开调节开关的两个六芯插头(图4.66),再根据电路图,扳动开关的同时,使用万用表检测开关端子的导通情况即可完成检测。

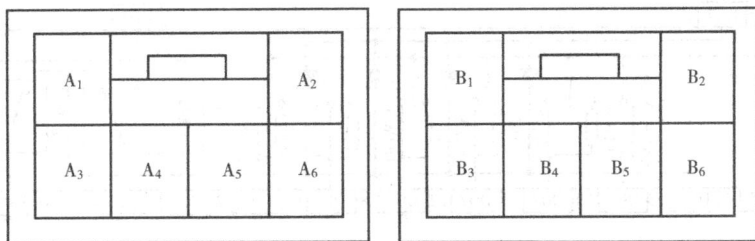

图4.66　电动座椅开关插头

(1)完全不动作。

故障原因:继电器故障,熔断器断路,线路断路,座椅开关有故障等。

诊断与排除:可以首先检查座椅继电器、熔断器是否正常,若继电器、熔断器良好,则应检查线路连接是否正常,最后检查开关。

(2)单个方向不动作。

故障原因:该方向对应的电动机损坏,开关、连接导线断路。

诊断与排除:可以先检查线路是否正常,再检查开关和电动机。

技能训练1 检修电动车窗系统

一、设备及工具准备

(1)设备准备:实训用整车或电气系统台架。

(2)工量具准备:万用表、试灯、常用工具、电路图、维修手册、抹布等。

二、操作方法

1.检测保险丝

如果全车所有的门窗升降都无动静,应首先检测电路保险丝。用试灯或电压表检测电路熔断器两边的电压。如果两边都有电压,则电路熔断器是好的;如果电路熔断器的输入端有电压而输出端没有,则该电路熔断器坏了;如果电压没有加到电路熔断器的输入端上,则蓄电池供电电路有故障。

2.检测电动机

断开电动机的线束连接器,将其中的一个端子用一根跨接线接蓄电池的正极,将另一个端子用一根线搭铁,如果电动机旋转,把跨接线对调,当极性反过来后,该电动机应反转。如果电动机在一个或两个方向上都不旋转,则电动机有故障,应维修或更换。

3.检测主开关

参照图4.67主车窗开关的电路原理,用万用表的欧姆挡检测开关的好坏。

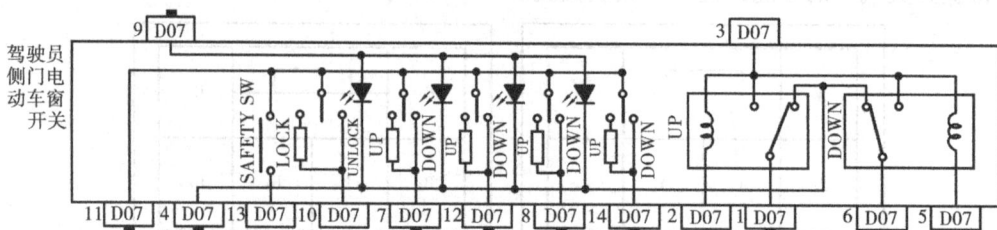

图4.67 开关电路图

左前窗上:主车窗开关接插件9号和14号针脚间电阻为1.2 kΩ。

左前窗下:主车窗开关接插件9号和14号针脚间电阻为0 kΩ。

右前窗上:主车窗开关接插件9号和8号针脚间电阻为1.2 kΩ。

右前窗下:主车窗开关接插件9号和8号针脚间电阻为0 kΩ。

左后窗上:主车窗开关接插件9号和12号针脚间电阻为1.2 kΩ。

左后窗下:主车窗开关接插件9号和12号针脚间电阻为0 kΩ。

右后窗上:主车窗开关接插件9号和7号针脚间电阻为1.2 kΩ。

右后窗下:主车窗开关接插件9号和7号针脚间电阻为0 kΩ。

按下锁止开关,9号和13号针脚之间连通,电阻为0 kΩ。

4. BCM 信号检测

操纵左前门车窗按钮上升时,BCM 的 9 号针脚接收左前门电动车窗开关上升信号,用万用表检测该针脚电压为 1.3 V 左右,BCM 的 19 号针脚电压为 12 V。操纵左前门车窗按钮下降时,BCM 的 9 号针脚接收左前门电动车窗开关下降信号,用万用表检测该针脚电压为 0 V,BCM 的 2 号针脚电压为 12 V。

三、注意事项

(1)拆装电动车窗时一定要注意正确的安装位置,定位前车窗升降一定不要发生干涉。

(2)注意车门的密封与防尘,车门内板有一层塑料防护层,其破损后会导致灰尘进入车门内,严重时将干涉电动车窗的运动。

(3)更换车窗开关需先拆卸前门内饰板,然后拆卸电动车窗开关。更换完成装配内饰板时,请将内饰板上损坏卡子完全更换。线束更换完成后应对更换线束所有功能进行检查,避免因更换而引起的其他故障。

四、技能训练记录

请结合检测过程记录相关检测结果及数据,并对检测结果进行判断。

检测项目	挡位	所检测的针脚号	检测结果	是否正常
车窗开关检测	左前上升			
	左前下降			
	右前上升			
	右前下降			
	左后上升			
	左后下降			
	右后上升			
	右后下降			
BCM 插头信号检测	上升电机信号			
	下降电机信号			
元件检测	保险丝			
	电动机			
诊断结果				

五、考核要点与评分标准

序号	评分项	得分条件	配分/分	评分要求	得分/分	测评结果
1	安全/6S/态度	□1. 能进行工位 6S 操作 □2. 能进行设备和工具安全检查 □3. 能进行车辆/设备安全防护 □4. 能进行工具清洁、校准、存放操作 □5. 能进行"三不落地"操作	15	未完成 1 项扣 3 分,扣分不超过 15 分		□合格 □不合格
2	专业技术能力	□1. 能正确检查蓄电池电压 □2. 能正确检查车窗开关 □3. 能正确检查 BCM 信号 □4. 能正确检查保险丝 □5. 能正确检查电动机	35	未完成 1 项扣 7 分,扣分不超过 35 分		□合格 □不合格
3	工具及设备使用能力	□1. 能正确使用万用表 □2. 能正确使用常用工具 □3. 能正确使用电路图	15	未完成 1 项扣 5 分,扣分不超过 15 分		□合格 □不合格
4	资料、信息查询能力	□1. 能正确使用维修手册查询资料 □2. 能正确填写车辆相关信息 □3. 能在规定时间内查询所需资料 □4. 能正确记录检测结果及数据	20	未完成 1 项扣 5 分,扣分不超过 20 分		□合格 □不合格
5	数据判读和分析能力	□1. 能分析检查结果是否正常 □2. 能得出正确结论	10	未完成 1 项扣 5 分,扣分不得超过 10 分		□合格 □不合格
6	表单填写与报告撰写能力	□1. 字迹清晰 □2. 语句通顺 □3. 无错别字 □4. 无涂改 □5. 无抄袭	5	未完成 1 项扣 1 分,扣分不得超过 5 分		□合格 □不合格
7		如出现安全事故本技能不合格				
8		总评				

技能训练 2　检修电动门锁系统

一、设备及工具准备

(1)设备准备:实训用整车或电气系统台架。

(2)工量具准备:万用表、试灯、常用工具、电路图、维修手册、抹布等。

二、操作方法

1. 门锁开关的检查

拆下门锁开关，检查门锁控制开关的导通性。按下锁门，接插件 D03（图 4.68）的 1 号和 2 号针脚导通。按下开门，接插件 D03 的 1 号和 3 号针脚导通。

2. 门锁电动机的检查

以左前门为例，用蓄电池的正负极直接连接门锁电动机端子 3 和端子 4（图 4.69），检查门锁电动机的工作情况。蓄电池"＋"极接端子 4，蓄电池"－"极接端子 3，电动机上锁。蓄电池"＋"极接端子 3，蓄电池"－"极接端子 4，电动机开锁。其他车门的检测方法类似。

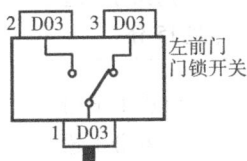

图 4.68 门锁开关电路　　　图 4.69 左前门锁电动机的检查

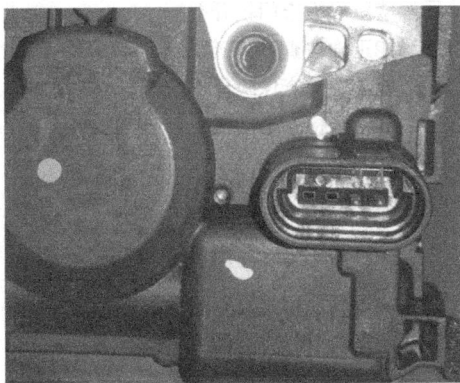

3. 遥控器的检查

检查遥控器内的电池的电压是否大于 2.9 V，若遥控器没电，应更换电池。

三、注意事项

门锁电动机不可以长时间通电，否则可能烧坏电机。

四、技能训练记录

请结合检测过程记录相关检测结果及数据，并对检测结果进行判断。

检测项目	挡位	所检测的针脚号	检测结果	是否正常
门锁开关检测	开锁			
	闭锁			
BCM 插头信号检测	开关信号			
	电机信号			
元件检测	保险丝			
	电动机			
诊断结果				

五、考核要点与评分标准

序号	评分项	得分条件	配分/分	评分要求	得分/分	测评结果
1	安全/6S/态度	□1.能进行工位 6S 操作 □2.能进行设备和工具安全检查 □3.能进行车辆/设备安全防护 □4.能进行工具清洁、校准、存放操作 □5.能进行"三不落地"操作	15	未完成 1 项扣 3 分,扣分不超过 15 分		□合格 □不合格
2	专业技术能力	□1.能正确检查蓄电池电压 □2.能正确检查门锁开关 □3.能正确检查 BCM 信号 □4.能正确检查保险丝 □5.能正确检查电动机	35	未完成 1 项扣 7 分,扣分不超过 35 分		□合格 □不合格
3	工具及设备使用能力	□1.能正确使用万用表 □2.能正确使用常用工具 □3.能正确使用电路图	15	未完成 1 项扣 5 分,扣分不超过 15 分		□合格 □不合格
4	资料、信息查询能力	□1.能正确使用维修手册查询资料 □2.能正确填写车辆相关信息 □3.能在规定时间内查询所需资料 □4.能正确记录检测结果及数据	20	未完成 1 项扣 5 分,扣分不超过 20 分		□合格 □不合格
5	数据判读和分析能力	□1.能分析检查结果是否正常 □2.能得出正确结论	10	未完成 1 项扣 5 分,扣分不得超过 10 分		□合格 □不合格
6	表单填写与报告撰写能力	□1.字迹清晰 □2.语句通顺 □3.无错别字 □4.无涂改 □5.无抄袭	5	未完成 1 项扣 1 分,扣分不得超过 5 分		□合格 □不合格
7		如出现安全事故本技能不合格				
8		总评				

技能训练 3 检修电动后视镜系统

一、设备及工具准备

(1)设备准备:实训用整车或电气系统台架。

(2)工量具准备:万用表、试灯、常用工具、电路图、维修手册、抹布等。

二、操作方法

1. 开关检测

电动后视镜的开关及其连接器的端子图如图 4.70 所示。参照图 4.71 所示电路,用欧姆表检查后视镜开关各端子的导通情况。

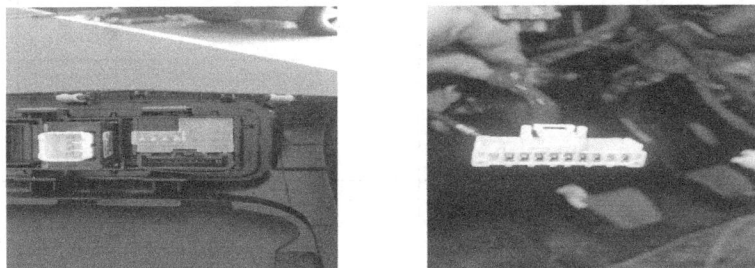

图 4.70   电动后视镜开关及其连接器的端子图

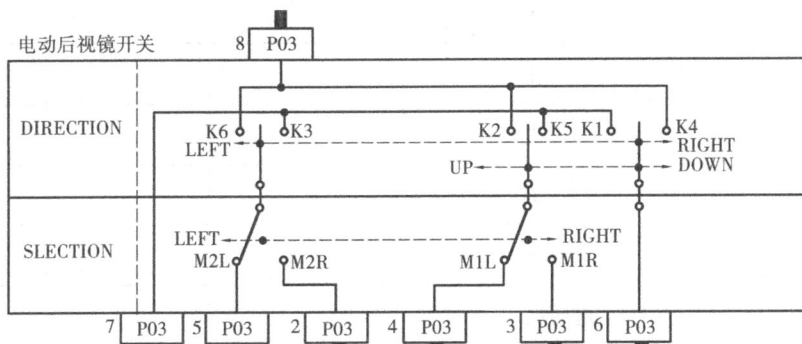

图 4.71   电动后视镜开关电路

(1)后视镜选择开关选择"L",控制左后视镜。

后视镜上:开关接插件 4 号和 8 号针脚导通,6 号和 7 号针脚导通。

后视镜下:开关接插件 4 号和 7 号针脚导通,6 号和 8 号针脚导通。

后视镜左:开关接插件 5 号和 8 号针脚导通,6 号和 7 号针脚导通。

后视镜右:开关接插件 5 号和 7 号针脚导通,6 号和 8 号针脚导通。

(2)后视镜选择开关选择"R",控制右后视镜。

后视镜上:开关接插件 3 号和 8 号针脚导通,6 号和 7 号针脚导通。

后视镜下:开关接插件 6 号和 8 号针脚导通,3 号和 7 号针脚导通。

后视镜左:开关接插件 2 号和 8 号针脚导通,6 号和 7 号针脚导通。

后视镜右:开关接插件 6 号和 8 号针脚导通,2 号和 7 号针脚导通。

2. 电动机检测

直接给电动机的两端子通电(12 V 蓄电池电压),若电动机不运转,说明电动机损坏,需更换电动机。

三、注意事项

(1)更换保险时要严格按原来要求更换相同规格的保险丝,否则容易损坏线路。

（2）电动机不能工作太长时间，检测时不适宜频繁操作，以免损坏电动机。

四、技能训练记录

请结合检测过程记录相关检测结果及数据，并对检测结果进行判断。

检测项目	状态				是否正常
	挡位		所检测针脚	检测结果	是否正常
电动后视镜开关检测	L	上			
		下			
		左			
		右			
	R	上			
		下			
		左			
		右			
元件检测	保险丝				
	电动机				
诊断结果					

五、考核要点与评分标准

序号	评分项	得分条件	配分/分	评分要求	得分/分	测评结果
1	安全/6S/态度	□1. 能进行工位 6S 操作 □2. 能进行设备和工具安全检查 □3. 能进行车辆/设备安全防护 □4. 能进行工具清洁、校准、存放操作 □5. 能进行"三不落地"操作	15	未完成 1 项扣 3 分，扣分不超过 15 分		□合格 □不合格
2	专业技术能力	□1. 能正确检查蓄电池电压 □2. 能正确检查后视镜开关 □3. 能正确检查搭铁 □4. 能正确检查保险丝 □5. 能正确检查电动机	35	未完成 1 项扣 7 分，扣分不超过 35 分		□合格 □不合格

序号	评分项	得分条件	配分/分	评分要求	得分/分	测评结果
3	工具及设备使用能力	□1. 能正确使用万用表 □2. 能正确使用常用工具 □3. 能正确使用电路图	15	未完成 1 项扣 5 分,扣分不超过 15 分		□合格 □不合格
4	资料、信息查询能力	□1. 能正确使用维修手册查询资料 □2. 能正确填写车辆相关信息 □3. 能在规定时间内查询所需资料 □4. 能正确记录检测结果及数据	20	未完成 1 项扣 5 分,扣分不超过 20 分		□合格 □不合格
5	数据判读和分析能力	□1. 能分析检查结果是否正常 □2. 能得出正确结论	10	未完成 1 项扣 5 分,扣分不得超过 10 分		□合格 □不合格
6	表单填写与报告撰写能力	□1. 字迹清晰 □2. 语句通顺 □3. 无错别字 □4. 无涂改 □5. 无抄袭	5	未完成 1 项扣 1 分,扣分不得超过 5 分		□合格 □不合格
7	如出现安全事故本技能不合格					
8	总评					

技能训练 4　检修雨刮系统

一、设备及工具准备

(1)设备准备:实训用整车或电气系统台架。

(2)工量具准备:万用表、试灯、常用工具、电路图、维修手册、抹布等。

二、操作方法

1. 开关检测

用万用表检查连接器各端子的通断状况。雨刮开关插接器端子图如图
4.72 所示,检查时依照表 4.4 的标准进行。

雨刮系统
故障诊断

前雨刮开关打到高速(HI)挡,开关端子的 2 号和 3 号针脚导通。

前雨刮开关打到低速(LO)挡,开关端子的 4 号和 3 号针脚导通。

前雨刮开关打到一次刮水(MIST)挡,开关端子的 4 号和 3 号针脚导通。

前雨刮开关打到洗涤挡,开关端子的 6 号和 7 号针脚导通。

后雨刮开关打到"ON"挡,开关端子的 6 号和 9 号针脚导通。

后雨刮开关打到洗涤挡,开关端子的 6 号和 8 号针脚导通。

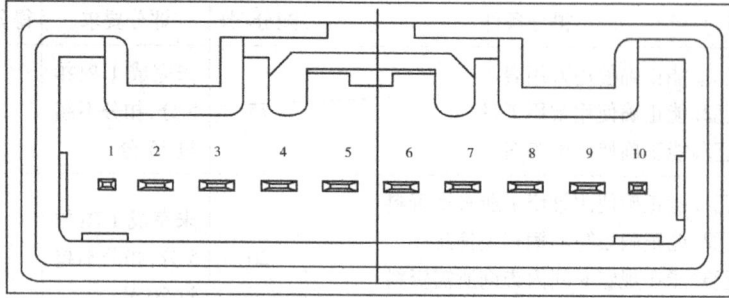

图 4.72　雨刮开关插接器端子图

表 4.4　刮水开关端子检查

		2	3	4				5	6	7	8	9	10
前面开关	MIST		○—	—○									
	OFF			○—	—○	○—	—○						
	INT			○—	—○	—○							
	LO		○—	—○									
	HI	○—	—○										
	前洗涤									○—	—○		
后面开关	📖									○—	—	—○	
	OFF												
	ON									○—	—	—	—○
	📖									○—	—○—	—	—○

2.雨刮电动机检查

(1)低速检查。

①拆下刮水器电动机连接器。

②把蓄电池"＋"极和"－"极分别接在电机线束插接器的 6 号端子和搭铁端,此时观察电动机是否低速运转。

(2)高速检查。

把蓄电池"＋"极和"－"极分别接在 1 号端子和搭铁端,此时观察电动机是否高速运转。

三、注意事项

有些车型的雨刮电动机是通过电动机上的接地片与车身接触搭铁的,并无单独色搭铁线,在电路检查时要注意区分。

四、技能训练记录

请结合检测过程记录相关检测结果及数据,并对检测结果进行判断。

检测项目	挡位	所检测的针脚号	检测结果	是否正常
雨刮开关检测	高速挡			
	低速挡			
元件检测	保险丝			
	电动机			
诊断结果				

五、考核要点与评分标准

序号	评分项	得分条件	配分/分	评分要求	得分/分	测评结果
1	安全/6S/态度	□1.能进行工位6S操作 □2.能进行设备和工具安全检查 □3.能进行车辆/设备安全防护 □4.能进行工具清洁、校准、存放操作 □5.能进行"三不落地"操作	15	未完成1项扣3分,扣分不超过15分		□合格 □不合格
2	专业技术能力	□1.能正确检查蓄电池电压 □2.能正确检查雨刮开关 □3.能正确检查电动机高速挡 □4.能正确检查电动机低速挡 □5.能正确检查保险丝	35	未完成1项扣7分,扣分不超过35分		□合格 □不合格
3	工具及设备使用能力	□1.能正确使用万用表 □2.能正确使用常用工具 □3.能正确使用电路图	15	未完成1项扣5分,扣分不超过15分		□合格 □不合格
4	资料、信息查询能力	□1.能正确使用维修手册查询资料 □2.能正确填写车辆相关信息 □3.能在规定时间内查询所需资料 □4.能正确记录检测结果及数据	20	未完成1项扣5分,扣分不超过20分		□合格 □不合格
5	数据判读和分析能力	□1.能分析检查结果是否正常 □2.能得出正确结论	10	未完成1项扣5分,扣分不得超过10分		□合格 □不合格
6	表单填写与报告撰写能力	□1.字迹清晰 □2.语句通顺 □3.无错别字 □4.无涂改 □5.无抄袭	5	未完成1项扣1分,扣分不得超过5分		□合格 □不合格
7		如出现安全事故本技能不合格				
8		总评				

技能训练 5　检修电动座椅系统

一、设备及工具准备

（1）设备准备：实训用整车或电气系统台架。
（2）工量具准备：万用表、试灯、常用工具、电路图、维修手册、抹布等。

二、操作方法

1.电动座椅控制开关的检查

首先拔出控制开关的连接器，然后按照表 4.5 检查各端子的导通情况，如果不导通，则需更换控制开关。电动座椅控制开关和连接器的端子结构如图 4.73 所示。

表 4.5　电动座椅控制开关端子导通图

开关位置	端子号	1	2	3	4	5	6	7	8	9	10	11	12	13	14	15	16	17
滑动开关	前	○	○		○													○
	后		○	○		○												○
前高度开关	UP									○		○	○					○
	DOWN									○	○	○						○
后高度开关	UP					○	○	○										○
	DOWN					○											○	○
靠背开关	前								○				○			○		
	后								○					○		○	○	

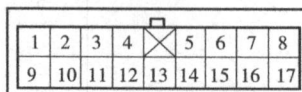

靠背调节
高度调节　　　高度调节
滑动调节

1	2	3	4	✕	5	6	7	8
9	10	11	12	13	14	15	16	17

[M100]

图 4.73　电动座椅控制开关及连接器端子图

2.电动机的检查

电动座椅电动机的检查方法是拆下电动机的连接器,用蓄电池的正负极分别接某电动机的两个端子,观察电动机的运转情况,然后颠倒正负极的接法,再观察反转的情况。

三、注意事项

电动机停止转动时要立刻断开电源以免烧坏电动机。

四、技能训练记录

请结合检测过程记录相关检测结果及数据,并对检测结果进行判断。

检测项目	挡位		所检测的针脚号	检测结果	是否正常
调节开关检测	滑动开关	前			
		后			
	前高度开关	上			
		下			
	后高度开关	上			
		下			
	后背开关	前			
		后			
电动机检测	滑动调节电动机				
	前高度调节电动机				
	后高度调节电动机				
	后背调节电动机				
诊断结果					

五、考核要点与评分标准

序号	评分项	得分条件	配分/分	评分要求	得分/分	测评结果
1	安全/6S/态度	□1.能进行工位6S操作 □2.能进行设备和工具安全检查 □3.能进行车辆/设备安全防护 □4.能进行工具清洁、校准、存放操作 □5.能进行"三不落地"操作	15	未完成1项扣3分,扣分不超过15分		□合格 □不合格

续表

序号	评分项	得分条件	配分/分	评分要求	得分/分	测评结果
2	专业技术能力	□1. 能正确操作电动座椅调节按钮 □2. 能正确检查滑动开关 □3. 能正确检查前高度开关 □4. 能正确检查后高度开关 □5. 能正确检查电动机	35	未完成1项扣7分,扣分不超过35分		□合格 □不合格
3	工具及设备使用能力	□1. 能正确使用万用表 □2. 能正确使用常用工具 □3. 能正确使用电路图	15	未完成1项扣5分,扣分不超过15分		□合格 □不合格
4	资料、信息查询能力	□1. 能正确使用维修手册查询资料 □2. 能正确填写车辆相关信息 □3. 能在规定时间内查询所需资料 □4. 能正确记录检测结果及数据	20	未完成1项扣5分,扣分不超过20分		□合格 □不合格
5	数据判读和分析能力	□1. 能分析检查结果是否正常 □2. 能得出正确结论	10	未完成1项扣5分,扣分不得超过10分		□合格 □不合格
6	表单填写与报告撰写能力	□1. 字迹清晰 □2. 语句通顺 □3. 无错别字 □4. 无涂改 □5. 无抄袭	5	未完成1项扣1分,扣分不得超过5分		□合格 □不合格
7		如出现安全事故本技能不合格				
8		总评				

任务4.6 空调系统检修

汽车空调是用来改善汽车舒适性的设备,可以对车内空气的温度、湿度进行调节,并保持车内空气的清洁。空调系统主要由制冷系统、供暖系统、通风系统和控制系统组成。

4.6.1 制冷系统组成和工作原理

1)制冷系统的组成

汽车空调系统一般主要由压缩机、冷凝器、蒸发箱、膨胀阀、贮液干燥器、管道、冷凝风扇和控制系统等组成。各组成部分在车上的位置如图4.74所示。

2)制冷系统的工作原理

制冷系统工作原理:制冷剂在空调系统中循环,经过压缩、冷凝降温、节流膨胀和蒸发制

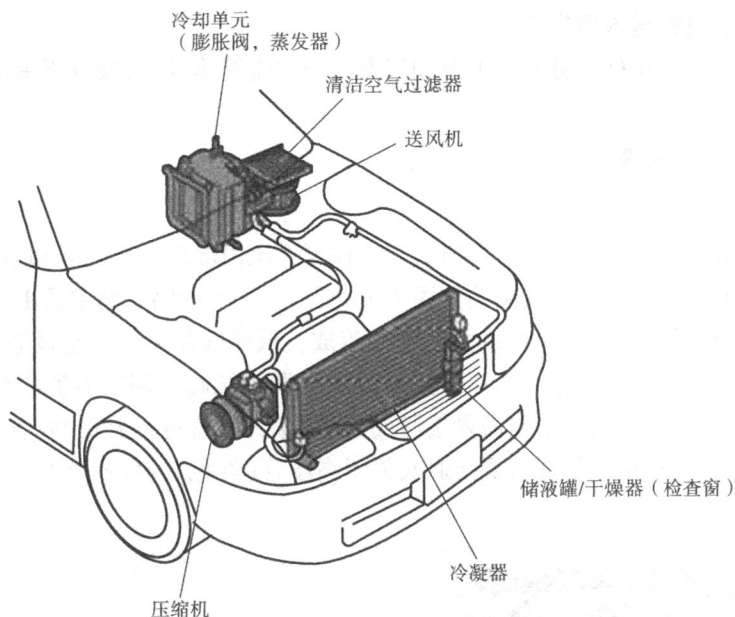

图 4.74　空调系统在车上的布置

冷四个过程,如图 4.75 所示。

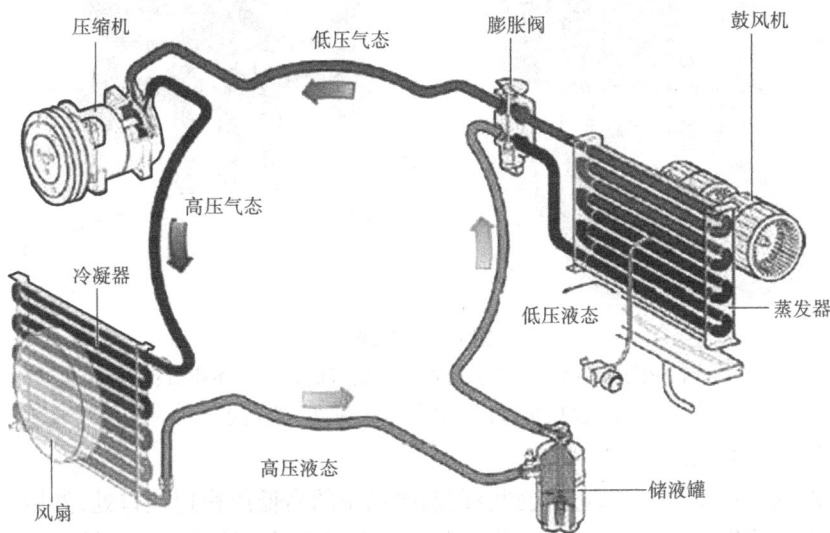

图 4.75　制冷系统的工作原理

　　压缩过程:压缩机将流经蒸发器的低温、低压的气态制冷剂压缩为高温、高压的气态制冷剂,输送到冷凝器。

　　冷凝过程:冷凝器将高温、高压的气态制冷剂冷却,使其变为中温、高压的液态制冷剂,送入储液干燥器。

　　干燥过程:储液干燥罐将中温、高压的液态制冷剂过滤,除去制冷剂中的杂质和水分,送入节流阀,并储存小部分的制冷剂。

　　膨胀过程:膨胀阀将过滤后的中温、高压液态制冷剂利用节流原理,使其转变为低压雾状的液态和气态混合物,送入蒸发器。

蒸发过程:蒸发箱将低压雾状的液态和气态混合物流至蒸发器,吸收周围的热量而汽化,达到制冷的目的。

3)制冷系统压力检测

(1)压力检测工具。

当制冷系统出现问题时,通过空调压力表来检测系统内部压力来判断和辨别系统是否正常。空调压力测试表也称氟表,其结构如图4.76所示。压力检测工具主要由高、低压表,高、低压手动阀,高压软管,低压软管和维护软管等组成。低压表用来显示空调系统低压侧压力值的大小,与蓝色低压管路接通。高压表用来显示空调系统高压侧压力值的大小,与红色高压管路接通。低压手动阀用来根据需要接通或关闭低压管(蓝色)与维护软管(黄色)之间的管路连接。高压手动阀用来根据需要接通或关闭高压管(红色)与维护软管(黄色)之间的管路连接。

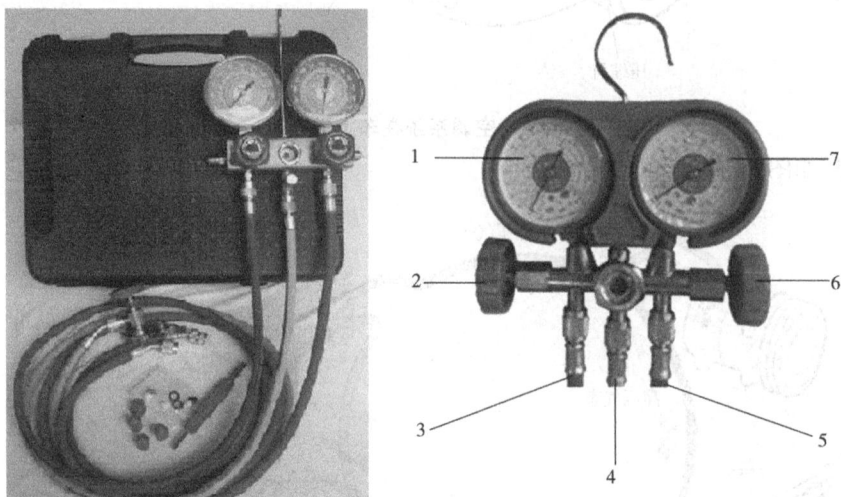

图4.76 氟表
1—低压表;2—低压手动阀;3—低压接口;4—加注口;
5—高压接口;6—高压手动阀;7—高压表

(2)氟表的连接方法。

首先将高低压快速接头分别连接到空调制冷系统的高低压快速接口处,然后顺时针拧紧快速接头上方的旋钮。此时,高压表指示的便是空调系统高压侧的压力,低压表指示的是低压侧的压力。

4.6.2 制冷系统组件检修

1)压缩机

(1)压缩机常见故障。

汽车空调系统大多数运动件都在压缩机上,因此压缩机的检修量最大。一般压缩机常见的故障有卡住、泄漏、运转不良和异响这四种。

①卡住。

卡住是指压缩机卡住导致不能转动。卡住的原因通常是润滑不良或者没有润滑。空调系统运行中如果发现离合器或传动带打滑,在排除不是离合器或传动带的故障后,一般都是由压缩机卡住所致。这时应立即关闭点火开关,检查系统是否泄漏,如果是制冷剂泄漏而带跑冷冻机油,则应进行系统检漏;如果系统不泄漏,则可能是冷冻机油加注量不够,应补加冷冻机油。

如果压缩机卡住很牢,根本不能转动,可能是活塞在气缸内咬死,这种情况必须更换压缩机。

②泄漏。

泄漏也是压缩机的常见故障之一。压缩机有漏气和漏油两种情况,泄漏轻微,只泄漏制冷剂,严重时,既泄漏制冷剂又泄漏冷冻油。

在压缩机轴封处也有很微量的泄漏,若每年的泄漏量小于 14.2 g,不影响制冷系统的功能,认为是正常情况;若泄漏量超过 14.2 g,就必须对压缩机进行检修,更换密封件。如果压缩机缸体上出现裂纹产生泄漏,则应更换压缩机。

③运转不良。

压缩机出现运转不良,可用氟表检查压缩机的吸气压力和排气压力,如果两者压力几乎相同,用手触摸压缩机,发现其温度异常得高,其原因是压缩机缸垫窜气,从排气阀出来的高压气体通过气缸垫的缺口窜回到吸气室,再次压缩,产生温度更高的蒸汽,这样来回循环,会把冷冻机油烧焦造成压缩机报废。

如果进、排气阀片破坏或者变软,也将造成压缩机不能压缩制冷剂或者压缩不良,这种故障只是吸气压力和排气压力相同或者相差不大,压缩机不会发热。

④异响。

空调系统的异响主要来源于压缩机和鼓风机的风扇。异响如果是压缩机发出的,异响的主要原因一是离合器结合时打滑发出的,或者由传动带过松或磨损所引起;二是由压缩机的振动以及轴的振动造成。首先检查其支撑架是否断裂,紧固螺栓是否松动,引起压缩机振动的还有传动带的张紧力过大或传动带轴线不平行。压缩机轴承磨损过大,会引起轴的振动。传动带轴承润滑不良,也会引起异响。

(2)压缩机就车诊断。

启动发动机,保持 1 250 ~ 1 500 r/min,把氟表接入制冷系统中,打开空调开关,并将鼓风机转速调至最大。

检查结果分析:

①检查压缩机及其进、排气口温度,若进排气口温度温差较大且压力表高、低压指示均在正常范围(高压 1 500 ~ 2 000 kPa,低压为 150 kPa 左右),则说明空调系统正常。

②若检查进排气口温差较小且压力表高低压值相差不大,则说明压缩机工作不良。

③若检查压缩机表面温度较热,压力表高压指示过低,低压指示过高,则说明压缩机内部密封不良,应更换压缩机。

④如果检查压缩机进、排气口温度温差不大且接近环境温度,压力表高低压指示都较低,说明系统内部的制冷剂过少,应对系统进行检漏,如果是压缩机出现泄漏,则应更换或修理。

⑤除此之外,检查压缩机时还应注意压缩机是否存在异响,正常运转时,压缩机会发出清脆均匀的阀片跳动声。

2)热交换器

热交换器是蒸发箱及冷凝器的总称,都是用来与外界空气进行热交换的装置。

(1)热交换器常见故障。

①外堵。

外堵即外部堵塞。冷凝器外部堵塞的主要原因有泥污、柳絮、树叶等,除此之外,冷凝器散热片变形也将会导致其散热不良。蒸发箱外部堵塞的主要原因多是空调滤芯破损和蒸发箱叶片变形所致,另外,蒸发箱表面温度过低结霜也是其外部堵塞的原因之一。

热交换器内堵的概率很小,一般多为安装不当导致管路弯折。

②泄漏。

热交换器泄漏也是常见故障之一,尤其是其管路接口部位可能是由密封圈老化而导致泄漏。其本身损坏多是管路破裂所致,但是相对而言,冷凝器泄漏较为常见,由于蒸发箱安装在驾驶室内,除零配件质量问题及安装不当造成的人为损坏外,一般不会泄漏。

(2)热交换器的检修。

①泄漏检查。

在对热交换器进行泄漏检查时,主要检查其连接管路接口处是否存在泄漏,有无破损。

②外观检查。

检查外观是否清洁、散热片是否变形等。

③温度检查。

检查冷凝器进出口温差是否过大(一般为 30 ℃左右),若进出口温差过大(出口温度较凉),可能是其内部堵塞导致。对蒸发箱的温度检查,主要检查其表面温度是否接近或低于 0 ℃,当温度低于 0 ℃时会导致其表面结霜,从而对流经其表面的空气产生堵塞。

检查其温度时,还应通过系统压力检查进行综合判断,如冷凝器内部堵塞时,进出口温差较大,且高压检测口在其后方,导致高压压力指示较低。

④检修处理。

如果仅是外表有积污,杂物塞在冷凝器散热片中,应用水清洗或压缩空气吹洗,注意不要损伤散热片。如果发现散热片倒伏,应加以矫正。

如果冷凝器内部脏堵,应用压缩氮气进行吹洗,注意不能用水冲洗。如果冷凝器本身损坏发生泄漏,应焊补或更换。用压缩空气清洁蒸发箱表面积污。

3)膨胀阀

(1)膨胀阀常见故障。

①膨胀阀开度过大,制冷系统中高低压压力均高。低压侧管路有结霜或大量露水。

②膨胀阀开度过小,制冷系统中高压侧压力高,低压侧压力低,制冷不足。

③膨胀阀入口阻塞,膨胀阀有结霜现象,且制冷不足。

④膨胀阀的针阀(球阀)与阀体被粘住、发卡或阀口脏堵,空调系统时好时坏,伴有膨胀阀结霜现象,高、低压压力值不规则跳动。

⑤膨胀阀冰堵,空调制冷系统有规律地时好时坏,高、低压压力有规则跳动。

⑥感温包或毛细管破裂、失效,制冷系统高、低压都高,且低压侧管路有结霜或大量露水。

⑦感温包位置安装不当,固定不牢固或保温层损坏。若安装位置太靠前(靠近蒸发箱出口)或保温层损坏,则高压高,低压低,制冷不足;若安装位置太靠后(靠近压缩机端)或感温包与低压管接触不良,则系统中的高低压均高,低压侧管路结霜。

(2)膨胀阀的检修。

①检修过程中,如果是膨胀阀调整不当故障,可调整膨胀阀底部的调节螺栓,以调节膨胀阀弹簧的预紧度。注意:调整时需要专用工具盒原厂维修数据,如果没有数据不可乱调,应更换膨胀阀。

②如果是膨胀阀入口阻塞故障,可拆出膨胀阀进行清洗,将其烘干后装回系统中,或者更换膨胀阀。

③如果是膨胀阀针阀或球阀与阀体黏住、发卡或阀口脏堵故障,可拆下来用制冷剂清洗,后加冷冻机油,也可以更换膨胀阀。

④如果是膨胀阀冰堵故障,先排空制冷系统,然后抽真空,重新加注制冷剂,或者更换储液干燥罐。

⑤如果是感温包或毛细管破裂、失效故障,应更换新的膨胀阀。

⑥如果是感温包安装位置不当或保温层破损故障,应重新安装固定感温包,并包好保温层。

4)储液干燥罐

储液干燥罐常见的故障是泄漏、脏堵和失效。

(1)储液干燥罐的检查。

①用检漏仪检查储液干燥罐的接头处是否泄漏。

②检查储液干燥罐的外表及观察窗上是否脏污。

③用手或电子温度计检查干燥罐进出口温度,如果进出口温差很大,甚至出口处或干燥罐底部出现结霜现象,说明储液干燥罐堵塞,应更换。

④检查膨胀阀,如果膨胀阀出现冰堵现象,说明制冷系统中有水分,干燥剂饱和失效,应更换干燥罐。

(2)储液干燥罐的维修。

如果储液干燥罐的两端接口出现泄漏,则应紧固其接头或更换密封圈,无须拆下储液干燥罐。如果是其他故障,则应更换储液干燥罐。

4.6.3　空调压缩机控制系统

空调控制系统主要是通过控制压缩机电磁离合器的结合与分离,实现温度控制与系统保护,通过对鼓风机的转速控制来调节制冷负荷。

1)压缩机控制电路

空调压缩机控制电路主要是控制电磁离合器的接通和断开。电磁离合器安装在压缩机上,其主要作用是接通和断开压缩机皮带轮与压缩机之间的动力传递,当需要打开空调且条件满足时,电磁离合器通电结合,使压缩机皮带轮与压缩机输入轴结合,压缩机便开始运转工作。

电磁离合器主要受 A/C 开关、压力开关、温度开关、鼓风机开关等一系列开关控制,如图4.77 所示。

图 4.77　压缩机电路控制元件

鼓风机开关的主要作用是控制鼓风机转速,即驾驶室空调系统出风口风量控制。温度开关的主要作用是检测外界环境温度,串联于空调开关电路中,用来控制电路。当外界环境温度低于 5 ℃时,开关断开。

大多数压缩机控制电路中还有蒸发器的温度控制。蒸发器的温度控制有两种形式,一种是用温度开关直接控制压缩机电磁离合器,另一种是蒸发器温度传感器。

压力开关通常是将低压开关和高压开关制成一体,称为多功能压力开关。可实现低压切断离合器控制电路、高压接通冷凝器风扇高速挡或切断离合器控制电路的双重功能,还有部分压力开关将上述三种功能集于一身,形成三功能压力开关。

2)压缩机电路控制原理

不同车型的压缩机控制电路稍有不同,但基本原理相同,以长安某车型的压缩机控制电路为例,分析压缩机的控制原理。图 4.78 为压缩机控制电路原理图。

该车型的空调控制单元集成在发动机控制单元 ECM 中。当空调系统正常,接通空调开关,ECM 接收来自空调压缩机温度开关和压力开关信号,通过继电器接通电磁离合器电路,使空调压缩机电磁离合器结合。空调控制系统开始运转。当发动机水温过高或发动机负荷突然变大时,发动机电控单元发出切断空调压缩机系统的控制指令,空调控制器切断空调压缩机电磁离合器控制电路,空调系统退出工作。

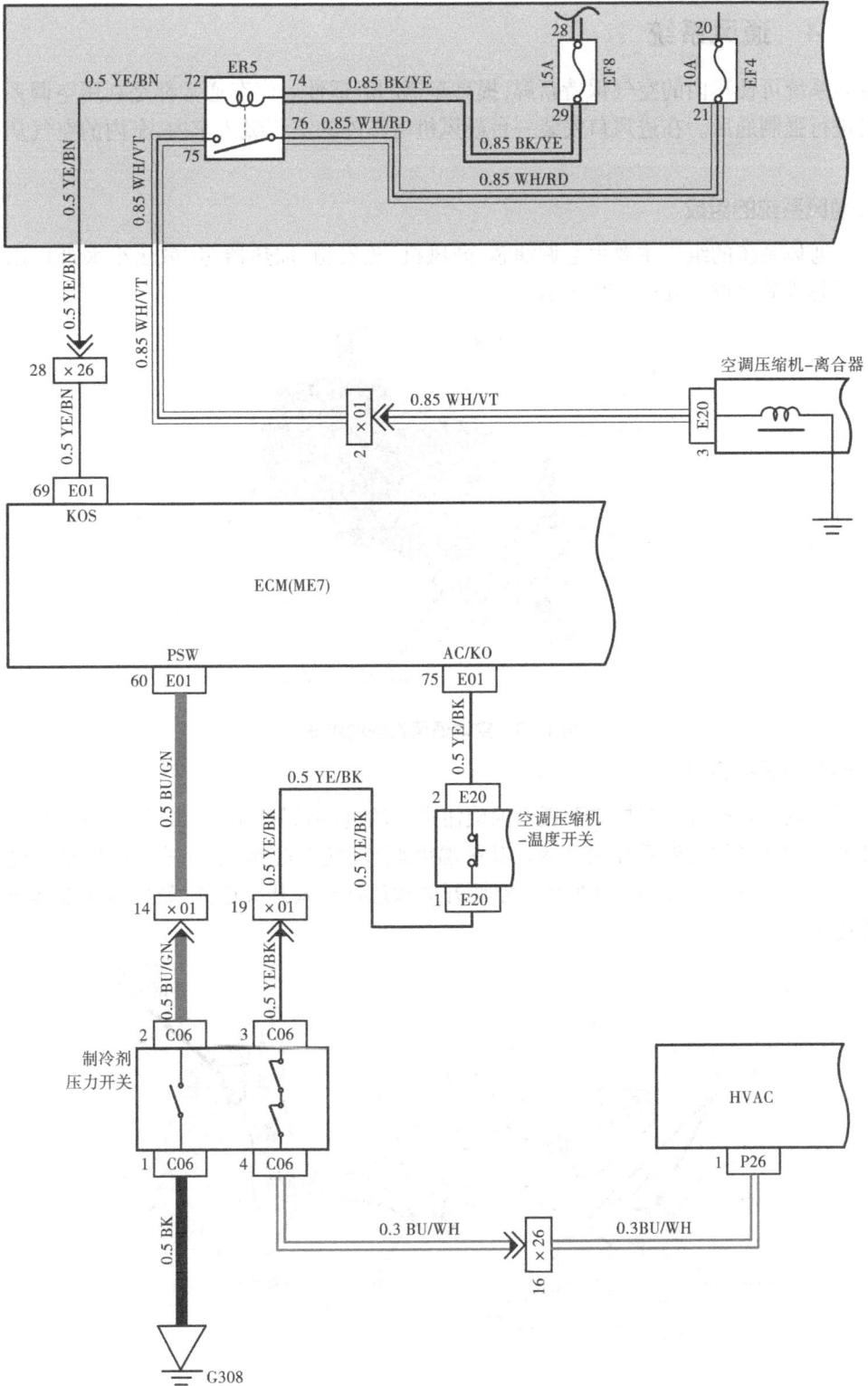

图 4.78 压缩机控制电路图

4.6.4 通风系统

通风系统可使车内的空气保持新鲜,提高车辆的舒适性。汽车通常都是利用空调系统的鼓风机进行强制通风。在进风口安装一台鼓风机将车外的空气吸入车内,车内的空气从排风口排出。

1)通风系统的组成

空调通风系统的组成主要由空调滤芯、鼓风机、蒸发箱、加热器芯(散热小水箱)、出风口分配管路总成等组成,如图4.79所示。

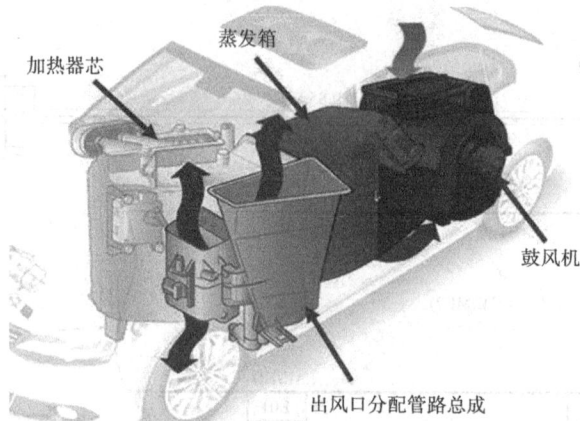

图4.79 空调通风系统的组成

2)通风系统的调节

空调的调节是通过空调控制面板上的旋钮进行的,包括温度调节、出风口位置调节、鼓风机风速调节和空气的内外循环调节等。其中温度调节、气流选择、空气进气选择是通过气道中的调节风门实现的,如图4.80所示。空调开关和运行模式开关选择、鼓风机速度选择是通过电路控制实现。

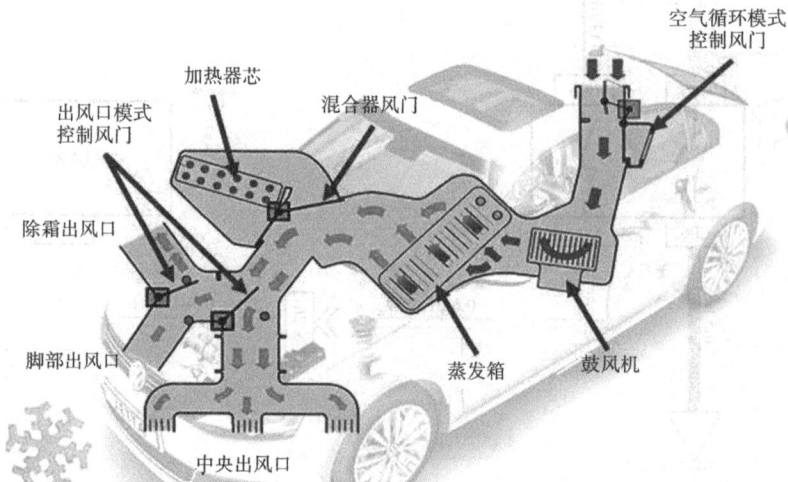

图4.80 空调通风系统调节风门

技能训练 1　检修空调压缩机电路

一、设备及工具准备

(1)设备准备:实训用整车或空调系统台架。

(2)工量具准备:万用表、试灯、常用工具、电路图、维修手册、抹布等。

二、操作方法

1.确认故障

启动发动机,打开 A/C 开关,将鼓风机风量开关从低速挡转到最高速挡,确认故障现象。查阅维修手册及电路图,分析空调压缩机控制电路,并根据电路控制原理对空调压缩机控制电路进行检查。

2.检查压缩机保险

将点火开关旋到"OFF"位置,检查压缩机保险是否完好。如果保险完好,则继续进行下面检查;如果保险损坏,则更换保险,测试并运行系统是否正常;如果保险再次熔断,为短路故障,应根据电路图查找短路点并修复。

3.检查 ECU 输出

将点火开关旋到"ON"位置,打开空调,检查 ECU 的电压是否为低电平。若是,检查压缩机热保护开关和压缩机继电器。

4.检查 ECU 输入

接通 A/C 开关及鼓风机开关,检查 ECU 的电压是否为低电平。若不是,则进行下面的检测步骤;若是,则对照电路图检查 ECU,并调试系统。

5.检查控制器输出

检查控制器对应针脚的电压是否为低电平。若不是,则进行下面的检测步骤;若是,则检查控制器三态压力开关和线路。

6.检查温度开关

检查温度传感器是否正常。若是,则检查更换控制器及相关外围电路;若不是,则更换。

7.检查电磁离合器

用万用表检测电磁离合器的电阻值是否正常,若不正常则更换压缩机。

三、注意事项

在进行电路检测前,先目测有无机械或电器受损的明显故障迹象。若有,则先排除后再进行电路检测。

四、技能训练记录

请结合检测过程记录相关检测结果及数据,并对检测结果进行判断。

检测项目	检测结果	原因分析
空调开关		
鼓风机开关		
压力开关		
电磁离合器		
ECU 输入信号		
ECU 输出信号		
温度开关		
故障部位及原因		

五、考核要点与评分标准

序号	评分项	得分条件	配分/分	评分要求	得分/分	测评结果
1	安全/6S/态度	□1. 能进行工位 6S 操作 □2. 能进行设备和工具安全检查 □3. 能进行车辆/设备安全防护 □4. 能进行工具清洁、校准、存放操作 □5. 能进行"三不落地"操作	15	未完成 1 项扣 3 分,扣分不超过 15 分		□合格 □不合格
2	专业技术能力	□1. 能正确确认故障现象 □2. 能正确检查压缩机离合器 □3. 能正确检查压缩机保险 □4. 能正确检查压缩机继电器 □5. 能正确检查 ECU 输入信号 □6. 能正确检查 ECU 输出信号 □7. 能正确检查温度开关	35	未完成 1 项扣 5 分,扣分不超过 35 分		□合格 □不合格
3	工具及设备使用能力	□1. 能正确使用万用表 □2. 能正确使用常用工具 □3. 能正确使用电路图	15	未完成 1 项扣 5 分,扣分不超过 15 分		□合格 □不合格
4	资料、信息查询能力	□1. 能正确使用维修手册查询资料 □2. 能正确填写车辆相关信息 □3. 能在规定时间内查询所需资料 □4. 能正确记录检测结果及数据	20	未完成 1 项扣 5 分,扣分不超过 20 分		□合格 □不合格
5	数据判读和分析能力	□1. 能分析检查结果是否正常 □2. 能得出正确结论	10	未完成 1 项扣 5 分,扣分不得超过 10 分		□合格 □不合格

续表

序号	评分项	得分条件	配分/分	评分要求	得分/分	测评结果
6	表单填写与报告撰写能力	□1.字迹清晰 □2.语句通顺 □3.无错别字 □4.无涂改 □5.无抄袭	5	未完成 1 项扣 1 分,扣分不得超过 5 分		□合格 □不合格
7		如出现安全事故本技能不合格				
8		总评				

技能训练 2　检测空调制冷系统技术状况

一、设备及工具准备

(1)设备准备:实训用整车或空调系统台架。

(2)工量具准备:万用表、试灯、常用工具、电路图、维修手册、抹布等。

二、操作方法

(1)把空调压力表的蓝色快速接头接上蓝色胶管,把红色快速接头接上红色胶管。从附件中找到快速接头与标准 R134a 管路的转换接头,分别接在蓝色胶管和红色胶管的另一头。

制冷系统
压力检测

(2)将蓝色软管连接的快速接头接在空调管路的低压检测口,红色软管连接的快速接头接在空调管路的高压检测口,如图 4.81 所示。

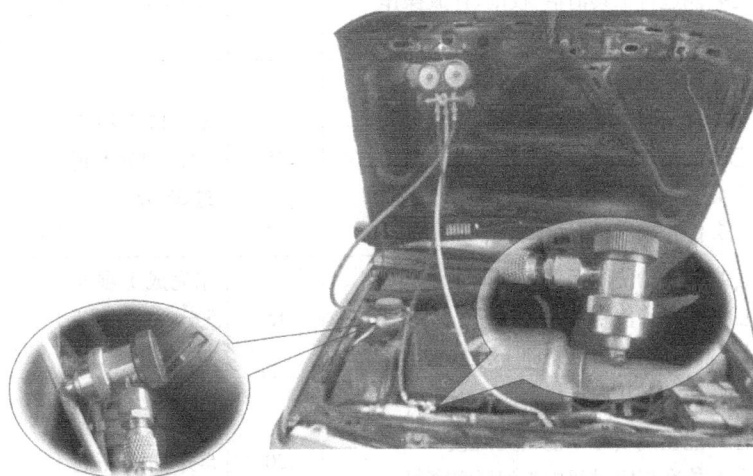

图 4.81　空调压力表的连接

（3）读取高低压表的数值,此时,高压表指示的便是空调系统高压侧的静态压力,低压表指示的是低压侧的静态压力,高低压侧的压力应几乎相同。

（4）启动发动机并使发动机保持在 1 000 ~ 1 500 r/min,打开空调 A/C 开关和鼓风机开关,设置到鼓风机高速运转,温度调节在最低位置。

（5）用温度计测量出风口的温度。

（6）观察此时高低压侧的压力,低压侧应为 20 kPa 左右,高压侧应为 1 500 kPa 左右。

三、注意事项

连接氟表之前,要确保高低压手动阀处于关闭状态。

四、技能训练记录

请结合检测过程记录相关检测结果及数据,并对检测结果进行判断。

检测项目	标准值	实际值	是否正常
高压侧压力			
低压侧压力			
温度			
结论			

五、考核要点与评分标准

序号	评分项	得分条件	配分/分	评分要求	得分/分	测评结果
1	安全/6S/态度	□1. 能进行工位 6S 操作 □2. 能进行设备和工具安全检查 □3. 能进行车辆/设备安全防护 □4. 能进行工具清洁、校准、存放操作 □5. 能进行"三不落地"操作	15	未完成 1 项扣 3 分,扣分不超过 15 分		□合格 □不合格
2	专业技术能力	□1. 能正确连接空调压力检测表 □2. 能正确读取空调系统静态压力 □3. 能正确测量空调系统动态压力 □4. 能正确读取空调系统动态压力 □5. 能正确测量温度值	35	未完成 1 项扣 7 分,扣分不超过 35 分		□合格 □不合格
3	工具及设备使用能力	□1. 能正确使用万用表 □2. 能正确使用常用工具 □3. 能正确使用电路图	15	未完成 1 项扣 5 分,扣分不超过 15 分		□合格 □不合格
4	资料、信息查询能力	□1. 能正确使用维修手册查询资料 □2. 能正确填写车辆相关信息 □3. 能在规定时间内查询所需资料 □4. 能正确记录检测结果及数据	20	未完成 1 项扣 5 分,扣分不超过 20 分		□合格 □不合格

序号	评分项	得分条件	配分/分	评分要求	得分/分	测评结果
5	数据判读和分析能力	□1. 能分析检查结果是否正常 □2. 能得出正确结论	10	未完成 1 项扣5 分,扣分不得超过 10 分		□合格 □不合格
6	表单填写与报告撰写能力	□1. 字迹清晰 □2. 语句通顺 □3. 无错别字 □4. 无涂改 □5. 无抄袭	5	未完成 1 项扣1 分,扣分不得超过 5 分		□合格 □不合格
7		如出现安全事故本技能不合格				
8		总评				

技能训练 3　检修制冷系统组件

一、设备及工具准备

(1)设备准备:实训用整车或电气系统台架。
(2)工量具准备:万用表、试灯、常用工具、电路图、维修手册、抹布等。

二、操作方法

1. 压缩机检测

皮带检查:检查皮带张紧度是否正常、皮带是否打滑。
温度检查:检查压缩机表面温度是否过高、高低压管路温差是否正常。
泄漏检查:压缩机壳体是否破裂、压缩机轴油封是否泄漏等。
压力检查:检查高低压管路压力是否正常。

2. 热交换器检测

泄漏检查:检查冷凝器和蒸发箱的进出口有无泄漏、有无破损。
温度检查:检查冷凝器进出口温差,蒸发箱表面温度、有无结霜。
外观检查:检查冷凝器和蒸发箱有无脏污、散热片有无变形。
压力检查:检查冷凝器高压侧压力是否正常,检查蒸发箱低压侧压力是否正常。

3. 膨胀阀检测

膨胀阀开度检查:如膨胀阀开度过大或过小,应调整膨胀阀弹簧调节螺栓,改变膨胀阀弹簧的预紧度。
堵塞检查:检查滤网是否堵塞,膨胀阀是否卡滞或脏堵,若有堵塞,用制冷剂清洗膨胀阀或更换。

膨胀阀冰堵检查:如果膨胀阀有冰堵现象,则排除制冷剂,抽真空,重新加注制冷剂。

感温包检查:如果感温包破裂、失效,则更换膨胀阀。

4. 储液干燥罐检测

泄漏检查:用仪器检查储液干燥罐的接口有无泄漏。

观察窗检查:如果带有观察窗的储液干燥罐,应检查观察窗是否清洁以及观察窗状态。

温度检查:检查储液干燥罐进出口温差,若出口处或干燥剂底部结霜则说明干燥罐堵塞,应更换。

三、注意事项

(1)冷凝器安装时注意进出口切勿接错。如果有冷凝器有冷冻油漏出,应补充一定量的冷冻油。

(2)更换新的蒸发箱时,必须补加一定量的冷冻油。

(3)储液干燥罐必须垂直安装于系统中,以防止气态制冷剂从其底部进入,保证流向膨胀阀的制冷剂为液态制冷剂,并且使冷冻油随液态制冷剂从储液干燥罐的出口一起经过膨胀阀和蒸发箱循环回到压缩机。

(4)在安装维修过程中,储液干燥罐应该是最后一个安装的原件,并且安装完毕后马上抽真空,防止空气中的水分随空气进入干燥罐。

四、技能训练记录

请结合检测过程记录相关检测结果及数据,并对检测结果进行判断。

(1)压缩机检测。

检查项目		检查结果	检查项目		检查结果
温度	压缩机温度		压力	高压侧	
	进气口温度			低压侧	
	排气口温度		有无异响		
检查结果分析					

(2)冷凝器和蒸发箱检测。

检查项目		检查结果	检查项目	检查结果
冷凝器	进出口温差		外观	
	有无泄漏		散热片是否变形	
蒸发箱有无泄漏			出风口温度及风量	
高压压力			低压压力	
检查结果分析				

（3）膨胀阀检测。

检查项目	检查结果	检查项目	检查结果
有无泄漏		低压侧压力	
有无结霜		高压侧压力	
蒸发箱表面温度			
检查结果分析			

（4）储液干燥罐检测。

检查项目	检查结果	检查项目	检查结果
有无泄漏		进口温度	
有无结霜		出口温度	
是否清洁		制冷剂流动情况	
检查结果分析			

五、考核要点与评分标准

序号	评分项	得分条件	配分/分	评分要求	得分/分	测评结果
1	安全/6S/态度	□1. 能进行工位 6S 操作 □2. 能进行设备和工具安全检查 □3. 能进行车辆/设备安全防护 □4. 能进行工具清洁、校准、存放操作 □5. 能进行"三不落地"操作	15	未完成 1 项扣 3 分,扣分不超过 15 分		□合格 □不合格
2	专业技术能力	□1. 能正确完成空调压力的检测 □2. 能正确完成压缩机的检测 □3. 能正确完成蒸发箱的检测 □4. 能正确完成冷凝器的检测 □5. 能正确完成膨胀阀的检测 □6. 能正确完成储液干燥罐的检测 □7. 能正确进行空调系统操作	35	未完成 1 项扣 5 分,扣分不超过 35 分		□合格 □不合格
3	工具及设备使用能力	□1. 能正确使用万用表 □2. 能正确使用常用工具 □3. 能正确使用电路图	15	未完成 1 项扣 5 分,扣分不超过 15 分		□合格 □不合格

续表

序号	评分项	得分条件	配分/分	评分要求	得分/分	测评结果
4	资料、信息查询能力	□1.能正确使用维修手册查询资料 □2.能正确填写车辆相关信息 □3.能在规定时间内查询所需资料 □4.能正确记录检测结果及数据	20	未完成1项扣5分,扣分不超过20分		□合格 □不合格
5	数据判读和分析能力	□1.能分析检查结果是否正常 □2.能得出正确的结论	10	未完成1项扣5分,扣分不得超过10分		□合格 □不合格
6	表单填写与报告撰写能力	□1.字迹清晰 □2.语句通顺 □3.无错别字 □4.无涂改 □5.无抄袭	5	未完成1项扣1分,扣分不得超过5分		□合格 □不合格
7	如出现安全事故本技能不合格					
8	总评					

技能训练4　拆装暖风装置和鼓风机

一、设备及工具准备

（1）设备准备:实训用整车或空调系统台架。
（2）工量具准备:常用拆装套装工具、维修手册、抹布等。

二、操作方法

1.拆卸

（1）拆除蓄电池的负极导线。
（2）排放发动机冷却液。
（3）拆除暖通机装置上的暖通软管。
（4）拆下仪表板,从转向支架构件拆去线束。
（5）拆开鼓风机电机和调速模块。
（6）拆除暖通进风导管。
（7）拆除暖通装置。
（8）从装置中取出暖通机机芯。

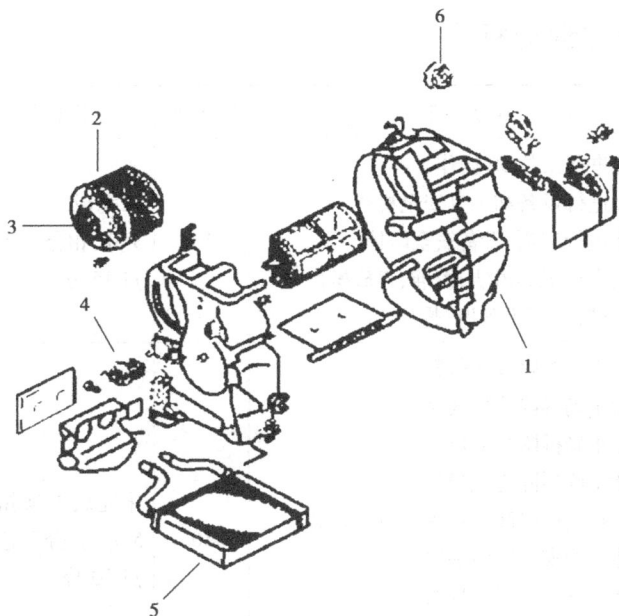

图 4.82　暖通装置部件
1—暖通机总成;2—鼓风机风扇;3—鼓风机电机;
4—电阻;5—暖通机机芯;6—螺栓

2.安装

(1)用与拆卸操作相反的顺序安装暖通装置。

(2)调整控制面板上的旋钮。

(3)给散热器加注发动机冷却液。

三、注意事项

(1)如车辆装有安全气囊系统,应使其处于不工作状态。

(2)在安装每个部件时,要小心被卡住。

(3)在安装转向柱总成时,注意安装顺序。

四、技能训练记录

请结合拆装过程记录相关结果及数据,并对检测结果进行判断。

检测项目	是否正常	检测项目	是否正常
温度控制旋钮操纵		暖通软管	
鼓风机开关操纵		进风导管	
通风位置旋钮操纵		暖通机芯	

五、考核要点与评分标准

序号	评分项	得分条件	配分/分	评分要求	得分/分	测评结果
1	安全/6S/态度	□1. 能进行工位 6S 操作 □2. 能进行设备和工具安全检查 □3. 能进行车辆/设备安全防护 □4. 能进行工具清洁、校准、存放操作 □5. 能进行"三不落地"操作	15	未完成 1 项扣 3 分,扣分不超过 15 分		□合格 □不合格
2	专业技术能力	□1. 能正确拆除暖通软管 □2. 能正确拆除连接线束 □3. 能正确拆除鼓风机 □4. 能正确拆除进风导管 □5. 能正确拆除暖通装置并取出机芯 □6. 能正确安装暖通装置 □7. 能正确安装进风导管 □8. 能正确安装鼓风机 □9. 能正确连接线束 □10. 能正确安装暖通软管	50	未完成 1 项扣 5 分,扣分不超过 50 分		□合格 □不合格
3	工具及设备使用能力	□能正确使用拆装工具	10	未完成 1 项扣 10 分,扣分不超过 10 分		□合格 □不合格
4	资料、信息查询能力	□1. 能正确使用维修手册查询资料 □2. 能正确记录检测结果及数据	10	未完成 1 项扣 5 分,扣分不超过 10 分		□合格 □不合格
5	数据判读和分析能力	□1. 能分析检查结果是否正常 □2. 能得出正确结论	10	未完成 1 项扣 5 分,扣分不得超过 10 分		□合格 □不合格
6	表单填写与报告撰写能力	□1. 字迹清晰 □2. 语句通顺 □3. 无错别字 □4. 无涂改 □5. 无抄袭	5	未完成 1 项扣 1 分,扣分不得超过 5 分		□合格 □不合格
7		如出现安全事故本技能不合格				
8		总评				

参考文献

［1］林平.汽车发动机检修实训［M］.北京:人民邮电出版社,2012.

［2］李穗平,甘守武.汽车结构认识与拆装［M］.4 版.重庆:重庆大学出版社,2021.

［3］王尚军.汽车维护与保养［M］.北京:人民邮电出版社,2010.

［4］关云霞,梁晨.新能源汽车技术［M］.北京:机械工业出版社,2018.

参考文献

[1] ...
[2] ...
[3] ...
[4] ...